精准扶贫 青海脱贫攻坚系列丛书

智慧凝聚力量
——青海脱贫攻坚典型案例选编

中共青海省委宣传部 编
青海省扶贫开发局 编

第 3 册

青海人民出版社

图书在版编目（CIP）数据

智慧凝聚力量：青海脱贫攻坚典型案例选编 / 中共
青海省委宣传部，青海省扶贫开发局编. -- 西宁：青海
人民出版社，2021.6
（青海脱贫攻坚系列丛书；4）
ISBN 978 - 7 - 225 - 06180 - 1

Ⅰ. ①智… Ⅱ. ①中… ②青… Ⅲ. ①扶贫—案例—
青海 Ⅳ. ①F127.44

中国版本图书馆 CIP 数据核字（2021）第104748号

青海脱贫攻坚系列丛书

智慧凝聚力量

——青海脱贫攻坚典型案例选编

中共青海省委宣传部　青海省扶贫开发局　编

出　版　人　樊原成

出版发行　青海人民出版社有限责任公司
　　　　　　西宁市五四西路 71 号　邮政编码：810023　电话：（0971）6143426（总编室）

发行热线　（0971）6143516/6137730

网　　址　http://www.qhrmcbs.com

印　　刷　青海新华民族印务有限公司

经　　销　新华书店

开　　本　710mm × 1020mm　1/16

印　　张　22.25

字　　数　350 千

版　　次　2021 年 10 月第 1 版　2021 年 10 月第 1 次印刷

书　　号　ISBN 978 - 7 - 225 - 06180 - 1

定　　价　268.00 元（全五册）

前　言

　　党的十八大以来，以习近平同志为核心的党中央把脱贫攻坚摆在治国理政突出位置，团结带领全党全国各族人民，采取了一系列具有原创性、独特性的重大举措，全面打响脱贫攻坚战。习近平总书记亲自指挥、亲自部署、亲自督战，作出一系列重要指示批示，为脱贫攻坚提供了根本遵循和科学指引。经过全党全国各族人民 8 年持续奋斗，我国脱贫攻坚战取得了全面胜利，现行标准下 9899 万农村贫困人口全部脱贫，832 个贫困县全部摘帽，12.8 万个贫困村全部出列，区域性整体贫困得到解决，完成了消除绝对贫困的艰巨任务，创造了又一个彪炳史册的人间奇迹！这是中国人民的伟大光荣，是中国共产党的伟大光荣，是中华民族的伟大光荣。脱贫攻坚取得举世瞩目的减贫成就，困扰中华民族几千年的绝对贫困问题得到历史性解决，书写了人类减贫史上的奇迹，为全面建成小康社会作出了重要贡献，为开启全面建设社会主义现代化国家新征程奠定了坚实基础。

　　青海作为祖国大家庭的一员，在以习近平同志为核心的党中央坚强领导下，以习近平新时代中国特色社会主义思想为指导，深入贯彻落实习近平总书记关于扶贫工作重要论述和"四个扎扎实实"重大要求，始终把脱贫攻坚作为首要政治任务和第一民生工程，按照"四年集中攻坚，一年巩固提升"总体思路，紧紧围绕"两不愁三保障"目标标准，以"1+8+10"政策体系为牵引，尽锐出战、攻坚克难，组织实施了青海历史上规模最大、力度最强、惠及人口最多的脱贫攻坚战。经过 8 年艰苦卓绝的奋战，现行标准下 42 个县全部摘帽，1622 个贫困村全部退出，53.9 万名贫困人口全部脱贫，书写了全面胜利浓墨重彩的青海篇章，具有里程碑意义。

　　把这场波澜壮阔的脱贫攻坚伟大实践伟大斗争中出台的一系列文件汇编起来，把一件件大事记录下来；把涌现出一批政治坚定、表现突出、贡献重大、精神感人的杰出典型，涌现出一批富有思想、凝聚智慧、汇集力量、迸发创新的典型做法，涌现出一批引领导向、围绕中心、鼓舞士气、凝心聚力的优秀新闻宣传稿件……把这场伟大斗争的每个细节的点点滴滴汇集起来，既是工作的需要，更是我们对党和人民，对历史的负责。这也是编辑出版这套《青海脱贫攻坚系列丛书》的初衷。编辑过程中，由于工作人员水平见识有限，难免挂一漏万，在此表示诚恳歉意。

目　录

海南藏族自治州

海北藏族自治州

黄南藏族自治州

其他帮扶

西宁市

栉风沐雨彰勇毅　决胜贫困得玉成

—— 湟中县脱贫经验实录

　　这是前所未有的减贫实践——脱贫攻坚号角吹响以来，全县 156 个贫困村全部退出，贫困发生率由 2016 年初的 13.7% 下降到 2018 年的 0.23%，2019 年全县贫困人口全部"清零"。

　　这是掷地有声的庄严承诺——绝不让一个贫困群众掉队，农村贫困人口

按时全部脱贫，与全国人民一道同步迈入全面小康社会。

这是艰苦卓绝的攻坚决战——全县党员干部签下军令状，数千名扶贫干部进村入户，与贫困群众同吃同住同劳动，入户动员 10 万多人次，集中培训 1100 多场次，全面打响了一场上下一心、众志成城的脱贫大会战。

不忘初心　驰而不息

在湟中县，贫困始终是一个不容忽视、经久未解的头等难题。2001 年，湟中县被国家确定为扶贫开发工作重点县；2011 年，被国务院列为六盘山集中连片特困地区。贫困量大、面广、程度深是湟中县的贫困特点。全县 380 个村有 156 个是贫困村，建档立卡贫困户 9127 户 29092 人。

湟中县深刻认识到，精准扶贫之于湟中，不仅是一项工作，而是全局和战略；不是权宜之计，更是民生之首、发展之要、赶超之策！

为实现决胜脱贫攻坚的宏伟目标，湟中县成立由县委、县政府主要领导为总指挥的县脱贫攻坚指挥部，下设办公室、宣传教育、产业发展等 9 大部室，由县级领导担任各部室指挥长，牵头协调开展工作，各乡镇相应成立了脱贫攻坚领导小组和由乡镇党委书记兼任站长的扶贫工作站，各贫困村组成由驻村工作队和村"两委"共同负责的工作班子，构建起了县级统筹抓、乡镇直接抓、部门分工抓、村级具体抓的脱贫攻坚工作组织体系。同时，建立健全县级领导联系乡镇、贫困村工作制度，实施县级领导"包保"制度，每一名县级领导包片负责乡镇、贫困村脱贫攻坚工作，一包到底，不脱贫不脱钩；严格落实党政"一把手"领导责任，签订目标责任书，层层压实攻坚责任；将脱贫攻坚工作纳入科级领导班子绩效目标任务考核内容，引导所有工作都向脱贫攻坚聚焦、各种资源都向脱贫攻坚聚集、各种力量都向脱贫攻坚聚合。

村看村、户看户，群众看党员、党员看干部。2015 年以来，湟中县先后选调 25 名业务骨干充实到县脱贫攻坚指挥部办公室，择优选调 2 名副科级干部配强办公室班子成员，新招录乡镇事业、行政人员 150 名，选配贫困村第一书记 156 名、驻村扶贫干部 313 名，40 个县直机关单位选派干部包保 224 个非贫困村，全力探索决战贫困新路径。

紧盯精准　注重实效

　　湟中县按照"贫困人口一个不漏、非贫人口一个不纳"的要求，以家庭收入、财产状况作为主要指标，结合"五看法"，综合评估贫困程度。经多轮动态调整核查，全县贫困人口规模为9127户29092人。积极开展建档立卡"回头看"制度，建立多部门联动核查机制，对家庭收入、财产状况等信息实行"农户承诺制"和"四方签字确认制"，全县建档立卡数据质量居全省前列。

　　产业亦是脱贫之基、强县之本、致富之源。湟中县打造西纳川、云谷川环形现代农业示范带和小南川农业循环经济示范园，培育区域化特色扶贫产业，辐射带动了1.8万名贫困群众增收致富。2016年以来，所有产业扶持项目户实现产业项目全覆盖，先后拨付产业资金1.29亿元，涉及贫困户6780户23822人。投资4535万元建成中藏药材扶贫产业示范园，引进入驻合作社（企业）17家，示范引领群众种植中藏药材3.43万亩，辐射带动贫困户550户。投资2700万元实施乡趣卡阳、上山庄花海等9个乡村旅游扶贫产业项目，辐射带动1100余户当地贫困群众就近就地增收。投资4.2亿元实施2个光伏扶贫电站项目，全县5586户贫困户受益。发挥金融优势，累计为贫困群众、扶贫专业合作社（龙头企业）发放借贷款2.85亿元，贴息871.5万元，有效解决了发展产业融资难问题。建成211个农村电商服务点，覆盖贫困村74个。统筹整合扶贫资金1.96亿元，大力实施村级集体经济"破零"工程，380个行政村全部实现集体经济"破零"。

　　长期以来，看不起病、上不起学、挣不到钱都是脱贫致富的"拦路虎"。湟中县认真做好脱贫攻坚与农村低保、临时救助等惠民政策的有效衔接，及

时将无劳动能力的贫困户纳入农村低保户保障范围，累计为贫困户发放低保金 1.17 亿元为 2052 户贫困户发放临时救助资金 934.3 万元。全面实施健康扶贫工程，认真落实贫困群众就诊"一免十减十覆盖"政策，全额资助

贫困户基本医疗保险，累计为 1.87 万人次贫困人口报销基本医疗费 7043.61 万元，落实大病救助、民政医疗救助资金 3533.19 万元。全面实施贫困家庭学生十五年免费教育，贫困家庭和城镇低保家庭学生资助实现全覆盖，累计为 30612 人次贫困学生发放助学金 3642.6 万元。实行贫困家庭大学生资助，累计资助 2340 人次，发放资助金 1133.2 万元。投资 4347 万元实施劳动力培训，累计培训建档立卡贫困劳动力 11768 人次，引导贫困劳动力转移就业 7222 人，安排生态管护岗位 1254 个，实现贫困户劳务收入 5370 万元。

湟中县很多贫困群众住在山大沟深、交通不便、山体滑坡多发等偏远落后地区。房屋安全可靠、村庄美丽整洁，是不少贫困户的心愿。

贫困群众有期待，党和政府有回应。按照"缺什么补什么"的原则，湟中县深入实施 10 个行业扶贫专项行动，全面补齐了全县贫困村和非贫困村基础设施建设短板欠账。先后投入各类项目资金 7 亿元，建成 114 个高原美丽乡村，完成 140 个村安全饮水、64 个村农网升级工程，硬化贫困村村道 326.6 公里，建成 153 个贫困村标准化村卫生室，改造 50 个贫困村学校校舍，为 133 个贫困村配置了环卫设施、文化健身器材，完成 70 个贫困村村级综合办公服务中心新建或维修。持续开展农村危旧房改造项目，完成对 9068 户农村危房进行就地改造，其中贫困家庭危房改造 2098 户，全县贫困户危旧房改造实现全部"清零"。通过集中搬迁和插花安置的方式，为 8 个乡镇、24 个行政村的 714 户 2337 名群众解决了后顾之忧，其中建档立卡户 358 户 1242 人。

凝聚合力　厚积薄发

志合者不以山海为远。湟中县积极构建专项扶贫、行业扶贫、社会扶贫"三位一体"大扶贫格局。深入推进东西部扶贫协作，组建扶贫协作办公室，南京市栖霞区与湟中县党委、政府主要领导率团互访8批次，党政领导干部互访27批280余人次，栖霞区组织130余名专家人才赴湟中县帮扶指导，先后实施10项产业协作项目，带动4600余名贫困群众实现增收；构建形成栖霞区和湟中县"街道与乡镇、社区与农村、园区与园区、村与企业"的"四维"协作框架。加强与国家住建部定点扶贫对接，住建部先后选派2名业务骨干到湟中县挂职帮扶，投资1570万元实施产业扶贫、农村人居环境提升等项目。强化社会合力攻坚，建立健全"双帮双联"工作机制，社会各界累计捐款捐物1600余万元。

没有比人更高的山，没有比脚更长的路。湟中县坚持把"思想脱贫"作为增强贫困户"造血"功能的治本措施，广泛开展扶贫政策宣传宣讲，开设思想脱贫宣讲示范课、制作"第一书记"聊扶贫动漫，讲清政策、扶出志气、夯实人心。大力开展移风易俗活动，深入推进文明村镇、"五星级文明户"创建，强化贫困群众精神文明建设；扎实推进文化扶贫工作，配置文化活动器材293套，建设文化活动场所80个，丰富贫困群众文化生活。建立80个"励志爱心超市"，引导贫困户摒弃"等靠要"思想，动员群众通过参与义务劳动、

环境整治等社会公益活动获取积分兑换物品，实现扶贫与扶志并行，物质脱贫与思想脱贫同步。

惟其艰难，方显勇毅；惟其磨砺，始得玉成。湟中县先后被评为 2017 年和 2019 年"青海省脱贫攻坚先进集体"、全省"十三五"易地扶贫搬迁工作先进县，荣获"2019 年全国脱贫攻坚奖组织创新奖"，精准扶贫经验连续六年登上《人民日报》，中央电视台两度聚焦湟中县脱贫攻坚，凤凰卫视《承诺2020》节目专题报道湟中县脱贫经验。

但愿苍生俱饱暖，不辞辛苦出山林。2020 年，我们征尘未洗、步履铿锵，奋力探索建立健全解决相对贫困问题长效机制，与全国人民一道同步迈入小康社会！

边麻花盛开在边麻沟

——大通县朔北藏族乡边麻沟村脱贫攻坚实践

　　边麻沟村位于大通县朔北藏族乡东部，距县城 14 公里，全村有 162 户 612 人，总面积 3.5 平方公里，均为山坡旱地，人均耕地面积 2.6 亩，农作物主要以种植油菜、小麦、土豆为主。长期以来，因自然灾害困扰和区位条件不佳等因素影响，边麻沟村发展迟缓、动力不足。2015 年，全村识别建档立卡贫困户 10 户 27 人，贫困人口人均纯收入仅为 2386.7 元，2016 年实现脱贫，到 2019 年时，全村人均可支配收入达到 13459.63 元，脱贫户人均纯收入达到 9794.4 元。先后荣获"全国生态文化村""中国美丽休闲乡村""民族团结进步示范村"等荣誉称号。

　　精准识别，着力解决好"扶持谁"的问题。按照大通县脱贫攻坚工作要求，村"两委"班子对全村提出申请的农户按照"五看法"要求，逐户进行入户审核，及时召开村民大会，对符合条件的农户进行集中评议，最后确定了 10 户 27 名建档立卡贫困户。其中，因病致贫 8 户、缺资金 1 户、缺技术 1 户。

精准施策,着力解决好"怎么扶"的问题。大力发展乡村旅游产业,确立"坚持生态保护与经济发展双赢,以生态资源为依托,以美丽乡村建设为平台,以打响特色旅游品牌为主要举措"探索乡村生态旅游助推脱贫攻坚、带动群众增收致富的新路径。2015 年,边麻沟乡村旅游景区建设启动,党支部书记带头投资"花海"建设,流转土地 600 余亩,村民自愿入股 60 万元,其中村内的 9 户贫困户自愿将人均 5400 元的到户产业项目资金投入"花海农庄"建设中,并以每年 8% 比例进行分红,让贫困户成为花海景区的"主人",提高了贫困户参与脱贫攻坚的积极性和主动性。2018 年,边麻沟"花海农庄"景区收入达 400 万元,接待游客 70 万人次,全村农家院发展到 55 家、家庭宾馆 10 家,经营户户均增收 5 万元,全村近一半农户从事乡村旅游业,户均增收 1.5 万元;解决当地就业 50 人,月增收 2400 元;入股农户通过村集体经济实现分红 21 万元。

精准脱贫,着力解决好"如何退"的问题。经过多年的脱贫攻坚,边麻沟村以"花海农庄"为依托,解决了村里 22 名建档立卡贫困户的稳定就业,到户产业资金有了稳定的分红。带动全村大力发展乡村休闲旅游,建档立卡贫困户提出了脱贫申请,村"两委"和乡驻村干部逐户调查核实收入,确定

脱贫达标后，按相关程序报上级主管部门审核后顺利脱贫。

放大效应，着力解决好"扶得稳"的问题。2017年，在打造边麻沟"花海农庄"景区的基础上，大通县委、县政府借东西部协作的良好机遇，在南京市雨花台区和江宁区的积极帮扶下，联系南京大学、东南大学专家团队对鸾沟片区10个村，按照"一村一特色、一村一景点"原则规划设计，梳理出"一核一带三组团"乡村旅游发展理念，精准定位片区10个村乡村旅游发展思路、主导产业和实现途径，并整合东西部协作、美丽乡村、"厕所革命"、林下产业发展等各类资金建设鸾沟片区乡村旅游扶贫产业园，引领群众增收致富奔小康。2017年，鸾沟片区扶贫产业园开工建设。在建设过程中，吸纳当地村民就地务工223名（贫困户34名）；扶贫产业园建成后，运营收入按5∶3∶2分配模式，即50%用于巩固和发展产业园建设，30%用于壮大鸾沟片区10个村集体经济，20%分配给鸾沟片区10个村225户贫困户增收，保证了鸾沟片区10个村集体经济的不断发展壮大和贫困户的稳定增收，并带动其他各村发展乡村生态旅游，带动农户年均增收约6500元。鸾沟片区沿线各村，积极发展土鸡、肉羊、肉牛等特色养殖和中藏药材、露天无公害蔬菜等特色种植。扶贫产业园收入分红、餐饮服务、吸纳务工、特色养殖种植等多渠道的收入，为鸾沟片区10个村225户建档立卡贫困户巩固发展奠定了坚实基础，实现了片区发展向"绿水青山"要"金山银山"的巨大转变。

荒山坡的华丽转身

——湟中县田家寨镇田家寨村特色种植促脱贫

在流水潺潺间看蓝天白云，在绿水青山的怀抱中，体验乡村旅游的惬意和浪漫，或在彩虹滑道来一场无比刺激的速滑，或在万亩花海中来一张自拍，或在乡间栈道感受田野里的虫鸣鸟叫……坐落于湟中县田家寨镇田家寨村的"千紫缘"农业科技博览园如今已经成了西宁周边人们节假日旅游的必选之地，更为人所称道的是，如今的"千紫缘"已成为集特色农产品生产加工、休闲观光采摘、乡村文化旅游等功能于一体的综合性扶贫产业园区。

3700 亩大花园赚足眼球

2019 年 6 月 1 日，湟中县田家寨镇田家寨村"千紫缘"农业科技博览园又一次刷爆了朋友圈，可爱活泼的向日葵、灿烂绚丽的孔雀草、风中摇曳的格桑花、色彩绚丽的彩虹滑道……五彩斑斓，好似花的海洋。极目望去，除了花还是花，百亩茶田、千亩花海环绕着全省唯一一座太空植物博览园，微风吹来，仿佛一幅铺开的浓墨重彩的油画。

三年前 2500 亩的荒山荒坡、1200 亩的耕地，为什么变成了一片山花烂漫的海洋？这还要从一个人——青海"千紫缘"种植园园区党支部书记蔡有鹏说起。偶然的机会，蔡有鹏在宁夏的朋友处喝到了"枸杞芽茶"。"青海也盛产枸杞，但没听说谁搞枸杞茶。"嗅到商机的蔡有鹏，在田家寨村流转的荒滩和盐碱地，搞起了青海省第一个枸杞芽茶种植基地。

2016 年刚过完春节，在田家寨镇北面的龙头山上，蔡有鹏流转了村里的

1200 亩荒滩和盐碱地,一座占地 220 亩,包括玫瑰、葡萄、西红柿、藜麦、油葵等 24 个蔬菜果品大棚的青海千紫缘农业科技博览园拔地而起。当年投资,当年建设,当年见成效。无数的游客被花海吸引,走进这个安静的小村落,来到"千紫缘"。随着游客的不断到来和宣传,更多的人知道了"千紫缘",两个月来累计接待游客 16 万人次。

曾经的穷山村,成了香饽饽。如今,田家寨村西河滩的 1200 亩耕地、2500 亩荒山荒坡,已经被改造成了蔬菜大棚、茶叶种植、休闲徒步、餐饮娱乐、科普参观等组合的欢乐王国,准备迎接更多游客的到来。

特色农业鼓起村民钱袋子

"千紫缘"种植园以"公司 + 园区 + 合作社 + 农户"的模式发展规模生态种植业,其中包括种植枸杞芽茶、猴头菇等多个品种的新品试验区,种植树莓、油葵等品种的观光农业区和种植藜麦、油沙豆、小番茄等品种的技术示范区。

蔡有鹏介绍："2016 年至 2020 年，园区按计划共投资 5 亿元。园区由管理服务区、现代农业区、特色种植区、乡村旅游区、徒步活动区、休闲垂钓区、餐饮服务区、大学生创业区、中小学生体验区和绿色观光长廊组成，使之成为社会效益、生态效益、经济效益并进的观光休闲度假园。"

藜麦、油葵、枸杞芽茶等多个品种农作物采摘销售，园区 2016 年第一期运作累计为 818 家农户带来 292 万元收入，户均增收 3570 元。

"我们主动从田家寨镇 28 个贫困村中的 22 个村里招收贫困户员工，目前农业园总员工 309 人，其中贫困户就有 272 人，占比近 90%，月收入达 2300~2600 元。"青海千紫缘农业科技博览园办公室主任赵隆顺告诉记者。除了劳务收入，田家寨镇 15 个村 409 户贫困户投资产业扶贫资金 400 万元，2016—2018 年全镇 209 户 964 人产业扶持资金共计 519.56 万元入股，贫困户每年从园区取得 10% 的年收益，从过去单一的徘徊在种植养殖业、外出务工等增收途径，通过产业扶贫平台，主动吸纳各村贫困户到园区入股分红、务工增收，支持贫困户从输血到造血的转变，实现稳定脱贫，也是精准扶贫工作中探索的新路子。

农民变员工家门口挣工资

田家寨村地处西宁市小南川地区，以前村民主要收入来源都靠农业收入和外出务工的劳务收入，留在家中的多是老人、妇女。然而，这样的局面一年间完全改变，原因在于许多村民不出门也能挣钱了。

李辰霞嫁到田家寨村很多年了，前几年丈夫因病早逝，留下了 70 多岁的婆婆和上幼儿园的女儿由她一人照顾，种地收入低，又因为要照顾老人孩子不能外出打工，家境十分窘困。种植园成立后，李辰霞的土地流转给园区，她也被招收进来负责种植工作，不仅收入翻了几番，还能照顾家里，帮她解决了最大的难题。

在湟中县委组织部支持下，农业园成立了党支部，党员组成先锋队，带领贫困户"认领"大棚，定岗定责，激发贫困户主动性，最多的每月工资能挣 6000 元。

"过去的心愿只是发展乡村旅游业，带领村民脱贫致富。如今，随着园区规模的扩大，感觉担子更重了，接下来我们还要积极探索发展四季旅游的路子，创造更多的就业平台，让更多的村民都能富起来！"蔡有鹏说。

多措并举促发展

——湟源县巴燕山上浪湾村脱贫纪实

上浪湾村位于湟源县西部，距县城27公里，属半浅山半脑山地区，平均海拔3181米，现有村民小组4个，153户491人。2018年人均纯收入10142元。2015年被精准识别为贫困村，贫困户26户87人。2017年，实现了所有贫困人口脱贫，贫困村退出。

党建先行，强基固本。一是加强党支部建设。不断把各项工作落到实处，把支部建设作为最重要的基本建设，切实加强支部班子建设，积极开展"争创先进基层党组织、争当优秀共产党员"活动。二是抓好"三会一课"等基本制度的贯彻落实，创新党课方式，积极开展党支部主题党日活动。三是着力联系实际查找解决问题。党支部和全体党员坚持学做结合，突出针对性，把查找解决问题作为规定动作，认真抓好查找整改，加以整改落实。四是积极宣讲国家惠农方针政策，持续开展法治教育、民族团结、防灾减灾、扶贫工作的宣传工作，累计召开各类宣传会议50余次，发放宣传材料3500余份。

精准识别，分类施策。根据湟源县"311"精准扶贫要求，通过对全村的摸排调查和收入测算，结合精准识别"五看"对全村农户做到心中有数，召开村民大会进行民主测评，经"两公示一公告"等程序，最终认定建档立卡贫困户26户90人。贫困人口多为老、弱、病、残等弱势群体，自身发展能力不足。结合"八个一批"精准扶贫攻坚行动计划，驻村工作队对全村贫困人口分类施策，建立精准帮扶手册，制定一户一策帮扶档案，对建档立卡户进行了低保兜底、大病救助、就业培训、易地搬迁、生态管护、发展教育、产业发展、资产收益等不同形式的帮扶。

实施易地搬迁，圆百姓安居梦。2016 年，实施易地扶贫搬迁项目，共搬迁 146 户 497 人，其中建档立卡户 23 户 85 人。通过就近搬迁，极大改善了村民的居住环境，也为下一步开展乡村振兴奠定了坚实基础。

美丽乡村建设，提升村庄品质。投资 250 万元，实施了"高原美丽乡村"建设项目。建成 4000 平方米文化广场 1 处、300 平方米景观广场 1 处，修建卫生厕所 61 处，修通人畜饮水管道 1.6 公里，建设输电线路 1.4 公里、村级硬化道路 1.2 公里，安装路灯 81 盏。整合行业资金 146.6 万元，修建了 168 平方米党员活动室、254 平方米村级综合服务中心、60 平方米村卫生室，安装了健身器材，修筑了排水沟，配备了环保车、垃圾箱等环卫设施。2017 年，新建了幼儿园和幸福大院，村庄基础设施得到进一步完善。

创新方式，用活产业资金。为使人均 5400 元到户产业发展资金切实发挥作用，经多方考察、精准户大会讨论后，决定将全村建档立卡户共计 48.06 万元产业发展资金用于发展村级光伏电站，建设 48 千瓦分布式光伏发电站 1 座。预计可实现年均收益 13% 左右，年人均收入 618 元，可使建档立卡户获得一份为期 20 年的稳定收益。

真抓实干，促村集体"换血"。2018 年，利用 50 万元村集体经济发展项目资金，入股全县 58 个贫困村 7.2 兆瓦光伏扶贫电站项目，2019 年分红 2 万元。在乡政府主导下非贫困村福海村、巴燕峡村、扎汉村、莫合尔村、下浪湾村集体资金 200 万元与上浪湾村 90 万元、石门尔村 50 万元及南京市六合区雄州街道办事处捐资产业发展资金 70 万元，成立青海省泓燕农牧开发有限公司。加大资金统筹整合力度，形成利益联结机制，在上浪湾村建设牛羊养殖场按股分红，组团发展。目前，养殖场地等基础设施已修建完成，运输及饲料加工配置齐全，出栏 164 头，实现集体经济创收 10 万余元，存栏 127 头。

引入民营资本，推动脱贫攻坚进程。在乡党委、政府的大力支持下，上浪湾村引进博泰藏野兔养殖有限公司，发展野兔养殖业，通过示范户带动、"公司＋农户"方式增加建档立卡户家庭收入。目前，项目已投入试运行，已组织开展养殖技术培训 1 次 10 人次，吸收就业 9 户 10 人，带动 3 户开始试养殖。正式运行后，预计每年可出栏种兔 500 余只、商品兔 3.36 万只，提供种兔养殖劳务岗位 20 个，年人均增加工资性收入 2 万元。

自强自立响应脱贫　引领村民共同致富

——大通县极乐乡上和衰村马贤林的脱贫故事

马贤林，回族，大通县极乐乡上和衰村的一名普通村民。一家共有 6 口人，经济条件困难，有一个残疾儿，老伴又常年患病，这一切对于这个原本就贫穷的家庭就好比雪上加霜。2016 年，这种苦日子因国家实行了许多富民政策和村里来了扶贫工作队，才有了好转。记得村里的扶贫工作队刚来的时候，就一家一户地调查了解他们的生活经济状况，还一遍又一遍地给他们宣讲党的惠民政策，引导他们如何在产业发展中发家致富，使他们的思想观念慢慢发生了转变。精准识别为贫困户后，马贤林也慢慢开始尝试着发展养殖业。

2017 年，依靠扶贫产业发展项目，他家得到了 6 头西门塔尔基础母牛，得到政府的支持后，马贤林对养殖的热情更高了，到处学习养殖经验，精心喂养。到了 2018 年，他家的 6 头西门塔尔母牛就产了 4 头牛犊，马贤林高兴得合不拢嘴，到处夸赞党的政策好。看到希望的马贤林又了解到市场上牛羊的价格逐年上涨，行情十分稳定，于是他决定扩大规模，养更多的牛。由于资金短缺，又没有那么大的牛棚，只能向亲朋好友去借款。不到两个月的时间，4 间漂亮的牛棚盖起来了。十几头牛养在里面还显得很宽敞。看着漂亮的牛棚和茁壮成长的小牛，他的脸上露出了微笑。

天刚刚亮，当别人还在睡梦中时，他已早早起来，在牛栏边忙着添水添料，看到自家的牛一天天健壮成长，产下一头又一头的小牛，他心里比喝了蜜还甜。功夫不负有心人，到了 2018 年秋，他的育肥养殖已初见成效，牛的出栏数已由几头发展到了 12 头，其中大牛 8 头，小牛 4 头。当年纯收入达到了 1.6 万元。这点收入在他们村的那些养殖大户眼里也许不算什么，但在上和衰村的

贫困户中还是产生了不小的影响。在他的带动和影响下，上和衷的贫困户们纷纷加入养殖育肥的行列。但受资金和饲养经验的制约，许多贫困户的养殖还是没能收到预期的经济效益。他当时看在眼里，急在心里。心想自己能有今天，离不开党的惠民政策和驻村扶贫工作组的引导、帮助，自己是靠养殖脱了贫，但不能忘了乡亲们。于是，他就一家一户地为那些牛羊养殖户讲解、传授自己的养殖经验。当他了解到养殖户云海德家由于资金短缺而无法扩大养殖规模时，便主动借给他1万元周转。如今，上和衷村的牛羊养殖已初具规模，陆续涌现出了一大批养殖大户。上和衷村更是在牛羊育肥养殖这条产业链的带动下，终于摘掉了贫困村的帽子。当有村民们竖起大拇指称赞他是大家的脱贫带头人时，他却说："我们上和衷村能有今天，不是我马贤林的功劳，而是党的惠民政策好，全靠党的惠民政策，才使我们上和衷村一步一步走向了富裕的康庄大道。"

在引领村民致富的同时，马贤林的母牛养殖也逐年稳步发展。2018年，由于孙子生病住院花费巨大，他的养殖资金发生了危机，正当他焦愁时，驻村工作队到他家了解情况。这一聊，驻村工作队给马贤林宣传了国家扶贫"530"贷款政策。及时从极乐乡农村商业银行为他一下争取到5万元扶贫优惠贷款。

有了政府的产业发展支持，他的干劲更大了，信心更足了。现在，马贤林家的母牛养殖规模已达 16 头，其中奶牛 3 头、肉牛 9 头、小牛 4 头。别看这些小牛，刚生下来每头就值 4000 多元呢！

如今村委会和大家把他们家推荐为上和衷村的精神脱贫户，他心里深感担当不起，他深知自己能有今天，上和衷村能有今天，完全离不开党的一系列扶贫惠民政策，更离不开驻村扶贫干部和村委会的引导、关心和大力支持。正因为有了他们，才使这些贫困户一步一步脱了贫，正因为有了党的惠民政策，才使贫困户看到了更加美好的未来。他相信，上和衷村的明天会更加美好，中国农村的明天会更加美好！

摘掉穷帽子，过上富日子

——大通县朔北藏族乡东至沟村赵文科的致富路

2014 年，患有脑梗死的父亲旧病复发，刚出去打工三天的我因拿不出 1000 元的住院费急得团团转，后来在朋友的接济下才有了给父亲治病的 2000 元。2015 年因父母残疾，孩子小，家庭经济困难被评为建档立卡贫困户。被评为贫困户后，村支部书记、第一书记和驻村队员经常到我家了解情况，询问有哪些困难和问题，帮我制定脱贫计划。村干部给我们讲起了国家精准扶贫的相关政策，就是要让全国很多像我们这样的家庭摆脱贫困，发家致富，县里边更是给了我们这些贫困户许多优惠政策，帮助我们摘掉穷帽子，过上富日子。我一听这话，顿时来了精神，抓着村干部的手说起了这些年的困难，村领导都记在了工作簿上。拍着我的肩膀让我好好干，村干部说："只要你们跟着党的步伐走，日子一定会好起来的。" 2016 年，实施产业发展项目，自筹 0.94 万元购买了 1 辆双排货车，刚开始走村串户贩卖蔬菜，每天早出晚归，不管春夏秋冬、刮风下雨，从县城蔬菜批发市场进货，到各村叫卖，一年下来纯利润挣了 5 万多元，当年实现了脱贫。村委会争取扶贫资金，连续三年免费为我提供当归苗，第一年种了 2

亩，由于缺乏种植经验，管理不善，只收入了 4500 元；第二年种了 7 亩，收入 48000 元；第三年种了 7 亩，收入 50000 多元。感谢党和政府的扶贫好政策，通过实施项目和帮扶措施，我每年种植当归一项，收入在 50000 元以上，这是以前想都不敢想的事情，思想上也有所转变，对未来的生活充满了希望。

2017 年，通过东西协作，南京市江宁区援建了 25 座木屋，开发东至沟村旅游资源。2018 年，享受金融扶贫优惠 "530" 政策贷款 80000 元，对家里的房子进行装修，购置了餐厨用具，开办了国琴农家乐，6 月底开张接待游客，平均每天两桌客人，纯利润 400 元，聘请 3 人帮忙，为他们提供就近就

业，每人每月增加收入 3000 元。只要我们的努力能有所收获，吃多少苦我们的心里都是甜的。通过一家人的共同努力，预计今年种植当归、农家乐收入达 10 万元，在取得家庭经济效益的同时，农家乐的发展也让我们看到了希望，同时如何扩大经济效益和发展规模慢慢在我的脑海中有了初步想法。2019 年，组建成立了种植专业合作社，贷款 50000 元，承包土地 105 亩，种植药材，甘蓝等农作物，带动贫困户 15 户 45 人每人每月增收 2000 元，带动农户 10 户 24 人；在领导们的关怀下，承包了金露梅餐饮中心，2019 年 7 月开始运营，带动农户 4 户 16 人每户每月增收 2000 元。

看到我家日子过得一天比一天好，周围的乡亲们人人羡慕，纷纷来向我学习种植技术和经验，我当时想一人富不算富，要整个村子富起来那才是真的富裕。回想这两年来我家里的变化，全靠党的政策好，以及村里的干部们对我们的帮扶。

农家乐的发展和当归的种植成功，推动了更多的村民积极创业，带动了更多人的就业。在党的十九大精神和中央一号文件精神引领下，更多的村民也积极投入到乡村振兴的道路上，将党的政策和重要精神在闲谈中积极宣传。

一家人在村干部的帮助下通过辛勤的劳动生活有了改善。为了不负党和政府大好政策的恩泽，也为了一家人能摆脱贫困，过上小康生活，我们鼓足了干劲，发挥智慧，扩大经营规模，农家院开得红红火火。如今的东至沟村真可谓是旧貌换新颜。看到村内这么大的变化，我们一家人也对将来的生活充满了信心。

现在的我们日子好起来了，精神面貌也发生了翻天覆地的变化。多亏了党和政府的好政策，以后还要继续努力，让全家的日子过得更加红火！

打印出来的幸福

——湟中县上新庄镇新城村韩洪昌的新生活

今年 39 岁的韩洪昌身材瘦小，因为母亲二级残疾需要照料，无法外出务工只能选择常年在家务农，没有致富技能，也没有固定的经济来源，生活非常困难，以至于 30 多岁的他还没有成家，日子过得清苦不说，感觉生活也没有奔头。

2015 年精准扶贫工作开展以后，经过主动申请、村级民主评议、公示公开等程序，韩洪昌家被识别为新城村建档立卡贫困户。扶贫驻村工作队和村"两委"干部将这个瘦小的"光棍汉"看在眼里、急在心里，多次上门跟他谈心谈话，努力帮他寻找脱贫致富的路子。在得知他掌握一些电脑知识、在镇上开了一家不太景气的打字复印店时，驻村工作队和村"两委"眼前一亮，韩洪昌勤奋好学、踏实肯干、不善言辞，把打字复印店想办法开好就是他脱贫的突破口。

驻村工作队和村干部在实地走访了这间小店后，立刻将产业发展项目确定了下来。2017 年，韩洪昌利用下拨的 10800 元到户产业扶持资金，完成了他的打字复印店内的墙壁粉刷，依托上新庄镇高原美丽城镇建设，位于镇区内的小店门楼也焕然一新。驻村工作队第一书记赵隆顺时常记挂着他，经常主动上门为他总结经验、排忧解难，有时候还手把手教一些电脑的操作技能，把自己的活儿带到小店里，与他一起做事一起成长，与此同时积极为韩洪昌招揽生意。加之韩洪昌本人吃苦耐劳，晚上也经常加班加点，从复印身份证件到档案资料格式校对，村民都愿意交给他，韩洪昌也经常跑到镇党政办、扶贫办主动学习表格和文本操作技能，不断充实提高自己。"村子里的人都说活儿交给他放心"，新城村第一书记赵隆顺笑着说。韩洪昌打字复印店的生意

一天比一天好，仅 2017 年当年实现纯收入过万，他家也在年底顺利实现脱贫。

摘掉了贫困的帽子，当上了个体小老板，韩洪昌脱贫致富的信心更足了。2019 年韩洪昌因产业规模取得显著成效，并在全镇范围内起到良好的宣传示范带动作用，当年 10 月韩洪昌被评为湟中县县级脱贫光荣户，有幸作为代表被邀请参加湟中县 2019 年全国"10·17"扶贫日暨"脱贫光荣户"表彰大会，当韩洪昌披着鲜艳的绸带，与许多勤劳致富的脱贫群众并肩站在县文化广场接受表彰时，他眼中泪花翻涌，从自卑、贫困到昂首挺胸、骄傲与自豪，韩洪昌眼里闪烁的泪花代表一个贫困户、一个普通村民对党的恩情的无比感激和对美好生活的无比热爱。

脱贫致富不是一蹴而就的事。韩洪昌又利用 1.9 万元的脱贫光荣户奖补资金购买了心心念念的条幅机、喷绘机，韩洪昌抚摸着新设备，脸上的笑容使得略显局促的小店也一下子亮堂了起来。问起他有什么感受，他略显羞涩地说："这生活是我以前怎么也想不到的，感谢党的好政策帮我搭建了这么好的平台。"

2019 年，韩洪昌的生活更是芝麻开花节节高，他购买了小汽车，在天气晴好的时候带着残疾的老母亲出去转一转，老人脸上的笑容也越来越灿烂；4 月份经人介绍，勤劳踏实的韩洪昌娶了新媳妇，成为一家之主；7 月，韩洪昌整修好自家院落，并在主屋旁加盖了砖混结构的侧房 3 间，置办了新家具，院落干净敞亮，新房窗明几净。

　　自 2015 年精准扶贫工作开展以来，韩洪昌和母亲的生活条件发生了翻天覆地的变化。扶贫产业帮扶、就业培训等惠民政策落到实处，使得许多个韩洪昌摆脱贫困，走上奔小康生活的康庄大道。

只为更好的生活

——湟中县土门关乡上阿卡村王尚忠的脱贫经历

　　以贫穷出名的原上阿卡村，就连水、电这样的"硬件设施"都得不到保障，停电停水是家常便饭，遇到干旱天气甚至要停水半个多月，"靠天吃饭"的穷苦村民们只能种植马铃薯、小麦等耐旱农作物。可是，全村人均耕地仅2.5亩，且大多都是"跑水跑土跑肥"的山坡地，土壤质量差，土地抗风险能力低，一旦遇到自然灾害，往往颗粒无收，村民们又是白辛苦一年。

　　祖祖辈辈生活在这里的王尚忠早已对这样的苦日子习以为常。在他的记忆里，最苦的日子就是下雨天：外面下大雨，屋内下小雨。老村庄大多都是土木结构的老房子，墙体掉土，房梁朽烂，存在很大安全隐患，漏雨和贫穷一样仿佛总也根除不了……

2015 年，全国脱贫攻坚"战役"开始打响，湟中县的干部群众都在为早日脱贫干得热火朝天。让王尚忠料想不到的是，这次脱贫攻坚规模力度空前之大。为了不让一个贫困户在脱贫致富路上掉队，湟中县委、县政府针对上阿卡等边远落后村实际，制定了详细的易地扶贫搬迁方案，下大力气从根子上解决长期以来困扰王尚忠他们出行难、就医难、上学难、娶妻难、增收难等突出问题。为此，湟中县相关部门和土门关乡党委、政府经过反复谋划和考察，在地势平坦、交通便利、布局合理的地方规划了移民新村，并制定了与之配套的产业发展、技能培训与劳务输出相结合的脱贫方案，让搬下来的群众不光住得稳，还要能致富。

多少年了，搬出这个穷山窝他不是没想过，但搬迁毕竟不是小事，不仅要自己去找合适的地方，光是盖房就得花十几万块钱，已经负债累累的王尚忠只能无奈作罢。现如今，只要交 1 万元钱，他们就能住新房，其他的由国家补助，他离新房的距离只差 1 万块钱。看着破旧的老屋、贫瘠的田地、一直想看看外面世界的子女，王尚忠知道这次不能再拖了。

2018 年 10 月，经过统一规划、统一施工，地处大湟平公路南侧、距乡政府仅 1.5 公里、基础设施齐全的移民新居在山下竣工了，上阿卡村 178 户 556人终于搬出大山，入住新居。

拿到新房钥匙那天，王尚忠一家兴奋不已，一大早就来整理新房，儿女时不时跑到巷口看看平坦的马路、奔驰的汽车，妻子不断给亲戚拨打电话分享住进新房的喜悦，村"两委"、驻村工作队也送来祝福和生活用品……喧闹声中，阳光透过窗户照进屋里，王尚忠望向宽广的天地，对新生活满怀希望，下定决心要彻底告别贫困的过去。

上阿卡村"两委"和驻村工作队紧盯市场用工需求，积极筹划组织搬迁群众开展特色产业种养殖、汽车驾驶、园林绿化等劳动技能培训，让大家能有一技之长，实现可持续发展。

2018 年 11 月上旬，正在化隆回族自治县务工的王尚忠收到了驻村第一书记白雪峰发来的特种设备焊接操作人员培训班报名通知，原本就有些电焊基础的他对此心动不已，在白雪峰书记的细致讲解下，他敏锐地察觉到，能够掌握一项劳动技能或许就是生活的转机。顾不上已经谈好的工作，王尚忠第一时间买好车票回家参训。

经过 40 天的培训，王尚忠顺利通过资格认证考核，并取得了合格证书。与此同时，他在学习过程中所表现出的勤恳好学态度还得到了青海恒业装备制造有限公司的青睐，点名就要王尚忠到企业上班。

如今，凭着踏实、肯干、吃苦耐劳的精神，王尚忠的生活越来越好，不仅用产业发展资金入股分红村里的种养殖专业合作社，还成了一名有稳定收入的"蓝领"，彻底告别了以前的穷苦生活。回顾前后几年的巨大变化，王尚忠满怀感慨地说："多亏党和国家的好政策让我脱贫致富，住上了新房，还有了一项谋生技能。作为一名老党员，今后，我也要为村里多做事情，带领大家争取再多学几项技能，让我们村里的'蓝领'越来越多，大家共同过上更好的日子！"

易地扶贫搬迁铺就致富路

——湟源县日月乡本炕村沈生福的故事

　　38岁的藏族小伙子沈生福，是湟源县日月乡本炕村的贫困户。三年前，家里3个年幼的孩子挤在熏得发黑的土炕上，住了三代人的"干打垒"房子，一面墙用圆木支撑着，屋里没有多余的家具，墙面上的条条裂缝随处可见，院子里圈养着几只羊，对于满屋子刺鼻的羊粪味，一家人似乎已经习以为常。妻子因照顾孩子无法外出打工，只有靠沈生福一人在外打工养活全家，还要偿还家中老人得病时欠下的债务，物质的贫瘠让沈生福一家的生活显得黯淡无光。

　　2015年10月，精准扶贫的号角吹响了，本炕村驻村工作队与村"两委"

经过反复调查研讨之后确定了以依托本炕村丰富的草场资源，大力发展传统牛羊养殖为主导的产业脱贫思路，投入 440 万元建成畜棚 10 栋 1000 平方米。同时，积极协调有关部门，先后实施了投资共计 1100 多万元的易地搬迁和美丽乡村建设项目。借着精准扶贫的东风，沈生福积极响应工作队的号召，很快，他们用政府补助的 8 万元易地扶贫搬迁资金盖起了砖混结构新房，搬进了宽敞明亮的新居，使居住环境得到了极大改善。

原来，真正让沈生福鼓足了干劲，对未来生活满怀希望的是工作队为了加强本炕村精神文明建设而采取的一系列措施。为了发展乡村旅游工作队"抛砖引玉"，配发了床单、被罩等基础物资；为倡导新风尚、传播正能量，加大评先评优力度；为提升村民精气神，举办了许多村民喜闻乐见的文化娱乐活动；为加强党组织建设，不断规范各项党建工作，发挥党员模范带头作用，强化党支部战斗堡垒作用。这一系列举措的实施，有力助推思想扶贫，有效巩固脱贫成果，积极引导村民转变观念，提升思想认识。

"去年，我还被评为脱贫光荣户，上台领了奖，其实对我来说奖品是啥不重要，关键是真的感到很光荣！"沈生福满脸自豪地说。

"在那之后，我兴头更大了，为了开好农家院，今年年初就把门口的几间房子好好收拾改造了一番，现在有 8 间客房，来 20 个人也够住！"沈生福兴奋地说。

如今，沈生福家的小牛已经发展到了 63 头，流动补胎点办得越来越稳当。今年旅游高峰期尚未到来，他已经有了 1000 多元的旅游收入，看着日子越来越红火，沈生福并未停止奋斗的脚步。

初夏的太阳升上了蔚蓝的天空，远处山坡上的牛羊宛如洒落的珍珠，宁静的村庄升起袅袅炊烟，幼儿园的孩子们像一群快乐的小鸟，欢欣雀跃地路过村委广场，一个扎着羊角辫的小姑娘手指着草地兴高采烈地喊着："快看呐，青草发芽了……"

海东市

精准执行政策　严格落实责任

——乐都区易地搬迁扶贫典型案例

为巩固脱贫攻坚工作成效，海东市乐都区坚持把易地扶贫搬迁工作作为脱贫攻坚的头等大事，以群众"搬得出、稳得住、能脱贫"为目标，对标时间节点，精准执行政策，严格落实责任，乐都区贫困群众和随迁户如期顺利入住新居。

乐都区七里店易地搬迁安置点是青海省最大的一个集中安置点，占地面积192.5亩，总建筑面积15.6万平方米，集中安置马厂乡、马营乡、芦花乡、李家乡、中岭乡、共和乡、城台乡、蒲台乡、中坝乡、寿乐镇、高庙镇11个乡镇1946户6584人。

一、统筹规划，因地制宜定搬迁

当前搬迁的建档立卡搬迁户由11个乡镇81个不同的行政村、社，整村、

整社搬迁至七里店安置点，全部为跨乡镇搬迁，迁出区距安置点普遍在 10 公里以上，最远 50 公里以上。迁出区普遍交通不便、自然灾害频发，学生上学、病人就医、劳力务工、弱势群体受助均有诸多不便。七里店搬迁安置点共安置 1946 户 6584 人，其中建档立卡户 1356 户，同步搬迁非建档立卡户 590 户，1356 户贫困家庭全部在 2015 年底建档立卡。

二、精确策划，科学选择安置点

安置点初步选址在历史上未发生地质灾害、具备优良发展环境、各项基础设施与公共服务设施基本齐全的城区，经专业机构进行地勘和风险评估后确定七里店为安置点建设地址，采取政府出让储备土地的方式，划拨土地 192.5 亩，用于建设安置点，征地费用由区级财政解决，2019 年省政府予以补助，共 4733 万元。

三、公平公正，牢守价格底线

七里店易地搬迁安置点建设严格按照相关规定进行报批，于 2017 年 5 月开工，2019 年 4 月基本竣工，从 5 月份开始，搬迁群众开始入住。建房成本按 2017 年初市场价 1875 元 / 平方米 ~2200 元 / 平方米公开招标，建设单位以"保本"为基本条件选择中标单位，完成项目建设。

四、严守标准，减轻群众负担

严格遵照"人均 25 平方米"原则，综合考虑适用性和成本后，确定"1 人户 25 平方米，2 人户 50 平方米，3~5 人户 80 平方米，6 人及以上户人均 16 平方米"的标准，按照搬迁户家庭实际人口分类建房（安置 1 人 42 户，2 人 284 户，3~5 人 930 户，6 人 86 户，7 人 12 户，8 人及以上 3 户）。建档立卡户按照"自筹不超过 1 万元"的要求分档实施补助，非建档立卡随迁户在户均补助 4.5 万元的基础上，按照自主选择的住房，根据实际建造成本自筹建房资金。

五、安居乐业，完善配套设施

七里店安置点配套建设给排水、道路、供电、环卫、幼儿园、社区综合服务办公楼、卫生服务中心、文化室、活动广场等基础设施和公共服务设施，建筑面积共计 1.25 万平方米。安置点适龄儿童 400 余名，已配建幼儿园，保障学前教育。七里店地处县城，周边教育资源充足，可充分满足搬迁群众需求。安置点配建了社区卫生服务中心，享受贫困人口兜底医疗救助政策和基本医疗、大病医疗保险、一站式结算等服务，七里店周边区域内有乐都区人民医院、第二人民医院和藏医院，可充分保障医疗服务。按照迁出地乡镇农业人口户籍，享受原有的养老、医疗等政策。暂时由原乡镇管理，乡镇兼顾搬迁群众与当地群众的管理，后期将根据搬迁群众迁出地、迁出规模等因素，做好群众管理和政策接续。

六、挪穷窝换群业，后续产业跟进，确保"搬得出、稳得住、能致富"

乐都区制定易地扶贫搬迁后续产业规划，按搬迁户实际情况制定后续扶持方案，支持农业合作社将搬迁户的土地承包经营权、林权、宅基地使用权直接流转，或以土地入股形式投入龙头企业、合作社折股量化；引导搬迁贫困户积极参与当地优势产业的开发运营，立足自身资源，发展优势农产品，重点扶持马铃薯、油菜等特色种植业，就地发展产业经济。安置点群众以城镇自主择业和迁出地原有产业为主要收入来源，搬迁群众60%的收入依靠劳务输出，可满足群众基本生活需求，对无充分就业家庭，政府可以安排相应劳务岗位，解决生活问题。

由于安置点生产生活条件的变化，产业扶贫及相关配套措施仍在探索阶段。大部分易地搬迁农村家庭收入构成主要部分为劳务输出，就地就业务工的人数较少，搬迁后对群众务工的影响不大，外迁群众的幸福感、获得感明显大于原址安置。

七、稳定民心，尽快适应新的环境和生活习惯

迁出区"三块地"（林地、宅基地、承包地）的权益归属、承包地流转、退耕还林等保持原有迁出地权益，搬迁户拆旧土地绝大部分只能恢复生态，原有土地因地理条件、气候因素影响，有流转价值的土地占比较少，初步来看，搬迁户自种原有土地成本很高，全部拆旧复垦后，长期自种的成本高，土地流转困难，收益不大。搬迁后，搬迁户需要交纳水、电、天然气、物业等按照城镇市民公共服务收费标准执行，物业费按0.65元/平方米、水费按3.92元/吨执行，目前没有减免措施。

在征地土地补偿和地面附着物补偿之外，由于土地出让手续方面的相关政策规定，还需要缴纳土地出让金、失地农民养老保险金、耕地占补平衡指标费、新增建设用地有偿使用费等费用，暂时不能办理房产证。待相关手续完成后，予以办理，且需要资金支持。目前原迁出地还有各种社会管理及服务事项未能完成，从实际出发，原有行政村机构不能撤销，目前需要保留。新的安置点将成立社区公共服务机构来保障安置群众社会服务管理需求。待原迁出地集体土地、林权、资产等方面明确管理和治理措施后再决定，还需要深化改革来解决。新的社区管理机构成立后，按照国家相关规定，安排党的建设和党支部成立相关工作。因为党组织成立需要相关单位及部门批准，过渡期，原迁出地村党支部管理方式予以保留，管理原行政村事务，新的党组织管理方式在充分调研的基础上再进行安排。

在奔向小康的道路上，前方并非坦途，这场硬仗尚未完胜。脱贫摘帽不是终点，而是幸福生活的起点，"摘帽"后，海东市乐都区还将重点围绕"三保障"提升、基础设施建设、产业就业扶贫、贫困监测等方面补短板、强弱项，进一步巩固攻坚成果，提升脱贫质量，推进脱贫攻坚与乡村振兴有效衔接，让人民群众共享改革发展的惠民成果。

立足县情　主动作为　精准扶贫

——民和县脱贫攻坚工作纪实

民和县位于青海省东部，地处甘青两省交界，素有"青海东部门户"之称。1986 年由国务院确定为国家重点扶贫的少数民族贫困县，2002 年被确定为国家扶贫开发工作重点县，2011 年被确定为全国六盘山片区集中连片特困地区扶贫攻坚重点县。脆弱的生态环境、恶劣的生产条件让这里成为全市乃至全省贫困人口最多、贫困面最广、扶持难度最大的地区。2015 年底，精准识别建档立卡贫困村 125 个，占行政村总数的 40%；贫困户 10641 户 42232 人，贫困发生率 11.3%。2019 年 4 月 20 日，省人民政府同意民和等 17 个县（区）退出贫困县。作为国家扶贫开发工作重点县和国家集中连片特殊困难地区县，民和县用一幢幢温暖的新居，一个个朝气蓬勃的产业，一张张朴实无华的笑脸，在青海东大门写下了一份摘穷帽、奔小康的脱贫答卷。

勠力同心，高站位推动脱贫攻坚工作

一是强化组织领导。坚持党政同责，实行"双组长""双指挥长"制，对全县脱贫攻坚统一安排、统一指导，统筹推进，形成了全县上下全力推进脱贫攻坚的格局。二是层层压实责任。全面实行县级领导联点负总责制，县级领导干部带头履职担当，认真开展"五级书记"遍访行动，对全县所有农户不间断开展大走访、大排查、大帮扶、大宣讲活动，各级各部门齐抓共管，层层压实责任，抓细抓实脱贫攻坚，进一步聚焦精准发力。三是健全制度机制。县级层面健全完善了组织领导、研究决策、工作推进、请示汇报、联户帮扶、考核问责六项机制，推动脱贫攻坚工作高效有序开展。四是强化督查巡查。

县委县政府督查室、县扶贫开发领导小组督查组、县纪委监委、县财政等部门共同开展脱贫攻坚督查巡查。持续强化对扶贫领域脱贫退出、重点项目及资金、联点帮扶等方面督查巡查。

坚持精准施策，全面提升反贫困斗争能力

第一，大力发展扶贫产业。一是立足贫困人口意愿，大力扶持发展牛（羊）和生猪养殖、中药材、百合、油用牡丹等种养殖产业，借助40万亩全膜玉米优势，发展养殖大户1517家，建成家庭牧场5829户，养殖畜禽6.4万头（只），户均年增收6000元以上，"民和模式"带贫成效更加明显。二是立足县域产业基础，大力发展宝嘉隆葡萄酒庄等扶贫产业园项目，精准选择农畜产品深加工、牛羊养殖、畜草加工等特色产业项目，着力解决扶贫产业规模小、发展缓慢的突出问题。三是立足本地优势旅游资源，累计投资扶贫资金1200万元，打造了古鄯镇七里花海、西沟南垣村油用牡丹，西沟复兴村、隆治乡桥头村等一批民俗风情、产业发展和旅游休闲融为一体的旅游扶贫项目。四是立足光热资源优势，大力实施光伏扶贫工程，惠及125个贫困村6275户贫困户的43.4

兆瓦光伏扶贫项目成功并网。截至2020年6月底，已发电6696.47万千瓦时，累计已实现收益5022.3万元。五是投资1.87亿元实施187个非贫困村村集体经济项目，目前产生收益560.3874万元，受益贫困户4452户。同时，通过村集体经济，开发保洁员等公益性岗位1978个。

第二，注重提升贫困群众抗贫能力。一是健康扶贫优惠政策减轻群众医疗负担，通过落实"一免六减""先住院后结算"等优惠政策，累计减免18.85万人次就医费用207.28万元。所有医保定点医院实现基本医疗保险、大病保险、医疗救助"一站式"结算。建档立卡贫困人口住院报销比例达90%。全县组建家庭医生签约服务团队81个，建档立卡贫困人口家庭医生签约全覆盖，履约43869人，履约率达97.12%。二是教育扶贫政策减轻群众教育负担，"控辍保学"成果有效巩固，不让一名学生因贫辍学目标全面实现。三是利用各类扶贫项目收益开发公益性岗位，让贫困群众劳有多得。

第三，注重提升村级发展能力。一是充实扶贫干部队伍，向125个贫困村和48个非贫困村选派第一书记173名、工作队员346名，新录用行政事业干部全部分配到乡镇工作，选

派 470 名优秀专业技术人员到贫困村开展服务活动，选派 5 名县直机关优秀年轻干部到村担任支部书记。二是树立脱贫攻坚一线选人用人导向，选拔 26 名实绩突出、群众公认的第一书记和扶贫工作队员担任领导职务。三是抓党建促脱贫，贯彻落实抓党建促脱贫攻坚 50 条措施，成功打造民和县抓党建引领脱贫攻坚教育实践基地，培养村级后备干部 1248 名，整顿软弱涣散村党支部，提升基层党组织引领脱贫攻坚的能力和水平。四是壮大村集体经济，投资 1.06 亿元在全县建立了 133 个互助协会。

坚持造血活血，长远谋划脱贫巩固办法

第一，以乡村振兴为引领，全力巩固脱贫成效。一是以习近平总书记关于实施乡村振兴战略重要论述为指导，坚持精准施策，把脱贫攻坚的工作经验和帮扶资源有效转换到乡村振兴中，以乡村振兴巩固脱贫成效，引领反贫困斗争。二是着力推动贫困劳动力转移就业。坚持把转移就业作为最直接、最有效的脱贫方式。三是加强易地扶贫搬迁贫困户后续扶持。四是建设扶贫车间，让贫困群众在家门口挣钱。

第二，建立完善防止返贫监测和帮扶机制。目前，基本医疗报销、大病

保险、民政救助、精准防贫保险四道防线已经形成，贫困患者自付合规费用降到 10% 以下，社会保障得到全面提升。一是加强防贫监测，制定了《民和县返贫监测预警方案》。二是抓住因学、因病、因灾等致贫返贫关键因素，在全省首创"精准防贫保险"。

"拉面＋扶贫"新模式培育脱贫"新引擎"

——化隆县脱贫攻坚创新路

化隆县属国家六盘山集中连片特困地区扶贫开发工作重点县。为全面贯彻落实习近平总书记扶贫开发战略思想和中央扶贫开发工作会议、省委十二届九次全会精神，化隆县紧紧围绕全县精准识别的 144 个贫困村 9641 户 36326 名贫困人口整体脱贫的目标，按照"互联网＋拉面＋N"思路，把"拉面扶贫"作为贫困群众"造血式扶贫"和"扶贫扶志"脱贫的最主要途径，依托遍及全国 1.7 万家拉面实体店，创新思路提出了精准扶贫拉面"带薪在岗实训＋创业"计划，即以建档立卡贫困劳动力为对象，以市场为导向，以提高劳动力技能、促进就业创业、带动脱贫致富为目的，改变以往短期培训变为到输入地"在岗带薪"实训（一年或两年），引导建档立卡对象到实训店先

做"跑堂",掌握一定技术后再做"拉面匠",积累一定资金后通过政府"530"贴息贷款等政策支持开办一家"扶贫创业拉面店",力争到2020年共实训4000人次,支持开办"扶贫创业拉面店"500家。

为确保该计划顺利推进,化隆县多措并举积极推进。一是以资金为保障推进计划。根据实训人次县上积极争取省市级扶贫资金、东西部扶贫协作资金,以及整合就业培训资金、首次创业资金,特别是县财政配套资金900万元,累计投资近4000万元,全力确保了计划实施。二是以联动为程序实施计划。制定了《落实"带薪在岗实训+创业"暨建档立卡贫困户开办拉面店扶持政策操作办法(试行)》,层层明确了村一级、乡镇一级、县就业局和扶贫局、拉面电商服务中心、驻外办、实训店、带徒师傅的职责,形成了扶贫攻坚层层分解指标,压实责任,分担责任的工作机制,最大限度发挥了组织保障作用。三是以奖励为动力促进计划。针对我县山大沟深、县域面积大,拉面店遍及全国280多个大中型城市管理难度大实际,进一步加强实训学员的实训考核、回访监管、资金发放、技能鉴定等工作,县上设立了奖补机制,对驻村扶贫工作队、拉面电商服务中心、拉面技能评定小组、驻外办事处给予了的适当的差旅费补贴。四是以电商为平台落实计划。依托建成运行的青海省扶贫拉面培训服务中心、中国拉面网和扶贫大数据平台,以购买服务的方式委托拉面电商服务中心建立了实体店数据库,开展实训对象报名、岗前培训、实训匹配等工作,并进行网上动态管理,随时关注实训对象的实训情况,保障计划顺利推进完成。五是以合格证为抓手检验计划。在化隆籍拉面店集中的城市,成立由拉面经济服务办事处工作人员和3名拉面店老板组成的拉面技能评定小组,按照县上统一制定的拉面技能评定标准,对各城市参加"带薪在岗实训"满一年的建档立卡对象进行考核评定,经评定合格的发放拉面技能合格证书。六是以政策为支撑推广计划。2016年县上制定的《化隆县精准扶贫拉面"带薪在岗实训+创业"计划》推广后,2017年省上出台了《关于进一步推动青海拉面经济发展,促进就业创业的实施意见》,2018年市上出台了《海东市推动拉面产业高质量发展三年行动方案》,在省、市层面以文件形式进一步明确了"带薪在岗实训+创业"计划实施的政策规定,有力支持了依靠拉面产业促进脱贫攻坚。

精准扶贫拉面"带薪在岗实训+创业"计划是化隆认真贯彻落实中央和省、

市关于"大众创业、万众创新"要求的具体实践，更是化隆结合县情实际创出的一条先试先行精准脱贫新路子，在贫困群众增加收入、促进民族团结进步、带动贫困人口脱贫、加快拉面产业转型升级等方面具有重大现实意义，取得了良好的经济效益和社会效益，在全省得到了推广。一是促进了贫困群众脱贫步伐。2016—2020年，化隆县共实训建档立卡贫困对象3955人，其中278户开办了"扶贫创业拉面店"，实现工资性收入达1亿元以上，累计带动2650户（占建档立卡总户数的27%）10600名（占建档立卡总人数的29%）贫困对象实现脱贫。拉面产业创造的收入占到全县劳务总收入的70%，拉面产业人均收入占农民人均纯收入的54%，从"十一五"到"十三五"全县累计脱贫的13万人中7万人是通过拉面脱贫的。二是促进了拉面产业转型升级。通过让建档立卡对象到实训店进行实训，一方面将为化隆拉面的转型发展提供人才保障，有力解决拉面匠紧缺的市场需求；另一方面建档立卡对象掌握一定技能和经验后，开办的"扶贫创业拉面店"将对拉面店转型升级注入新动力。县上引导返乡创业拉面成功人士成立合作社及公司近1000个，带动贫困群众15000多人在餐饮服务、牛羊肉加工、冷藏配送、建筑建材等行业就业，特别是龙头企业绿洲餐饮、绿禽蛋鸡、祥林水产养殖、伊丰商贸等有力带动了县域经济发展。目前，化隆县抢抓机遇，着力推动实施"一镇（拉面小镇）一园（拉面产业园）一网（智慧拉面网）一店（打造品牌示范店）一人（线上服务拉面人）"五大工程，力争到2025年初步建立全国拉面店食材供应"中央大厨房"。三是促进了民族地区团结进步。"带薪在岗实训＋创业"计划中化隆县将有意开办拉面店的72名藏族、91名汉族建档立卡对象安排到回族、撒拉族群众开办的拉面店进行实训，让回族、撒拉族"拉面老板"带动其他民族群众共同创业、共同致富，有力促进了各民族团结进步。同时，已经脱贫致富的广大拉面人普遍树立了感恩回报意识，自觉遵纪守法，主动承担社会责任，参与公益事业，拉面人在他乡获得"中国好人""全国最美家庭""海南省诚实守信模范""最美青海人""全国劳动模范""广州好人""大连好人"等荣誉称号的事例很多。在新冠肺炎疫情期间，武汉市化隆籍拉面人马文德积极组织开展公益活动发挥了带头示范作用，全国各地拉面人累计向武汉等地捐款捐物1000万元，树立了化隆形象。四是促进了群众脱贫信心提升。"带薪在岗实训＋创业"计划实施取得显著的经济效益，得到广大贫困群众的认可，目前化隆县建档立卡群众累计将 1.5 亿元到户产业扶持资金、互助资金、村集体"破零"发展资金，投入自己亲戚开办的拉面店、村内群众开办的拉面店，品牌拉面店进行入股分红的有 686 户 2664 人，年人均收入在 4 万元以上。金融部门先后发放"拉面贷"达 4 亿元，其中"530"贷款达 7200 万元。在"带薪在岗实训 + 创业"计划中，实训人员不仅能够学习到脱贫致富的技能，还能在输入地管理下树立合法经营、办证经营、文明经营的意识，在规避市场风险、诚信合法经营等方面积累了丰富的经验，不仅挣了票子脱贫，更是换了脑子致富。五是促进了基层党的建设。县上成立了地方品牌产业培育促进局，先后抽调 54 名干部在省外设了 46 个拉面经济服务办事处，同时设立流动党员网络远程党性教育基地，引导拉面务工人员成立了 14 个流动党员党支部，流动党员达 605 名，先后与 20 多个城市的相关部门建立了长效协作共管机制。2017—2020 年，连续三年赴内地开展了"十九大精神和中央民营企业座谈会精神进拉面店"宣讲活动。特别是 2019 年结合"不忘初心、牢记使命"主题教育活动，深入北京、成都、上海等 11 个城市开展了主题教育专题党课活动，流动党员、预备党员、入党积极分子等 1500 余人聆听党课，充分发挥了党组织的战斗堡垒作用。

重脱贫　防返贫　奔小康

——循化县脱贫攻坚工作纪实

自精准扶贫工作启动以来，循化县认真贯彻落实党中央、国务院和省市党委、政府的各项决策部署，坚持以习近平总书记扶贫开发重要战略思想和视察青海时的"四个扎扎实实"重大指示精神为指引，把脱贫攻坚作为统领经济社会发展全局的最大政治任务和第一民生工程，聚焦"两不愁三保障"这一脱贫攻坚核心目标，聚焦"一优两高"战略部署，举全县之力、聚全民之智决战脱贫攻坚。

循化县坚定不移实施"农业稳县"战略，以"黄河彩篮"现代菜篮子基地为引领，大力发展以"一核两椒"为主的特色种植业和"牛羊繁殖""生态牧场"为主的农区畜牧业，并结合"村集体经济破零工程"，发展"一村一品"产业，鼓励农牧民专业合作社、家庭牧场、种养大户、龙头企业带动贫困户就业创业，重点实施了撒拉尔故里、十世班禅大师故里、30兆瓦光伏扶贫等旅游扶贫产业园项目以及特色种植业、养殖业、运输业等到户产业发展或资产收益项目，建立了户有增收项目、村有集体经济、县有扶贫产业园的产业扶贫格局。同时发展乡村文化旅游让群众过上了好日子，依托丰富的自然文化资源和独特的气候条件优势，大力实施"旅游立县"战略，累计投入近4亿元实施了一批乡村旅游农家院和扶贫产业园项目，重点实施撒拉水镇、撒拉故里民俗文化产业园、骆驼泉景区改造提升等投资量大、支撑性好、牵引力强的文化旅游骨干项目，高水平举办国际抢渡黄河极限挑战赛和国际篮球赛，文化旅游业在带动贫困群众创业就业、促进县域经济发展方面发挥出了重要作用。发挥撒拉族群众擅长办企业、建市场、兴商贸的优势，大力发展小微企业，培育了元凯、化青艺等一大批国家和省级扶贫产业化龙头企业，并全力打造以工业园区为平台的全省特色小微企业发展高地，使小微企业释放出"小产品、大市场、高就业"的带贫效应。

2015年，循化县抓住了习近平总书记在全国"两会"期间参加青海代表团审议时对青海拉面经济关心指导的重大机遇，将拉面经济作为致富产业、就业主业和民营企业，打造出了拉面经济升级版。拉面经济因其见效快、收益好、风险小的特点，深得群众青睐，广大贫困群众发扬撒拉族敢闯敢拼、自强不息的精神品格，积极融入市场大潮，走上了"一年当跑堂、两年做面匠、三年成老板"的脱贫路。目前，全国各地拉面店数达7500余家，从业人员达3.6万多人，实现拉面经济综合收入20亿元以上，占全县劳务总收入的67%。

大力创建全国电子商务进农村综合示范县，确定"一核两椒"、黄河石艺和撒拉族刺绣等适宜网络销售的主打产品，把"互联网+"引入农村，引领群众创业就业，已建成1400平方米的农村电子商务运营服务中心和覆盖全县各乡镇、社区的线下服务网点及62个村级服务点，电商成为助推地方产业转型升级的经济新动力。抓住"国扶办光伏扶贫试验点"和全省光伏扶贫试点县的机遇，积极发展贫困人口受益的光伏扶贫产业，促进了贫困家庭收入稳定，探索出了一条农村生态环境保护与扶贫产业开发相宜相长的精准扶贫新路子。

为实现全面脱贫多措并举，通过涉农资金整合、县级财政足额保障、国开行扶贫贷款补充等方式，多渠道保障扶贫资金，两年间共整合筹措各类资金11.27亿元。深入推进社会扶贫，积极开展"百企帮百村、百企联百户"行动等活动，引导企业、宗教人士、社会组织和民间力量，承担帮扶责任，共同参与脱贫攻坚。

研究制定《循化县全面推进脱贫攻坚实施意见》《"十三五"脱贫攻坚规划》《"十三五"产业精准扶贫规划（2016—2020）》等政策体系，围绕"六个精准"和"八个一批"要求，制定了涵盖教育、医疗、交通、水利、供电等方面的"1+8+10"行业专项扶贫方案，实现了行业发力、服务加码。与此同时，精准架构高效顺畅的落实保障机制，成立县党政"一把手"为双组长、双指挥长的扶贫开发工作领导小组和脱贫攻坚指挥部，完善下游组织机构，形成了县有指挥部、乡有工作站、村有工作室的脱贫攻坚组织体系，压紧压实三级书记脱贫责任，县级各大班子主要负责同志领衔督战9个乡镇战区，其他县级领导、科级干部均有联乡包村包户任务，除贫困村以外，向有 10 户以上贫困户的 31 个村选派了扶贫驻村工作队，91 个中央、省市及县属行政、企事业单位结对帮扶 62 个贫困村和 92 个非贫困村，2496 名省、市、县机关单位干部结对认亲开展帮扶工作，确保了精准帮扶不落一户、不漏一人。

"立长远、补短板、打基础"，循化县统筹整合脱贫攻坚、乡村振兴和较少民族项目，对全县所有行政村基础设施建设进行了填平补齐。这期间，先后投入 23.22 亿元实施了 101 个村的人饮改造提升、94 个村的农网升级改造及 21 个村的村道硬化提升工程和便民桥建设工程，家家户户通了自来水，农村通电率达 100%，大循、循隆高速公路建成通车圆了循化几代人的"高速公路梦"，4G 无线信号覆盖率达 95% 以上，宽带网络覆盖率达 90% 以上。高标准实施了一批学校全面改薄项目，村级标准化卫生室实现全覆盖，农村危房实现清零。结合高原美丽乡村建设项目，统筹实施村级活动中心建设和村级全民健身工程，完成了 20 个村的污水管网、4 个乡镇垃圾集中填埋场、43 个村的环境综合整治等项目，完成易地搬迁 145 户 637 人，农村面貌发生了翻天覆地的变化。

因少数民族在全县人口比重和全民信教这一特殊因素，增加了循化县民族团结进步创建工作的极端重要性，这也是关系着各民族全面同步迈入小康的底线任务。长期以来，循化县立足多民族聚居、多宗教并存的县情实际，抢抓全国民族团结进步示范县创建契机，借助精准扶贫精准脱贫，持续补齐各民族发展短板，全面落实各类惠民政策，全力促进公共服务均衡发展，有效解决了一大批涉及教育助学、社会保障、医疗卫生、生态环境等各族群众关心关注的热点、难点问题，各民族在脱贫实践中交往交流交融，"两个共同""三个离不开""五个认同"观念深入人心。

激发党建工作内在活力，为脱贫攻坚提供强大思想保障，牢牢树立了"围绕扶贫抓党建、抓好党建促扶贫、检验党建看脱贫"的理念，累计投入 1.2 亿元新建 119 个村级综合办公服务中心，为 154 个村党员活动配齐基础办公设备，村（社区）标准化阵地建设得到了进一步加强。

因地制宜谋发展

——平安区三合镇祁新庄村特色种植业发展之路

祁新庄村位于平安区三合镇政府北 1.5 公里处，交通便利。全村共 411 户 1478 人。水浇地 1280 亩，山地 830 亩，退耕还林地 3300 亩。主要种植小麦、马铃薯、油菜、大豆等农作物。脱贫攻坚战打响以来，祁新庄村紧紧抓住发展机遇，立足本村资源禀赋和生产条件，坚持因地制宜，积极发展以露天蔬菜为主的特色农作物种植产业，并逐步转变为农民增收致富、村集体壮大的阳光产业。

立足实际，找准发展出路

"产业扶贫是最直接、最有效的办法，也是增强贫困地区造血功能、帮助群众就地就业的长远之计。要加强产业扶贫项目规划，引导和推动更多产业

项目落户贫困地区。"习近平总书记的讲话让祁新庄村的扶贫工作人员认识到没有产业发展，就没有收入保障，扶贫就会成为"无本之木"。

经过驻村工作队与村"两委"的再三研究讨论，决定根据本村的地理条件和气候特点，因地制宜地把眼光定格在特色富硒蔬菜种植上。为了改变村民的传统观念，祁新庄村党支部从抓学习入手，组织全村党员干部和群众学习党在农村的各项方针政策，组织部分农户到设施农业和特色种植业发展较好的乡村学习，并利用农闲时间邀请镇上农业办的技术人员对有意愿开展特色种植的农民进行培训，让群众了解掌握各种实用技术。通过不断学习，村民的观念有了很大转变，深刻认识到调整种植业结构的必要性。

党员带头，增强支部凝聚力

思想是行动的先导。有了明确的发展思路，驻村工作队和村党支部一班人马立刻开始行动。借着精准扶贫工作的春风，三合镇党委政府积极协调上级部门下拨 100 万元村集体经济壮大引导资金用于祁新庄村特色种植业发展。祁新庄村"两委"于 2019 年注册成立以祁喜民（党支部书记）为组长，祁珠民（村委会主任）为副组长，祁多军（党支部副书记）、郸延海（治保主任）、祁乾民（监委会主任）为组员的村集体经济合作社，合作社以培育高原特色的无污染、无公害蔬菜为目标，并以此为平台着力将高原特色富硒蔬菜做大做强。

积极发展露天蔬菜种植，集体合作社对 143 户农户的 700 亩承包地进行土地流转，与长期在祁新庄村中发展露天蔬菜种植的兰州禾嘉公司合作，以"公司＋合作社（海东市平安区珠民种植专业合作社）＋农户"的模式发展富硒露天蔬菜订单种植。其中 500 亩为小麦原种繁育，200 亩为露天蔬菜，分别种植西兰花、有机菜花、西芹、娃娃菜、红笋、大葱等露天蔬菜。2019 年实现西芹亩产 6000 千克，娃娃菜亩产 4500 颗，西兰花亩产 2000 千克，有机菜花亩产 2000 千克，包心菜亩产 2500 千克，大葱亩产 500 千克。

祁新庄村在区、镇党委政府的领导下，统一连片规划，统一品种，高标准、高规格进行蔬菜种植。目前，合作社带动附近村民务工 1200 人次，发放人工工资 12.2 万元，其中包括建档立卡户 26 户 96 人（每户将 2 亩投入到合作社共计 52 亩, 连人带资参与合作社经营), 发放工资 5.7 万元, 户均增收 2192 元。

祁新庄村依靠科技进步, 稳步扩大种植面积, 提高单产, 改善品质, 打造本村露天蔬菜品牌, 逐步扩大市场, 带领全村村民致富奔小康。为全镇乃至全区产业发展助推脱贫攻坚提供了良好的经验做法。

多点开花,拓宽致富路

在发展特色蔬菜种植业的同时, 祁新庄村将本村能人带动作为村子发展的又一致富途径。八社村民祁国民在西宁南山从事绿化工程, 每年带动 20 余人外出, 人均收入达 1.2 万元; 一社村民祁雄民结合自身情况在乐都从事餐饮服务业, 自己开店经营柴火鸡, 带动本村 10 余名村民务工增收。像祁国民、祁雄民这样的致富能手在祁新庄村层出不穷, 村民的致富道路不断拓宽。

现在的祁新庄村, 映入大家眼帘的不仅仅是阡陌交错的露天蔬菜, 整洁宽敞的村道, 宁静祥和的小庭院, 更重要的是人们脸上满满的自信和对新生活的向往, 还有人们迈出的坚实步伐。

幸福像花儿一样绽放
——互助县易地搬迁扶贫典型案例

一、基本情况

班彦村坐落于互助县东南部，距互助县城 30 公里，距平安区 20 公里，全村辖 8 个社 369 户 1396 人。全村耕地总面积 3423 亩，人均耕地面积 2.5 亩。2015 年底，全村农民人均可支配收入 2600 元，精准识别出建档立卡贫困户 183 户 720 人。2016 年以来，整合省市县各类资金，主要实施了村级基础设施建设、配套设施、易地扶贫搬迁、产业发展等项目。2017 年，全村人均可支配收入达到 7309 元，顺利实现脱贫退出。

班彦村被省委省政府评为 2016 年度全省脱贫攻坚先进集体；2018 年被省委省政府确定为省级乡村振兴战略示范村；2019 年被国家民族宗教委员会确定为中国少数民族特色村寨，并被海东市委市政府确定为市级乡村旅游示

范村。

二、主要做法及成效

班彦村的易地扶贫搬迁按照"搬得出、稳得住、有事做、能致富"思路，积极探索符合自身实际的产业发展之路，经历了从无到有、从弱到强的发展过程，积极利用已有传统技艺和资源优势，形成了"涵盖广泛、形式多样"的产业体系。班彦新村的"破茧成蝶"，是贫困村脱贫的典范，是数以万计各级扶贫干部工作成果的一个缩影，是各级党委、政府上下聚力脱贫攻坚工作的真实写照，更是履行党和国家"小康路上一个都不能掉队"庄严承诺的生动实践。其主要做法主要有四点：

一是挪穷窝，生活环境彻底改善。在易地扶贫搬迁过程中，班彦村充分吸纳群众的合理建议，按照户均0.4亩院落、0.2亩集中养殖区的规模，统一规划、设计、建设新居。同时，实施自来水入户和标准化配电工程，修建了卫生厕所、排水管网及污水处理设施，厨房接通了天然气，并安装了"柴改电"热炕设备。

2016年底，班彦村484名村民顺利入住安全实用、公共设施配套齐全、民族特色突出的新居，彻底摆脱了行路难、就医难、上学难、吃水难、务工难、娶妻难等问题，几代人梦寐以求的安居梦变成了现实。

二是拔穷根，致富门路不断拓宽。在充分尊重群众意愿、群众普遍认可的基础上，班彦村制定了产业发展实施方案，确定了八眉猪养殖、节地型日光节能温室、盘绣制作、综合养殖场、光伏扶贫、酩馏酒酿造、商铺、农家乐、

民宿等多项脱贫措施。

三是转观念，内生动力不断激发。随着易地扶贫搬迁项目和后续产业项目的实施，班彦村搬迁群众的观念发生了巨大转变，大家谋出路、谋发展、脱贫致富的劲头更足了。

四是强组织，凝聚力不断提高。班彦村充分发挥基层党组织战斗堡垒作用，把脱贫攻坚作为决胜小康的主攻战场。从选好配强基层党支部书记开始，引导广大党员发挥先锋模范作用，凝聚广大干部群众的力量，增强了组织力，形成了党领导脱贫事业的强大合力。

"青海青、湟水黄，民族娃、团结花，汉藏蒙、回土撒，各个民族把手拉。"这段全村人都会唱的青海花儿，唱出了土族群众内心深处满满的收获感和幸福感。

逐渐富裕起来的班彦各族村民，像石榴籽一样紧紧抱在一起，感恩奋进，用勤劳的双手创造更加美好的未来。

以党建为引领，打赢脱贫攻坚战

——化隆县德恒隆乡西后加村脱贫攻坚工作纪实

西后加村位于化隆县卡日岗山区，全村有 98 户 412 人，其中建档立卡户 32 户 138 人，党员 17 人。脱贫攻坚战打响以来，西后加村在青海省自然资源厅的联点帮扶下，以"围绕脱贫抓党建，抓好党建促脱贫"为主基调，以发展产业为根本出发点，从班子战斗力建设、特色产业发展、乡村精神文明创建、办事服务能力提升、营造脱贫攻坚氛围等方面唱响了整村脱贫攻坚奔小康的奋进之歌，鲜艳的五星红旗在卡日岗山顶猎猎飘扬。2017 年实现整村脱贫，被化隆县评为"脱贫攻坚产业示范村"，2018 年村集体经济"破零"，2019 年被化隆县德恒隆乡党委政府评为"脱贫攻坚党建引领示范村"，村集体收入 8 万多元。

一、选好"领头羊"，抓班子增强凝聚力

脱贫攻坚战打响前，在驻村工作队的帮扶下，从有文化基础、有致富能力、大家公认的村民中公选"领头羊"，选能人进班子。下若等人被选为村党支部

书记和村主任后，从群众最关心的吃水、行路、用电、住房、上学等问题入手，并及时向帮扶单位和乡党委、政府反映情况，跟进对接实施项目，依托高原美丽乡村等项目支持，着力改善了村级基础设施，建成了集党建、文化、健身等功能于一体的村级综合服务中心，全村实施了危旧房改造项目，建成了150万元的防洪大坝，整修了西后加教学点等。同时，村党支部不断强化"抓好党建是本职，不抓党建是失职，抓不好党建是不称职"的责任意识，制定实施"党建+"系列活动，开展了"党建+村干部教育"、产业带动、成才圆梦、健康平安、乡村文化培育、精神文明创建、宣传鼓劲等群众喜闻乐见、积极参与的党建引领活动，使昔日贫穷落后的西后加活起来、美起来、亮起来。2020年初新冠肺炎疫情发生后，成立村疫情防控队，使全村疫情得到有效防控。

二、立好"规矩"抓执行，增强"规矩"意识

党支部在村各种组织活动和各项工作中，都把党组织定位于领导核心，积极发挥战斗堡垒作用。村党支部全面实行"会前准备、会中决策、会后执行"的村支"两委"联席会议议事决策机制，坚决做到了"四议两公开"阳光操作，特别是在建档立卡户动态管理工作当中，村党支部和工作队顶住来自不同方面的压力，及时动态调整了群众意见大的建档立卡户，得到了全体村民的好评。与此同时，村"两委"认真制定了以社会倡导、历史积淀、村民认可为依托的村规民约，在移风易俗、精神文明建设等方面发挥了重要作用，广大村民说话办事的规矩意识越来越强。

三、抓好队伍，提素质增强综合力

激活基层党组织，增强基层组织力，发挥好党的群众工作优势和党员先

锋模范作用。首先，村党支部不断强化政治引领，抓好党员队伍建设。一手抓好党员发展，按"成熟一个发展一个"的原则，做到每年发展党员 1 人，同时对流动党员采取手机跟踪管理，确保他们离家不离组织；一手抓党员教育，以党员固定活动日为抓手，认真贯彻"三会一课"制度，通过横幅、微信等深化学习效果，在中央开展"不忘初心、牢记使命"主题教育后，村党支部先行一步，认真打造学习宣传阵地，制作了"党的光辉历程"中共一大到十九大宣传牌和社会主义核心价值观宣传牌，开展了集中学习，走访了老党员。其次，发挥党员在脱贫攻坚过程中的先锋模范作用。公保杰是个耐不住寂寞的党员，曾担任过村主任的他，始终把带领乡亲们脱贫致富作为自己的责任扛在肩上。2018 年，他承包了村牛羊养殖场，带领 7 户（其中 6 户为建档立卡户）33 人通过产业带动就业等方式，稳定增收。共产党员拉见，积极利用互助金、"530"金融政策，外出开汽车修理铺创业。第三，"扶志扶智"两轮驱动，激发内生动力。村党支部坚持扶贫与扶志、扶智有机结合，物质扶贫与精神脱贫双轮驱动，用足用好各项政策，完全实现了从政府济困"输血"向自强创业"造血"的转变。目前，为 39 户发放了 64 万元互助资金，有 26 户贷款了"530"金融贷款资金 87.5 万元，其中有 14 户建档立卡户开办了拉面馆、生活小超市等，有 22 户在家养牛养羊，都取得了较好的经济收益。同时，投入 6 万多元，在贫困学生助学、民族服饰加工技术观摩学习等方面提供了必要的资金保障，全村人脱贫致富的门路越来越广，致富的信心越来越强，脱贫致富的综合实力不断增强。

四、做好服务，形成合力增强张力

"人民对美好生活的向往就是我们的奋斗目标"，为人民服务是共产党人的宗旨。村党支部始终在"服务"一词上下功夫，把当好党员群众的政策宣传员、为民办事员、活动组织员、项目实施员、文明创建员作为自己的本职要求。通过夜校、"三会一课"等平台，宣讲党的强农富农惠农政策，讲解脱贫攻坚政策，解决党员群众"干什么、怎么干"的问题；建立坐班制，认真为群众办实事解难事做好事，两年来为全村在开办证明、小孩落户、救助申请、危旧房改造等方面办实事近 300 件。村党支部用"服务"诠释了"不忘初心、牢记使命"的责任担当，在全村形成了脱贫攻坚的强大合力和感恩奋进的无限张力。

五、抓项目，兴产业增强发展动力

村"两委"结合村情，确定了"以发展特色产业为基础，使每个有劳动能力的贫困村民都能够就近脱贫并长期稳定增收，进一步增强内生动力，打牢全村全面建成小康社会基础"的脱贫致富思路，变压力为动力，突出打好"牛羊养殖、土地整理、服饰加工"三大项目组合拳。一是积极发展牛羊养殖业，在多方努力下，2017年投入90多万元建成了1200平方米的村牛羊养殖场，对有劳动能力和生产发展愿望的贫困户进行了重点扶持发展肉羊养殖业。近两年，肉羊产业到户项目人均收益1000多元，实现了资金到户、效益到户、集体经济"破零"目标。二是认真实施高标准基本农田整理项目。在省自然资源厅的帮扶下，投入340万元对2994亩耕地进行高标准基本农田整理，修建田间道路15公里，形成"田成方、路成网、渠相连"的生产耕种模式，实现了农业机械化或半机械化，亩产从原来的三四百斤增加到七八百斤，每亩增收615元，农民的种粮积极性高涨。三是全力推进民族服饰加工扶贫产业项目。在东部对口省的帮扶下，投入231万元建成了401平方米的民族服饰加工车间，按"公司＋农民工＋车间"模式，鼓励村民以订单生产、务工方式积极参与。完成了2期100人的技术培训，惠及了70多户家庭、200多名农民，上机工人人均实现月收入600元左右，实现了足不出村就能打工挣钱的梦想。

雄关漫道真如铁，而今迈步从头越。村"两委"一如既往地认真学习习近平总书记脱贫攻坚重要思想，认真贯彻落实各级党组织的各项决策部署，进一步加强党建引领，顺利实现脱贫攻坚与乡村振兴的有效衔接，发展绿色经济，打造"望得见山，看得见水，记得住乡愁"的人文西后加。

美丽乡村旅游撬动美丽经济

——循化县白庄镇乙日亥村脱贫攻坚实践

乙日亥村位于循化撒拉族自治县白庄镇境内，距县城 17 公里，距镇政府 3 公里，"乙日亥"藏语意为"美丽的地方"，撒拉语意为"遥远的地方"。全村共有 304 户 1108 人，属纯撒拉族村，其中，建档立卡户 9 户 46 人，系海东市生态环境局联点帮扶村。自精准扶贫工作实施以来，乙日亥村依托"乡村旅游"蓬勃发展趋势，着力打造乡村旅游业，主动创造吸引项目的发展平台，走上一条使贫困户增收、村民受益的新路子。

一是打造乡村旅游名片。县委县政府和镇党委、政府根据"一水一带""一镇一业"的发展新思路，利用乙日亥村绿树丹山相间、田园河流辉映的独特

自然景观，将其作为实施"一水一带"新思路的起点村。2017 年以"政府主导，村'两委'为主"的发展模式，流转土地百余亩，投入 30 万元建立了"花海"基地，打造了以"灵秀乙日亥，绿色风景线"为主题的乡村旅游名片，吸引了众多游客，在全县引起了强烈反响和极大的关注，成为循化县休闲观光、观赏花卉的知名乡村旅游景点。

二是完善产业发展模式。2018 年，乙日亥村"两委"以"三议一表决"的方式，委托注册成立了青海成海旅游开发有限公司。实施的花海农家院采取"村集体 + 承包经营商 + 脱贫户"的运营模式，在发展壮大村集体经济的同时，助力贫困群众就业增收。

三是改善产业发展基础。截至目前，实施了投资 330 万元的农家院建设、200 万元的花海木栈道和 50 万元的河道治理项目，得到了东西部扶贫协作无锡市梁溪区扬名街道芦村社区的大力支持。目前农家院、花海旅游项目全部竣工，日接待游客 1000 人次，带动村内近百人实现稳定就业。

昔日贫困户，今日副厂长

——平安区洪水泉乡马圈村张庆邦的蜕变

张庆邦，平安区洪水泉回族乡马圈村村民，中共党员。2015 年精准识别被认定为建档立卡贫困户，张庆邦有两口人，家里有耕地（旱地）25 亩，收入主要靠张庆邦务工。

四年前，张庆邦的小儿子张得平患溶血性败血症不治身亡。为了给儿子看病，张庆邦举债十几万，在失去儿子的同时也失去了对生活的希望，那时的他遭受着沉重的打击，心灰意冷。

得知张庆邦家中突发的状况，乡镇领导干部、村"两委"、村第一书记立即前往家中了解具体情况。通过群众评议、乡村审核将其确定为建档立卡贫困户。在被纳入建档立卡贫困户后，张庆邦家受到了各级党委、政府的大力扶持，区结对帮扶干部、乡政府工作人员以及马圈村驻村工作队、村"两委"干部经常到他家走访，了解他家的生产生活状况，并根据他家的情况制定了详细的脱贫发展计划。可是令帮扶干部们感到棘手的是，在遭遇生活打击后，

张庆邦不但没有脱贫信心，更没有致富意识，这让入户的干部们意识到要从根本上解决贫困问题，必须先激发张庆邦的内生动力，激发其脱贫致富的信心和能力。

马圈村第一书记胡国华多

次上门作他的思想工作，鼓励他走出困境。大家的帮助唤醒了他心底期盼幸福生活的希望。他一步步确立了脱贫致富的信心。经过驻村第一书记的牵线搭桥，铭翔有机肥加工厂聘用张庆邦夫妻二人在厂内长期务工，并为其免费提供棚圈发展养殖业，帮助发展养殖业。他利用 1.08 万元的到户产业发展资金，并向区农商银行申请了 3.5 万元的小型信贷贷款，购买 40 只羊，寄养在铭翔有机肥加工厂，在务工的同时发展养殖业增加经济收入，2019 年底实现出栏羊 15 只，增收 1 万余元。

张庆邦踏实肯干爱钻研，在有机肥厂工作的时候，白天刻苦自学，晚上上机实操，很快掌握了有机肥加工的相关技术和设备维修技术，成了工作中的"多面手"。铭翔有机肥加工厂聘用他为副厂长，负责工厂的生产，在有机肥厂工作的时候他也没闲着，他还经常去邻村询问养殖大户的养殖经验，去其他发展养殖业较好的建档立卡户家学习交流养殖心得，积极参加乡政府的养殖技术培训班，学习先进的养殖理念和技术。

如今，张庆邦不仅还清了债务，还通过易地搬迁项目在平安区平安镇中村新村盖了新房。后来，他的住房在城市建设中统一征收拆迁，他利用拆迁补偿款在平安区地税局家属院购买商品房居住，他的生活发生了翻天覆地的变化。现在的他，生活蒸蒸日上。

2019 年，张庆邦被评为"脱贫光荣户"和"致富带头人"。谈及脱贫后的新生活，张庆邦感激地说："感谢党的好政策，感谢扶贫工作队对我的帮扶，我现在吃穿不愁住得好，生活也有了奔头。勤劳能致富，今后的生活要靠自己。我相信，日子会越过越好。"久违的笑容出现在这个 50 多岁男人脸上，是他对新生活的憧憬，是炎炎夏日最美的一道风景线。张庆邦通过自己勤劳的双手和对美好生活的憧憬，走上了一条脱贫致富的康庄大道，也成为村里贫困户争相学习的脱贫致富榜样。

张庆邦的脱贫之路无疑走得艰辛又坎坷，然而，面对困难他没有退缩，面对失败他也没有想过放弃，不怕路远，就怕志短；不怕贫穷，就怕懒散。心中对致富奔小康的理想追求与执着的信念支撑他，一步步走向脱贫致富奔小康的阳光大道。

脱贫致富不忘恩

——民和县北山乡德兴村李顺德带领村民齐脱贫

李顺德，男，47 岁，家住民和县北山乡德兴村，家中共 5 口人，父亲年迈，还有 2 名学生，因其常年在家务农，缺乏致富技能，无固定的生活经济来源，人均可支配收入 2200 元，2016 年被精准识别为一般贫困户。经过两年的自身努力，李顺德全家人均可支配收入达到 4000 元以上，同时，享受了易地搬迁、教育帮助等一系列扶贫政策，2017 年，李顺德家光荣脱贫。

一、脱贫路上不"等靠要"

李顺德为人勤劳朴实，在脱贫的路上，始终没有停下致富的脚步。他利用空闲时间，不麻烦村委会干部，自己成立了野土农专业种植合作社，增加收入，希望早日脱贫。因为文化水平不高，不懂技术，李顺德只能干些农活，合作社种植工作一刻也不能停，即使工作很辛苦，李顺德依然坚持每天按时

下地干活从不缺工。他积极参加各种技能培训，2017年参加"马铃薯种植"技术培训，同时在参加各种会议中了解到扶贫相关政策，学到了维护自身权益的知识，增强了就业的本领。

二、脱贫致富不忘感恩

李顺德是个热心人，平时，哪家有急事难事，他总是热心给予帮助。2016年，德兴村在为村民实施道路硬化的过程中，李顺德自告奋勇，愿意为全村村民服务，村委会通过对其资质审核，确定其能胜任这项工程，便把这项工程交由其负责。面对大家的信任，李顺德心怀感恩，认真负责，确保工程保质保量完成。2017年带动贫困户张连元、李冬梅等人来合作社务工，这样合作社缺劳动力问题得到了解决，贫困户无法外出务工问题也解决了。

三、以身作则做好本职工作

李顺德非常感谢党和政府对他家多年来的关心与帮扶，他老李家也会怀着"政府帮扶引进门，脱贫致富靠个人"的信念，靠自己的双手创造财富，绝不返贫。在每次群众会上，他都积极发动群众，集思广益谋发展，出谋献策奔小康。作为一名普普通通的村小组代表，他以身作则。一是做好本职工作。脱贫攻坚是我们党向全国人民做出的庄严承诺，县委、乡党委坚持以脱贫攻坚统揽经济社会发展全局，把所有的人力、物力、财力、精力向脱贫攻坚聚焦；二是作为村小组代表，他事必躬亲，学习相关政策并积极宣传，让各项政策家喻户晓；三是做了脱贫致富的领路人。脱贫攻坚关键在产业，产业有发展，脱贫基础才会牢固。李顺德认识到，国家发生了翻天覆地的变化，大家的生活水平比过去有了质的飞跃和提升，自己家享受了国家的各项帮扶政策，已摆脱了贫困，在今后的劳动生活中，一定要尽自己的职责，帮助更多的人勤劳致富，为全村的发展和精准扶贫工作贡献应有的力量。

勤劳撑起半边天　光荣脱贫感党恩

——民和县隆治乡桥头村李英枝光荣脱贫

　　李英枝，民和县隆治乡桥头村建档立卡贫困户赵德英的妻子，其户于2015年底纳入建档立卡贫困户，属于低保兜底户，主要致贫原因是因病、因学。李英枝家中一共3口人，丈夫赵德英肢体二级残疾，无法正常劳动，女儿赵平正在读大学。

　　自立自强，勇挑家庭重担。李英枝本来有一个幸福的家庭，但在2003年，丈夫赵德英在新疆打工时，不幸患上了类风湿性关节炎。2014年丈夫在干活时突然发现自己身体乏力，全身关节疼痛难忍，到医院检查后确诊为类风湿

性关节炎加重并且肌肉萎缩，这意味着赵德英以后再也无法外出务工，而且还需要长期服药。家中的顶梁柱就这么突然倒下了，生活的重担全压在了李英枝一个人的身上，加之女儿还在读书，这让本来就不富裕的家庭雪上加霜。但是这并没有压垮李英枝对未来生活的希望，反而更让她自立自强，不断奋斗努力，毅然扛起了家庭的重担。

辛勤付出，不向命运低头。为了一家人的生活，李英枝总是起早贪黑去地里干活，得益于她的辛勤劳作，她家的庄稼总是比别家的收成好一些，但这也只能满足一家人的日常生活。面对丈夫的医药费和女儿的学费，她只能再想办法，而且残疾在家的丈夫还需要她照顾，所以她只能就近找一些零活来干。农闲时附近哪家有零工哪里就能看见她忙碌的身影，靠着这些零工收入，她支付着丈夫的医药费和女儿的学费，家中的日子艰难地维持着。2015 年，她在工地干活时不幸腰被砸伤，这对本来患有腰椎间盘突出疾病的她来说无疑是晴天霹雳。2015 年岁末，随着《中共中央国务院关于打赢脱贫攻坚战的决定》的正式发布，脱贫攻坚"冲锋号"正式吹响。丈夫失去劳动能力，女儿正在上学，一家人没有稳定收入，经过申请识别评定，李英枝一家成了村里的低保兜底户，先后享受了危房改造、大病救助、扶贫产业项目、雨露计划。李英枝家中破旧的危房被改造为宽敞明亮的新房，孩子上学不用愁，丈夫在她的精心照料之下，病情稍有好转，而她也利用政府拨付的扶贫产业发展资金养起了猪。残疾的丈夫看着辛苦的妻子，也是不忍妻子如此劳累，忍着病痛给猪喂食、喂水，清扫猪圈，一直在尽自己最大的努力来帮助妻子，而当时正在读高中的女儿每逢周末也会回来帮着父母干活，在一家人的共同努力下，生活越来越好，并于 2016 年底摘下了贫困户的帽子，光荣脱贫。

知恩感恩，靠劳动致富脱贫。脱贫不脱政策，得知李英枝的勤劳和家中特殊的情况后，2017 年 5 月，她被乡政府聘为公益性岗位工作人员，主要负责乡政府环境卫生。从此，李英枝更是勤勤恳恳，每天早上到乡上打扫院落、清理垃圾，走廊、楼道每天被拖得干干净净，她用她的勤劳踏实回报着扶贫政策，而乡政府的干部们也是一直对她称赞有加。在节假日和双休日，李英枝也没有让自己闲下来，主动到光林合作社打零工补贴家用。女儿已于2018年考入青海师范大学，家里的未来也是更有盼头。现在，李英枝谈起未来的生活时满脸都洋溢着幸福的笑容，而且也有了自己新的打算。她打算学一门手艺，在工作、打工、养殖三不误的情况下，做一些小吃，依托桥头村旅游项目，在家门口做点小吃生意，让自己和家人过上更好的生活。

"是党的好政策让我有了今天的幸福生活，也让我有了更足的生活信心和脱贫的决心，但是国家是一个大家庭，这个大家庭里比我困难的人还很多，如果所有人都'等靠要'，自己不努力奋斗的话，就会把国家给拖垮了，等到女儿大学毕业了，我就申请退出低保。"这是李英枝最朴素的心愿，也是她努力的方向。

牦牛养殖铺就新出路

——互助县下台二村戴云礼的致富经

    党的十八大以来，在党的一系列精准扶贫政策指引支持下，让不少贫困户彻底摆脱了贫困，其中更有自力更生艰苦创业的模范代表。互助县下台二村脱贫户戴云礼就是在不等不靠努力实现自己脱贫的同时，带动身边贫困户脱贫的典型。

    2016 年识别为建档立卡贫困户的时候，戴云礼家中有 4 口人，夫妻两人文化程度低，接受新鲜事物的能力较弱，除了务农再无其他经济来源。戴云礼本人有严重的腰椎疾病，自身参加重体力劳动能力有限，加上家里两个孩子都在上学，经济负担较重，戴云礼夫妻二人勤俭持家，虽然经济条件非常有限，但对家中两个孩子严格教育，毫不松懈。在并不宽裕的条件下，儿子戴大东考取了江苏某高等院校，大学毕业后，参加"青南计划"，以志愿者身

份前往本省甘德县团委工作。尽管自身文化水平不高、技术缺乏，但是，戴云礼一家想要脱贫致富的决心始终没有改变。作为建档立卡贫困户，他们没有怨天尤人，坐等国家救济，而是主动作为，寻求改变。

精准扶贫工作开展以来，党和国家的各项惠民政策更多倾斜贫困户，在纳入精准扶贫对象后，戴云礼注意到县里的产业扶贫政策，想借着政策的东风依靠双手，让自己的生活快点好起来，他一方面主动寻求政策扶持，另一方面勤奋学习种养殖技术。2016年以来，驻村工作队和帮扶干部多次到他们家入户，与他结对子、交朋友，在询问了解具体情况后，分析出他家经济来源单一，没有致富产业，发展资金缺乏是脱贫致富的主要制约因素，提出要想脱贫致富，还是要从产业发展上想办法，并根据实际情况制定脱贫规划，大大促进了他们脱贫的决心。

有了驻村和帮扶干部出谋划策鼓舞干劲，戴云礼信心更足了，每次有种养殖业培训班，他和妻子总是第一个报名参加，有了技术的准备，过了一年夫妻二人就放手干了起来，先是把自家的几亩土地深翻了两遍，从过去的小麦、菜籽、大豆等经济附加值较低的传统农作物，改种上了当归、长白葱等经济附加值较高的作物，在"530"、互助金等有关扶贫金融政策的有力支持下，戴云礼家贷款数万元，养殖了十几只藏系绵羊和藏牦牛数头。春华秋实，在产业政策落实的全阶段，戴云礼夫妇全身心投入产业发展当中，首次种植经济作物、头一次养殖牛羊，遇到了过去从未遇到过的各种难题。但是戴云礼夫妻二人迎难而上，从书本到实践，硬是走出了一条不畏困苦、自食其力的

脱贫之路。春去秋来，在戴云礼夫妻二人超乎常人想象的努力下，终于尝到了发展产业带来的甜头，当年种养殖双产即实现了增收。在精准化市场化管理中，到 2019 年底，戴云礼夫妇二人养殖藏牦牛已经达到了 150 余头，当年出栏 50 余头，纯收入 8 万余元。戴云礼一家并没有满足于当前的成绩，用挣到的钱及时进行了补栏，产业得到巩固，发展前景可观。

通过几年的奋斗，夫妻二人对养殖牦牛产业经验更为丰富，对产业发展也有了自己独特的见解。同时，他积极带头宣传、动员那些有一定能力的脱贫户，按照从小开始，寻找市场、确保质量、稳定销路、逐步扩大的思路，尝试养殖大型牲畜，对本村部分有养殖产业和谋划发展产业的村民提供了无私的帮助，为带动村民产业的发展巩固发挥了积极作用，受到广泛好评。如今他逢人就说："我们非常高兴，感谢党和政府，感谢扶贫工作队。健康扶贫解决了我和妻子看病难看病贵的长期难题，我的腰上的老毛病也得到了治疗；产业扶贫给了我们脱贫乃至致富的机会，加上通过自己的努力，我们彻底摆脱了多少年的贫困；金融扶贫给了我们发展产业的底气，没有这些资金支持，就没有我们产业不断发展和壮大。"

做脱贫致富的先行者

——互助县松多乡本康沟村李少勇的脱贫路

李少勇，家住化隆县本康沟村二社，家中共 4 口人，家里收入全靠李少勇一个人打零工赚取，无固定经济来源。2015 年，通过精准识别，被评为建档立卡贫困户。他不甘心成为拖党和国家后腿的人，暗自发誓，一定靠自己勤劳的双手摆脱贫困，让家人过上幸福的生活。有了这样的信心和决心，他不断加强自我学习；充分利用政策优势，发挥自身特长，提高家庭收入；配合驻村工作队、村"两委"积极参与村内各项公益事业，在群众中树立良好口碑。

一、利用政策优势，发展特色有机种植业

李少勇非常重视扶贫政策学习，时常关注中央电视台农业频道农业产业发展的相关报道。在扶贫工作队的帮助下，2018 年，李少勇充分利用金融扶贫政策，贷取 5 万元政府贴息贷款，投资种植中药材 10 亩，投资种植有机马铃薯 70 余亩。为了避免本康沟村十年九旱的尴尬局面，经咨询多方专家，采用地膜覆土技术，保湿保水，尽管 2018 年互助县春夏季旱灾严重，但李少勇家的有机马铃薯长势良好，共收获有机马铃薯 140 余吨，种植业收入稳定在 10 万元以上。李少勇成功发展有机马铃薯产业带动了村内其他农户种植马铃薯的热情，2019 年全村马铃薯种植面积达 600 多亩。在闲暇时间，李少勇不断学习中药材育苗技术，通过自己育苗节省购苗成本，提高种植收益。

二、围绕环保有机品牌，发展有机养殖业

本康沟村在驻村工作队的帮助下，建立了"企业＋合作社＋农户"合

作模式，构建了"农户分散养殖，合作社集中管理，企业统一收购"形式的帮扶式扶贫机制。2020年，共引进社会资金5.6万元，实施环保有机生猪养殖试点项目。该项目在农户自愿的前提下，由企业引进猪仔，按农户养殖需求和养殖能力进行认真审核后，经合作社统一分配到农户手中，农户按照委托养殖协议要求进行分散有机养殖，出栏生猪由投资企业按高于市场价进行统一收购。李少勇得到村集体股份合作社要实施有机生猪委托养殖项目的消息，率先申报养殖有机生猪，经村集体股份合作社审核后确定给李少勇8头有机生猪，李少勇将发展有机生猪产业作为脱贫致富的契机，自己又购买了5头猪仔，扩大养殖规模。他在发展有机生猪养殖的同时，紧紧围绕环保有机理念，又引进了生态有机土鸡200余只，发展生态有机土鸡养殖业。

三、转变发展思路，积极投身于第三产业发展

李少勇脱贫致富的成功经验，带动了村内其他贫困户发展。2018年，他被评为本康沟村脱贫致富光荣户。为了奖励优秀，提升贫困户脱贫致富的内在动力，县扶贫部门给每户脱贫致富光荣户奖励价值1.9万元的农用三轮车一辆。但是，李少勇他另有打算，积极与县扶贫部门协商，自己筹资4万余元，与奖励资金整合后，购买了一辆价值6万余元的东风"454"型四

轮农用手持拖拉机及其配套设备，他利用购置的大型农机大力发展特色有机种植业的同时，还积极为乡亲们提供廉价的农具服务。

四、种养结合，拓展脱贫致富途径

李少勇在脱贫致富的同时，不断拓展脱贫致富途径。2020 年，李少勇联合了 5 户农业种植大户，注册了互助兴农生态农业种植专业合作社，注册资金达 60 万元，流转土地 100 余亩，购买有机肥 10 余吨，计划发展有机马铃薯产业。他大力发展特色农作物的同时，也加大投资力度，发展生态有机养殖业，实现种养有机结合。

五、积极参与公益服务，带领众乡亲脱贫致富

李少勇带领众乡亲大力发展有机种养殖业，实现脱贫致富，同时还积极参与村公益事业，担任村防疫员、草原防火员等村公益岗位 2 个，为全村群众开展公益服务；积极协助村"两委"、驻村工作队开展精准扶贫工作，帮助村干部开展环境卫生整治、植树造林美化环境、移风易俗等工作，村内所有大型公益活动都有他努力工作的身影。

李少勇是不甘贫困，做脱贫致富的先行者，奋斗不息的苦行僧，是共同致富的领头羊。

用勤劳脱贫致富

——化隆县扎巴镇本康沟村马富龙身残志坚脱贫

从一个残疾贫困户变成如今的脱贫光荣户，他以实际行动展示了一个用勤劳双手改变生活的新时代农民的精气神。"脱贫致富要主动，等靠要是一辈子都不可能走上致富路的。"这是马富龙经常对身边群众说的话，他引导贫困户积极加入主动脱贫行列，经常性进入周边群众家中，向他们讲解和传授自身经验，用实际行动引领周边其他群众不等不靠、自主脱贫。

马富龙，男，家住化隆县本康沟村，1964 年 10 月出生，汉族，家庭人口3 人。马富龙从一名生活都不能自理的重度瘫痪病人，通过自己的努力战胜病魔到后来通过在民族服饰加工车间就业成为脱贫光荣户。

1986 年，因意外事故导致马富龙双腿截肢，被鉴定为肢体一级残疾，对于一个农村家庭来说，这简直就是噩梦，通过坚持治疗和康复训练，身体状况终于好转，但长期的治疗导致经济拮据，家庭生活困难。2014 年国家推行精准扶贫政策以来，在经过精准识别后，他被纳入了建档立卡贫困户，享受国家低保政策。

2017 年，村里新建起了一座正规的服装加工厂。针对马富龙的实际情况，驻村工作队、村"两委"多次入户与他沟通交流，从思想上激发了他摆脱贫困的信心和动力。在专业老师的帮助下，马富龙很快熟悉了自己的本职工作，现在每天能烫 200 多件门襟，每天收入达 70 余元，一个月最少有 2000 元左右的收入。

任劳任怨，通过双手增加收入

"谁愿意当贫困户，最怕没有盼头。"这是马富龙脱贫后经常挂在嘴边的一句话。由于知识和技术的欠缺，加上身体残疾，使得这条路走得异常艰辛。服装车间建成后，由于腿部残疾，行动不便，每天来来回回几趟下来，常常累得上气不接下气，但马富龙早有思想准备，他深知做好自己的本职工作并不是一件容易的事情，在生产的过程中，马富龙逐步认识到技术的重要性。为了提高生产质量与效率，他积极寻求专业老师为其提供技术指导和支持，也时常向正在生产的妇女们请教技术。他认真严谨、一丝不苟，发现问题及时采取措施，每个细节都不放松，生产的成品没有一件出现过质量问题。一分耕耘，一分收获。马富龙用不怕苦、不怕累的毅力，在服装加工的过程中，不断总结经验，提高效率，通过自己的双手，赢得了大家的称赞。如今的马富龙，不仅在服装车间能上班挣钱，更是在驻村工作队的帮助下，在工闲时间

发展起了养殖业。

苦尽甘来，主动脱贫树立典范

苦日子也算是熬到头了，日子也一天天好了起来。和妻子商量后，马富龙决定自愿退出建档立卡户，于是马富龙主动找到村党支部和驻村工作队提出了退出贫困户和低保户的决定，马富龙说："在我家里经济最困难的时候，村党支部和第一书记把我们确定为建档立卡户，享受了党的优惠政策，现在儿子也已经长大了，能挣钱了，通过缝纫手艺我和妻子也能在家门口就业了，精准扶贫政策帮我们家渡过了难关。如今，家里有了一份稳定的收入，生活条件比以往好了很多，经济压力也有了缓解，我再不能当贫困户了，我自愿退出贫困户和低保。"他虽然被认定为贫困户，但不愿"等靠要"，决心稳扎稳打，用心做人、做事，用勤劳脱贫致富，让一贫如洗的状况成为历史，步入脱贫致富新时代的脚步也从不停歇。

身残志坚，推动村民共同努力

在自己稳步发展的过程中，马富龙并未就此满足，因为他有自己的想法："光自己富不算富，必须在自己富的同时，感染和帮助其他贫困户脱贫致富，共同发展。脱贫坚决不能'等靠要'，致富要靠自力更生，人只要精神不倒，再苦再难的日子都会过去的。"因此，他积极学习党关于脱贫攻坚的一系列政策，利用空闲时间向村民们做宣传员，他说："在党的好政策下，我们一定要抓紧行动，脱贫还得靠自己。"

通过多年的辛勤努力，马富龙一家的经济收入有了明显增加，全家光荣脱贫。在脱贫攻坚的路上，他们一家人的思想观念、精神面貌、发展信心有了很大的改变，"劳动光荣，勤劳致富"的思想在心里扎下了根。家里干净了，素质提高了，干活也越来越有劲头，他们感到生活更加有奔头了。

作为一名普通的农民，他用自己的实际行动给全村贫困户树立了榜样，他的所作所为得到了村民、驻村工作队和村"两委"的高度赞誉。

梅花香自苦寒来

——化隆县清水乡下庄村韩梅花脱贫案例

　　韩梅花家住海东市循化县清水乡下庄村，一家三口人，大女儿在西安思源学校就读大二，小儿子去年初中毕业后就帮韩梅花种线辣椒。

　　韩梅花一家的变故要从2014年说起。这一年，韩梅花的丈夫外出做生意时发生意外去世，两个孩子还小，家里所有的担子都压在了韩梅花一个人的肩上。

　　2015年底，韩梅花被确定为村里建档立卡的贫困户，也是从这一年起，韩梅花一家的生活才有起色，韩梅花脸上偶尔也会出现幸福的笑容。

　　然而怎样增加收入成了困扰韩梅花的最大难题。考虑到村里闲置土地多、自己的舅舅一家人都有种植线辣椒的经验，韩梅花决定种线辣椒。2016年2月份，第一书记韩志全送了韩梅花一些花椒树苗、线辣椒种子、地膜、化肥等用于蔬菜育苗，激发了韩梅花种菜的热情。

　　之前没有种植的经验，韩梅花在亲戚们的指导下不断摸索。选种、施肥、用药、剪枝，每一步都是学问，一步也不能踏错。5月，韩梅花约0.2亩地的线辣椒种植失败，产量远远低于预期，这给了她当头一棒，韩志全知道后，多次上门劝说，和她一起分析失败的原因，帮她重拾信心。"种菜是一个长期的过程，要过一段时间才能见成效，不能急。这一季蔬菜没种好，跟种植时间太晚了有关，我们慢慢积累种植经验，下一季蔬菜一定能比现在好。"在韩志全的鼓励下，韩梅花坚持了下来。

韩梅花早晚在菜地里忙，白天还去县城出售自己的蔬菜，夏季旅游旺季的时候，一天纯利润能有 100 多元，一个月下来有 3000 多元的收入，即使是冬季，一天纯利润也能有 70 多元。挣得虽然少，但韩梅花却一直在坚持，不论春夏秋冬，总是为了自己的小家在忙忙碌碌。

现在，韩梅花一共种了 1.2 亩多地的线辣椒和花椒，"去年光线辣椒收入就有个两三万，花椒也卖了不少钱呐。"韩梅花对未来的好日子充满了信心。问起现在住的房子，韩梅花甭提有多高兴了。"以前在村子里连个家都没有，哪里打工就在哪里租房子，去年通过危房改造项目，政府补贴了 4.5 万元，我自己出了 3 万元，找亲戚借了 4.5 万元，盖了房子这才算有了一个家，家里的借款一年一年还，家具一年添置一件，只要肯下苦，就会有好日子。"

2017 年，韩梅花的女儿考上大学，韩志全为韩梅花争取了 1.6 万元的助学金和"雨露计划"，这对这个贫困的家庭无疑是雪中送炭。

"如今的政策这么好，只要你肯上学，就不愁学费，家里也一样，只要自己肯吃苦，政策再扶持一把，日子过得就会一天比一天好。"韩梅花经常这样教导子女。

好日子是奋斗出来的，韩梅花虽然辛苦，但是奋斗出来的好日子看得见、摸得着，女儿上了大学，家里盖了新房，生意越来越好。

2018 年，韩梅花脱贫摘帽，作为脱贫光荣户，政府奖励了韩梅花一辆价值 1.6 万元三轮摩托车，如此一来，韩梅花自我发展的信心就更足了。

"从家到县城有 7 公里，以前都是早早出门走过去的，如今有了摩托车，更方便了。"韩梅花言不尽三轮摩托车带来的好处。

梅花香自苦寒来，幸福出自勤劳手。韩梅花用自己的行动完美诠释了这句话的内涵。

海西蒙古族藏族自治州

咬定目标　攻坚克难

——德令哈市全力以赴打好精准脱贫攻坚战

党的十八大以来，德令哈市把打好脱贫攻坚战摆在了更加突出位置，作为实现全面小康的坚实基础，特别是 2015 年底精准扶贫工作开展以来，全市上下始终从战略和全局的高度出发，坚持以习近平总书记关于脱贫攻坚重要思想为指导，认真全面贯彻落实党中央、国务院和省委省政府、州委州政府关于脱贫攻坚的一系列决策部署，按照"六个精准"的基本要求，深入落实"1+8+10+3"脱贫攻坚政策措施，聚焦"两不愁三保障"。通过聚扶贫之力，选优育强扶贫骨干，大力实施"领头雁工程"，打造"永不撤走的工作队"，抓实软弱涣散党组织整顿工作，坚持扶贫与"扶志""扶智"并行，稳定实现了"两不愁三保障"，基础设施得到全面改善，农牧民生产生活水平显著提高，人民群众的获得感和幸福感明显提升，脱贫摘帽各项指标全面完成，2017 年底顺利实现脱贫摘帽的目标任务。

坚持政治责任引领攻坚，种好脱贫攻坚"责任田"。市委市政府把脱贫攻坚巩固提升工作放在首要位置，以"双组长"制强化责任落实。层层签订责任书，立下军令状，构建了各负其责、合力攻坚的责任体系。市四大班子主要领导齐装上阵、主动扛责，督导脱贫攻坚深入有序推进。副县级领导在脱贫攻坚中，充分发挥"关键少数"作用，指导、协调、督促各乡镇街道、市属各部门全力以赴推进脱贫攻坚各项工作。同时，坚持三级书记一起抓，做到了市委书记遍访贫困村，乡镇街道党工委书记、村党支部书记遍访贫困户，及时解决脱贫村（户）发展中存在的突出问题和困难，确保脱贫户长期稳定脱贫。

抓住精准扶贫这一主线，打好精准识别"保障牌"。海东市委、市政府认真落实精准识别要求，2015 年底按照现行贫困标准，采取"五看法"等方法开展精准识别工作。通过申请、评议、公示、公告等程序，精准动态调整应纳未纳、死亡、出嫁、新生儿等人员，解决好了扶持谁的问题，截至 2017 年 12 月脱贫前，全市建档立卡贫困户 247 户 734 人。截至 2019 年 12 月底，经动态调整，全市建档立卡脱贫户 242 户 725 人。全市建立了户有管理手册、村有作战挂图、乡有规范资料、市有数据平台的精准管理机制，为全市脱贫攻坚提供了作战指南、数据支撑。

持续健全完善政策体系，做到资金保障"强支撑"。按照党中央国务院和省委省政府、州委州政府打赢脱贫攻坚战的要求，研究出台《德令哈市"十三五"脱贫攻坚规划》《德令哈市 2018—2020 年脱贫攻坚成果巩固提升方案》《德令哈市村集体经济收益分配使用管理办法（试行）》《德令哈市村级光伏扶贫电站收益分配管理办法（试行）》《德令哈市村集体设置公益性岗位工作方案》等系列政策措施。制定 8 个脱贫攻坚行动计划、10 个专项方案和领导小组成员单位巩固提升方案，构建了全市覆盖范围广、综合性强的脱贫攻坚政策体系，明确了精准施策的行动时间表和路线图。巩固提升期间，各行业部门结合实际制定巩固提升方案，继续在项目、资金方面优先支持，补短板、强弱项，构建了全市覆盖范围广、综合性强的脱贫攻坚巩固提升政策体系。按照省、州要求加大涉农资金整合统筹使用力度，每年制定财政涉农资金统筹整合安排使用方案，围绕扶贫工作精准使用。五年来，累计投入各类扶贫资金 32867.4 万元，其中争取各类财政扶贫资金 22861.77 万元，自筹资金 10005.63 万元。

紧盯产业扶贫主攻方向，唱好脱贫攻坚"重头戏"。把产业扶贫作为脱贫致富的重要抓手，因地制宜培育产业项目，通过发挥扶贫龙头企业的带动作用、专业合作社的协同服务作用、能人大户的引导激励作用、科技人员的智力支持作用，确保产业发展项目可持续发展使其真正成为贫困群众增收的主要来源。五年来，累计实施省级绩效考评奖励资金项目、援青资金项目、产业扶持资金项目、光伏扶贫、扶贫加油站、电商扶贫项目等产业扶贫项目 100 余个，涉及全市 42 个行政村，其中涉及贫困村 20 个，实现 42 个行政村村级产业资金全覆盖，贫困户共享政策"红利"，非贫困户共享巩固提升成果。

坚持行业扶贫全面发力，建好脱贫攻坚"大格局"。进一步强化行业脱贫攻坚责任，各行业部门聚焦脱贫短板，聚集资源，聚合力量，合力攻坚。持续深入开展住房安全提升行动，住房安全得到全面保障。贫困村道路通畅率达100%。自来水普及率、水质、供水量、方便程度、供水保证率等方面均达到指标要求，人畜饮水和农牧灌溉全面提升。所有行政村实现生产生活用电全覆盖。实现42个行政村均建有标准化卫生室和村级综合服务中心且配备相应设施，广播电视网络宽带全覆盖。综合运用雨露计划、减免学费、教育补助、教育救助、助学贷款等政策措施，对脱贫户学生从学前教育到高等教育进行全程扶持，不让一名贫困家庭中的子女辍学。在落实养老保险和医疗保险基础上，大力推进了健康扶贫工程，全面落实"大病集中救治一批，慢病签约服务管理一批，重病兜底保障一批"政策和家庭医生"双签约"服务，使健康扶贫落实到人、精准到病。

不断激发群众内生动力，讲出精神脱贫"好故事"。制定《关于深入开展脱贫攻坚惠民政策宣讲工作的通知》《德令哈市脱贫攻坚巩固提升宣传工作方案》，为全市脱贫攻坚宣传工作提供有力指导。在州、市媒体开辟了《脱贫攻坚在行动》《脱贫攻坚典型人物、典型企业》等常态性专栏视窗，大力宣传党和政府关于脱贫攻坚的好政策、好举措、好经验以及先进典型事迹，营造了全社会关心扶贫、参与扶贫、支持扶贫的浓厚氛围，凝聚了脱贫攻坚的强大合力。在"10·17"国家扶贫日召开脱贫光荣户表彰大会，表彰了脱贫光荣户6户，同时，向新闻媒体通报全市脱贫攻坚工作重点、工作进展、工作亮点和工作成效。将党的方针政策、惠民措施制成音、视频资料，及时发放至全市42个行政村，利用"村级大喇叭"在全村范围内循环播放，提高牧民群众对扶贫政策的知晓率。

瞄准覆盖型产业帮扶模式，为巩固脱贫攻坚成效保驾护航

——天峻县扶贫开发办公室脱贫攻坚纪实

一、基本情况

精准扶贫工程启动以来，天峻县坚持扭住脱贫攻坚项目建设关键重心，全力推进脱贫重点扶持工程落实。2017 年，为进一步提升城市品位，加快推进"魅力天峻"建设步伐，统筹省级财政下达的扶贫产业园专项资金1500 万元和县级财政配套资金2300 万元，利用两年时间实施建设了天峻县扶贫产业园交通物流园区。园区位于天峻县天木西路东侧，环城北路南侧，建设占地总面积为66000 平方米。其中，停车、洗车服务用房3205.72 平方米，住宿及餐饮服务用房2824.32 平方米，物流服务用房及仓储用房3200 平方米，信息服务用房860 平方米，停车位（大、中、小型客车及货车）396 个，并配套修建门卫房、围墙、绿化、给水、排水、供暖、供电等配套基础设施。2020 年5 月21 日，产业园正式开园营业。

二、特色亮点

统筹谋划开拓县级产业新门路。天峻县扶贫产业园物流园区通过扶贫产业与物流、电商、快递公司、物流公司等集中统一，整合资源，实现扶贫产业融合发展，解决当地群众就近就业问题，从而逐步提升全县经济发展，扶贫产业项目面向当地部分就业人员，实现共同脱贫致富的目标并发挥示范作用。本着紧紧围绕国家扶贫政策，充分体现政府给予扶贫产业园的优惠条件，以扶贫产业为主体，统筹谋划好群众增收、脱贫攻坚发挥作用的富民产业和长远对经济发展起支撑作用的战略产业，夯实铸牢脱贫攻坚产业根基，解决

大批人员就业，推动产业链的共赢，尽最大力量带动更多的资源发挥价值。
2020 年 5 月 21 日，在经过近半年的试营业，天峻县产业园正式开园运营，产业园的投入有效带动了全县贫困人口创业增收，增加了贫困人口就业岗位，从而实现就地脱贫致富。通过在园内设置保安、保洁岗位实现了 9 名建档立卡户的转移就业，人均年收入 2.16 万元。同时，利用园区特殊业务用房，由县扶贫开发项目管理公司投资开设了就业扶贫洗车行，带动了 5 名建档立卡户实现稳定就业，进一步促进全县有劳力贫困人口长期稳定增收和后续产业发展，人均月基本工资达到 1700 元。

完善带贫益贫利益二次分配。为进一步让贫困群众更多分享产业发展红利，县委县政府在规划产业园建设初期，坚持完善企业带贫机制，以贫困群众真正得到实惠为目的，培育一批带贫企业和新型经营主体。扶贫产业园项目的建设投运，采取建档立卡贫困户就业人员收益分红、增设针对贫困人口就业岗位、设立贫困村（脱贫户）创业增收扶持铺面等三种方式带动贫困（脱贫）人口增收致富。产业园运行收益分配期以年为单位，将产业园全年资产净收益按照 2：3：5 比例分成。其中，年资产净收益的 20% 用于产业园运营管理收入和日常维护支出，30% 用于脱贫对象收益分红，50% 用于产业园在发展投资。分给脱贫对象的 30%，家庭当中有劳动能力并依托产业园（至少一名家庭成员）实现稳定就业的脱贫对象平均分配 20% 的收益分红资金、家庭仅有部分劳动能力的平均分配 30% 的收益分红资金、无劳动能力的脱贫对象平均分配 50% 的收益分红资金，切实解决无劳动能力脱贫对象稳定脱贫保障难题。

健全风险防控提升运营成效。坚持实事求是，立足本地资源禀赋，发挥比较优势，大力发展资源富民带动型产业，让贫困群众就近就便、不离乡、不离土就能融入产业发展。县扶贫开发办公室下属天峻县扶贫开发项目管理有限公司作为扶贫产业园运营管理主体和利益联结主体，统筹负责落实产业园运行事宜，县扶贫开发办公室在组织完成扶贫产业园项目验收工作后，将扶贫产业园管理运营权移交项目管理公司，并通过固定资产评估机构对产业园进行整体自查评估后，引进具有社会信誉良好、经济实力雄厚、企业管理完善、责任意识较好的第三方经济组织或机构进行整体运行管理，并且园区发展运行采取"入园企业 + 利益联结主体（项目管理公司）+ 脱贫对象"的发展模式，由项目管理公司充当企业与脱贫对象之间的利益联结主体，实现入园企业与脱贫对象利益紧密联结，通过扶持产业发展和提供就业带动脱贫对象脱贫致富，为产业扶贫搭建平台，助推建档立卡贫困户稳定脱贫。

高质量、高标准打造"高原美丽乡村"

——德令哈市柯鲁柯镇金原村脱贫实践

一、基本情况

德令哈市柯鲁柯镇金原村于 2004 年 3 月建制, 位于镇政府西南 1 公里处, 现有村党支部 1 个, 党员 23 名, 农户 198 户 773 人, 其中脱贫户 9 户 36 人, 非户籍户 40 户 162 人, 男女比例为 1.86 ∶ 1, 有汉族、藏族、蒙古族、回族、土族等民族, 耕地面积 2172 亩, 农作物播种以小麦、青稞、油菜、马铃薯、藜麦、草饲料为主。村"三委"班子机构健全, 人员齐备, 现有成员 8 名。村级组织活动场所和卫生室面积 1140 平方米, 2018 年农村居民人均可支配收入 12800 元。

二、村集体经济情况

近年来, 金原村在市委、市政府和镇党委、政府的大力支持下, 在村"三委"班子的带领下, 逐步形成了以花卉种植为主的"一村一品"发展模式, 为村集体产业发展走出了一条新路子。目前, 我村共有 9 个大棚用于种植花卉, 占地面积共 11 亩, 已种植草花 40 余万盆。2018 年, 村集体经济收入达 30.4 万元, 其中, 花卉种植收益 22 万元, 大棚租赁收入 8.4 万元。通过付出和努力, 金原村基础设施明显改善, 基本公共服务能力和水平进一步提升, 村集体经济发展壮大, 生态环境有效改善, 可持续发展能力不断增强, 区域造血功能得到明显提高, 群众生产生活条件得到明显改善, 全面建成小康社会实现程度达到 90% 以上。

（一）整合资金集中发展花卉产业。通过"四议两公开"的方式整合村集体产业发展资金 21.75 万元及 2013 年阳光温室奖补资金 38 万元, 集体商议提出了以花卉种植为主的"一村一品"集体经济发展思路，为了更好地发展花卉种植。2018 年初，在第一书记尹春财的带动下到西宁湟中慧田生态园考察，学习种植花卉的先进经验。

（二）积极探索合理的运行模式。采取"党支部 + 合作社 + 农户"模式，由村党支部牵头管理，合作社运营，农户直接务工受益，监委会监督，形成订单式销售模式，并与德令哈市城管局达成长期销售协议，截至目前，已销售 20 余万盆花卉，产生效益 22 万余元。同时，花卉种植产业为脱贫户及农户提供了 30 余个就业岗位。

（三）互利共赢为百姓谋福利。村集体经济收入的分配采用"433"分配方式，即利益的 40% 用于村级产业后续发展，30% 用于村级基础设施建设，30% 用于医疗、养老、教育等村级公益事业，以及"五星级文明户"等评选活动的奖励，以此鼓励全村村民努力学习典型，形成"做老实人、说老实话、办老实事""听党话、跟党走"的良好风尚，并且与每家每户签订《乡风文明承诺书》204 份，要求村民积极投入产业发展，积极建言献策，共同打造生态宜居的美丽金原村。2018 年，利用村集体经济，为全村 700 多村民每人缴纳 100 元的医疗保险金，共缴纳 7 万余元。

三、推进乡村振兴战略，加大扶贫开发力度

认真实施乡村振兴战略，增强农业发展动力。紧紧围绕"靠发展强村、靠建设美村、讲文明兴村、建法治安村、强班子带村"的总要求，立足村情，发挥优势，大胆探索，加快推进农业农村现代化，为全面建成小康社会奠定坚实基础。做好巩固提升和政策保障工作，以全村 10 户脱贫户、19 户"五类户"为重点，持续开展帮扶工作。高标准、高质量打造"高原美丽乡村"，惠及农户 773 人。整合住建、农牧、电力、水利、交通等行业项目集中实施，工程整体推进思路，加大投资，相继完成村庄道路硬化全覆盖，路肩整修、渠道建设规范化及常年净化，院墙改造升级化等目标。

四、立足资源禀赋优势，推动产业融合发展

打造"党支部 + 公司（合作社）+ 农户（贫困户）"模式，在金原村花卉种植集体产业的基础上，推进实施育苗项目，形成总面积 8100 平方米，涵盖鲜花培育、销售、观光为主的新型旅游景区。鼓励种养大户、村社干部带动脱贫户联户发展产业，发展家庭农场、专业合作社和农业企业。积极推广农村土地流转、保底分红新模式，保障农民的根本利益。继续利用好互助资金、"530"金融扶贫贷款，加大对带动贫困群众脱贫的能人大户、专业合作社的信贷支持力度。通过产业发展，不断促进农村劳动力转移和就业的目的，不断增强群众自身造血功能，使群众生活有保障、就业有门路、创业有项目，顺利走上共同致富的道路。

五、加强基础设施建设，抓好农村环境卫生

在完善基础设施的基础上，精益求精，加大村庄建设力度，美化村容村貌，打造宜居村庄。争取项目资金，实施村庄道路升级改造、天然气入户、村级广场升级改造、公厕建设等一系列提升村民生活质量的项目，为村民生产生活、锻炼、休闲、出行以及儿童上学提供了良好的环境。全面推进农村生活垃圾处理工作。不遗余力地做好环境保洁工作，利用村前、村后的空余场地，调整用地布局，塑造景观绿化，配套健身器材，优化居住环境。积极动员村民严禁秸秆焚烧，倡导秸秆还田和秸秆绿色应用，严禁对农田进行私搭乱建造成的破坏。

六、逐户制定帮扶措施，确保帮扶成效显著

按照一户一策的要求，逐户制定帮扶计划和举措，做到一家一户两本台账，一家一户一个扶贫计划，一家一户一个帮扶措施，提高精准帮扶的针对性和实效性。根据贫困户致贫原因进行分类，分别施策。一是对因病致贫家庭，落实医保、医疗救助、人道主义救助及脱贫医保政策，推动健康扶贫宣传入心入脑，对全村老百姓普及疾病预防知识，加大体检力度，实现看病有保障、生病有报销、救助有人帮的帮扶机制。二是对缺资金的家庭，充分发挥"530"贷款、村级互助资金的作用，鼓励贫困户利用金融扶持资金发展与其家庭情况相符的庭院经济和产业，并在已有基础上扩大庭院经济和产业，带动其余贫困户共同致富，实现巩固提升的目的。三是对残疾人家庭，落实残疾人保障政策，充分享受医疗救助政策，实现精神扶贫，以日常教育鼓励，让残疾人重拾生活信心和脱贫致富信心。

通过对以上3种家庭入户调查，排查出贫困户家庭的实际困难，有针对性地制定行之有效的帮扶措施，巩固脱贫成效，使贫困群众生活持续实现质的变化，让贫困群众过上幸福、和谐的生活。

七、后续发展及规划

通过"一事一议"，申请浙江援青资金 140 万元，村集体投资 30 万元，购置洒水车和运输车各一辆。对现有的 9 座温室大棚进行维修，并投资建设一座占地面积 1200 平方米的新型智能温室育苗棚，建成后能提高村集体经济的收入，让村民得到更多的实惠。加强对村级后备干部的培养培训，让他们在实践中不断成长，成为行家里手，确保后继有人，培养听党话、能干事、有担当的村干部。

力争上游、聚力攻坚，"青盐"香里话丰年

——乌兰县茶卡镇巴音村脱贫工作案例

乌兰县巴音村是一个以汉族为主，蒙古族、藏族聚集的农业村，是省级重点贫困村。2013 年，通过城乡一体化搬迁项目，巴音村从小水桥整体搬迁到茶卡镇区，全村群众通过流转土地、草场，在镇区、旅游景区打工，经营农家乐、牧家乐、餐饮、家庭宾馆等方式增收。

忆却往昔苦时光，甜润生活心昂扬

改革开放前，巴音村发展基础薄，产业结构单一，平均粮食亩产量只有100 斤左右，村民们"面朝黄土背朝天"，一年到头忙里忙外，依然没多少积蓄，大多数都是口袋空空，心里忐忑，人口较多的家庭收获的粮食根本不够家庭一年用度，陷入"天天耕田吃不饱"的"怪圈"。"以前村里男人们的婚事都是'老大难'，村里只有往外嫁的姑娘，少有娶进门的媳妇，女方来看家的时候，都得先到男方家面柜看看面有多少，村里好多年轻人都因为讨不到老婆去给周边条件好一点的人家做了上门女婿。"如今 60 岁出头的盛廷海回忆道。

随着改革开放的深入，农业税的取消、国家的补助、新种植技术的推广、农产品的丰富、种植结构的调整，粮食产量节节升高。有些村民开始发展副业，摘枸杞、开商店、开饭店、打小工……生活是一天一变化，村民对"食"的需求从最初的"填饱肚子"向"食不厌精"转变，饮食更讲营养，市场、商店、饭店里各种各样的食品数不胜数，水果、蔬菜、坚果随处可见，巴音村村民在家门口就可以买到自己喜欢的食品，肉类、糕点、奶制品的消费比重直线

上升，实现了从"天天耕田吃不饱"到"不种田却吃得好"的可喜变化。

2013年，政府实施城乡一体化易地扶贫搬迁项目，巴音村35户群众从小水桥整村搬迁至茶卡镇区巴音新村，按照整体划一、统一规划、统一标准的要求，统规统建集中新建新房。在政府坚强领导和积极帮助下，一座座二层小洋楼如雨后春笋般拔地而起，一幢幢新房处处可见，它们不仅外观新颖漂亮，而且室内装潢考究、美观舒适，家具和家居用品也与早年不可同日而语，房间内设施齐全，洗衣机、冰箱、彩电等一应俱全，群众的家庭住房从"土坯房"发展到"小洋楼"，居住条件得到有效改善，使群众切切实实的享受到了改革的红利。

2015年，县镇两级党委、政府大力培育旅游业，发展壮大第三产业，这为巴音村群众带来了非常难得的致富机遇，部分村民开始在景区摆摊经营小商品生意，部分家庭发挥住房宽敞明亮又具有本地特色，能吸收外来游客居住，体验高原民族风情的优势，大力发展家庭宾馆。从第一家第一张床位到如今的580张床位，每个家庭宾馆年收入5万至15万元不等。现今，巴音村村民的腰包鼓了，脸上的笑容多了，日子也是越过越红火了，一系列的变化让百姓的心更亮了，干劲更足了，致富奔小康的愿望更强了。

"一路颠簸路泥泞，拐弯抹角路不平"是对巴音村道路的真实写照，贫困程度可见一斑。近年来，县镇两级党委、政府不断加大乡村基础设施和为民办实事力度，使农村交通、通讯环境得到极大改善，城乡路网四通八达，为农民使用现代化交通、通信工具"铺平了道路"。随着群众生活水平的不断提高，巴音村村民的私家车数量不断增加。宽阔的马路、方便的通信、便利的就医就学……无不诉说着巴音村天翻地覆的变化。

奋发有为敢担当，斗转星移奔小康

脱贫攻坚战打响后，巴音村迎来了历史性的跨越和巨变。户户通、路路通、全面体检、合作医疗、孕前优生、农业补贴、技能培训、安居富民、养老保险、免费教育、移风易俗……一系列惠民政策使村民们的业余生活丰富起来，出行、看病和种地有了保障，就业有技能、建房有补贴、年老有补助。巴音村得到党恩养分的厚植与滋养，越来越焕发出属于自己的光辉与色彩。

抓党的建设，突出思想引领。党的建设是巴音村产业发展的根基，历来把党建工作摆在首位，常抓常新。一是依托"三会一课""党员活动日"等载体，广泛开展"自立自强""艰苦创业""脱贫争先""感党恩"等教育，引导贫困群众坚定脱贫奔小康的信心决心，凝聚群众主体作用，积极投劳投资参与扶贫开发项目。二是组织第一书记、驻村工作队成员参加省州县举办的扶贫第一书记、扶贫攻坚培训班，熟悉和掌握从中央到地方一系列扶贫工作政策措施，先学先知，传达到每一位村干部和党员。三是依托农村远程教育、村村通、微信等平台，大力宣传惠民政策，把农村改革政策、惠农政策、扶贫政策、保障政策向群众讲清讲透。四是鼓励支持村党员干部担任合作社负责人、特色产业的领路人、党员创业带头人，树立标杆和榜样。通过形式多样的活动，凝聚了"听党话、跟党走"的共识，激发了村民不懈的创业动力。

抓集体经济，注重质量规模。"农户＋合作社＋企业"的路子不断巩固。村"两委"群策群力，多次组织村民讨论，根据市场需求，指导合作社因地制宜，大力发展饲草料种植和"茶卡羊"养殖为一体的经营模式，土地产出效益和农业经营效益显著提高。流转土地1035亩，解放劳动力72人，指导合作社继续种植青稞、燕麦等饲草620多亩，"茶卡羊"养殖、短期补饲和网上销售初具规模。因地制宜，突出地域优势和特色产业，依托专业合作社，围绕茶卡盐湖旅游资源和国家农产品地理保护标志"茶卡羊"生态畜牧业资源，实施饲草种植、牛羊养殖、农产品加工销售和旅游服务为"四位一体"的产业化项目，努力打造"农户＋合作社＋企业"的巴音模式，逐步形成了稳定、可持续发展的产业。

抓特色产业，依托旅游带动。"靠山吃山、靠海吃海"的效应充分显现。紧跟茶卡"天空之镜"盐湖旅游井喷式发展的步伐，积极引导村民开展宾馆服务、餐饮等技能培训，全村有85人次先后参加了宾馆客房服务、餐饮、车辆驾驶、计算机操作等技能培训，通过强化培训，提高村民技能，提升服务水平，使群众有能力参与到旅游服务业中，通过发展以家庭宾馆、农家乐为主的第三产业，使群众对参与旅游服务更有信心。

精准脱贫奔小康

——格尔木市郭勒木德镇西村曹智先生活大变样

我是曹智先,家中 5 口人,1999 年初我们一家四口搬迁到格尔木西村四社。刚到格尔木时我们盖了 3 间土房,从别人手里转让了 3.9 亩地,我和弟弟当时还小,都在上学,家里收入主要靠父母种地,种地的粮食仅仅够一家四口一年的口粮。当时,上学还没有九年义务教育的政策,每年我和弟弟的学费只能靠亲戚救济。为了减轻家里的负担,我和弟弟读到初中毕业就出去打工,每个月最好的时候能挣 1200 元左右。2010 年弟弟得了慢性中耳炎,在青海大学附属医院做了手术,当时医药费花了 2 万多元,合作医疗报销后还是花了 1 万多元。2014 年 8 月,我父亲被查出患上了胆管癌,在西宁住院治疗期间花了 6 万多元,之后我们回家进行保守治疗,前前后后又花了 8 万多元,看病花的这些钱全都是到处借的。父亲这一病,对我们整个家庭无疑是雪上加霜啊。我母亲有点智力残疾,无法外出打工。看着当时这种情况,我们根本不知道以后该怎么生活下去。

2015 年底,我们终于看到了希望,当时我们村的村干部和第一书记来家里宣传精准扶贫政策,我知道,我家的日子终于有了转机。经镇上、村上和第一书记入户核查情况,最后把我家纳入了建档立卡贫困户,还给我家申请了低保,同时还享受了"危房改造"政策,当时享受了 2.8 万元补助。当时,我就想着不能光靠国家的帮扶,我得自己努力让日子过好,我想着买个铲车,自己出去找活,但是因为家里条件差,没有资金买车,我就找到了我们的第一书记祁子文,给他讲了我的想法。祁书记听完非常支持我的想法,并带着我去银行贷款,可是银行调查了我的情况后不愿意给我贷款,但祁书记却说他愿意为我担保,如果还不上钱,他还!当时我真的特别感动,我就暗暗下定决心，一定要干出个样子来。我从银行贷了 5 万元，后面我家动态调整的时候变成了 5 口人，又给我家到户资金 3.2 万元，我又从别人那里借了点钱，最终买了一辆铲车。2016 年，我每月可以挣 1.8 万元。2016 年 3 月，祁书记还在想办法帮我家提高收入，帮我母亲在村里找了个保洁员的工作。我们的联点帮扶单位市发改委、市场监督管理局给我家的帮助也特别大，逢年过节都会来家里慰问，每次来都会给我家带来米面油和生活用品。纳入贫困户后，我家每年还有 3000 元左右的分红。

看着我家的生活一天天地发生着变化，日子过得一天比一天好，我深深地感谢党和国家，感谢政府和扶贫队，感谢祁书记和那些帮助过我的人。

接二连三遭不幸　精准扶贫帮村民

——格尔木市郭勒木德镇中村马友花走出贫困

我叫马友花，家住青海省海西州格尔木市郭勒木德镇中村一社，1990 年从青海省大通县搬迁至格尔木郭勒木德镇中村居住，当时两个孩子还小，母亲体弱多病。2002 年的一天，一个噩耗传来，我的大儿子因为救溺水儿童时不幸身亡，这使我这个本来就非常困难的家庭雪上加霜。2008 年小儿子因患脑出血身亡，这使我这个不幸的家庭再次遭受了巨大的打击，当时我已经有了不想活的想法。由于家中接二连三遭遇不幸，我的丈夫接受不了这么大的打击于2009 年自杀，这再一次将我和母亲推向万丈深渊。由于离市区路途比较远，家中又有老母亲，无法外出打工，只好到中村开垦了 5 亩地，但头两年根本没有任何收入。

2009 年，我们村的党支部书记和村主任知道我的情况后，为我申请了低保，这对我这种没有收入来源的家庭犹如雪中送炭，但仅仅靠低保收入也只能勉强维持生计，家中的生活条件并不是很好。

精准扶贫工作开始后，村上和镇上的领导多次到我家入户调查，了解我的家庭情况。2015 年底，我被纳入建档立卡贫困户，受到帮扶后，我家的生活越来越好，我自己也觉得日子越来越有奔头。危房改造政策让我安居乐业，村干部和镇政府，将我之前居住的破败不堪的房屋推倒，盖起了一砖到顶的大瓦房，享受了 7.1 万元的补助，让我这个无助的女人感受到了无比的温暖和幸福，党和政府的关怀让我想起了儿时父母对我的关爱。联点单位对我的帮扶也特别大，房子盖好后，格尔木市气象局又帮我围起了院墙，还做了新的大门，粉刷了我的房子。当时枸杞的卖价还很好，我自己想种植枸杞，再增加点自己的收入，我的联点单位知道后，当即给我提供了枸杞苗，还送来了化肥。

虽然给我盖了新的房子，生活也有所改善，但我们村的第一书记赵书记找我商量，认为得有一个稳定的经济收入，于是帮我联系在金鱼湖旅游点当保洁员，一个月工资1700元。后来赵书记觉得工资还是太少，说要帮我联系一个工资更高的工作，可是我自己有顾虑，我怕工作的地方太远顾不上家，赵书记不厌其烦地给我做思想工作。2016年有了护林员的好政策，通过我自己申请，经过扶贫驻村工作队和各级领导的协调，又让我当上了护林员，每月工资3000元，现在我的生活一天比一天好，生活也充实了，既可以增加收入，还能让我从丧子丧夫的悲痛中走出来。多亏了党和政府对我的帮扶。资产收益成为我增收的有力补充。按照省、州、市有关资产收益的政策，经过市扶贫部门和镇村的联系，2017年给我又分到6400元的到户产业扶持资金，我购买了一头奶牛，今年又下了一头小牛，看着出生的小牛，就像看到了我自己的生活，这是一个新的开始，我的牛会茁壮成长，我的生活也会越来越好。

通过两年的努力和帮扶，我家通过发展产业、资产收益、低保救助、生态保护等各项扶贫政策的大力扶持，全家人均收入达到了45360元，远远超出了4000元的脱贫收入标准。

感谢党中央，感谢人民政府对落后地区精准扶贫的好政策，让我们贫困户享受到了教育、医疗、产业、政策、资金的帮扶。扶贫更要扶志。作为贫困户，我们不能看不起自己，我们要靠自己勤劳的双手去立足改变，不能有"等靠要"的思想，虽然有政府的产业帮扶，但如果我们被动接受，也只能改变一时，不能改变一世。我们要主动求变，就能摘掉贫困户的帽子。所以，我倡议所有的贫困户要自强、自立和自信，彻底改变贫困现状必须积极响应党和国家的政策，必须靠自己勤劳的双手，只要发扬自强不息、艰苦奋斗的精神，脱贫摘帽一定会实现！

吃水不忘挖井人

——德令哈市蓄集乡伊克拉村永花养殖致富

永花今年 45 岁，是两个孩子的妈妈。20 年前，在经历了一段不幸的婚姻之后，永花独自带着一儿一女开始了颠沛流离的生活。那时候，永花一家没有住房，没有草场。迫于生活压力，永花不得不通过打零工来维持生计。当时一家三口居住在月租 100 元的租住房内，房屋面积还不到 20 平方米。而最让她焦虑的是如何多挣点钱，可以给孩子交上学费，让他们的生活过得更好一点。在 2015 年，永花一家的年人均可支配收入仅有 2960 元，但也是在这一年永花一家的生活开始出现了巨大变化，11 月份被评定为建档立卡贫困户。考虑到她家属于无房户，蓄集乡政府和村干部为他们解决了临时住房，同时将她列入了易地搬迁的序列。2017 年 8 月，永花一家和其他 20 户易地搬迁户一起喜迁新居，搬入了政府在陶尔根家园为他们修建的易地搬迁住房。永花说："我之前从来没有想过自己可以住上这么好的房子。"从居无定所到拥有固定住房，易地搬迁实现了永花一家的安居梦。永花现在所住的陶尔根家园，是德令哈市实施的易地搬迁项目所在小区。小区内建有办事服务楼、日间照料中心、幼儿园等配套设施，覆盖了住房、养老、教育、文化等各个领域，为居住在这里的牧民带来了切实的好处。

解决了住房问题，但没有稳定增收的永花又遇到了新问题——孩子的学费从哪来？在勉强供两个孩子读完高中之后，两个孩子也陆续到了上大学的年纪。而大学的费用对只靠打零工来维持一家生活的永花来讲过于高昂。迫于经济压力，大儿子巴根生加布在读完大一之后便辍学，和母亲一起打工供妹妹上学。考虑到巴根生加布的实际情况，2016 年 7 月，德令哈市林业局将永花和大儿子纳入了生态管护员队伍，每月有了 2500 元的固定工资。妹妹那仁才其格也在 2016 年从河南周口职业技术学院顺利毕业，现在在一家酒店做财务出纳的工作。稳定的工作带来稳定的增收，不仅实现了稳定脱贫，还有了结余。这也让没有完成学业的巴根生加布有了弥补遗憾的机会。2018 年巴根生加布通过自学，成功报名了一所大专学校，准备继续深造，重新开始自己的大学生活。这一系列转变不但让永花一家看到了脱贫致富的希望，也让他们对今后的生活充满了信心。

经历过以前的穷困生活，永花更加懂得现在的生活来之不易。虽然有着政策的支撑，但是她明白，要想在此基础上致富奔小康，必须通过自身的努力，走奋斗致富的道路。永花有养殖牛羊的经历，在村干部鼓励下，她决定通过发展养牛产业来发家致富。2016 年底，永花利用积攒的 7000 多元钱，购买了第一头奶牛。同时在柯鲁柯镇租赁草场，开始了自己的奶牛养殖产业。2017 年，永花通过金融扶贫"530"贷款项目获得了 5 万元免息贷款，将奶牛养殖数量增至 5 头。在生产鲜奶的同时进行奶制品加工，发展周边产业。到了 2018 年，永花家的奶牛数量已达到了 14 头。全家年人均可支配收入也增长到 27785 元。

2 月 5 日一大早，德令哈市蓄集乡伊克拉村的第一书记杨雪景收到了一条捐款短信，定睛一看，原来是永花决定为抗击疫情捐款 2000 元。这一次是永花拨通了杨雪景的电话。"这几年，我们家生活越来越好，感谢党，感谢政府。这些天你们为抗击疫情忙里忙外，还不忘关心我的生活情况。捐的钱虽然不多，却是我的一片心意，如果没有你们帮助，没有国家扶贫，也不会有我现在的好日子。"永花激动地说。

吃水不忘挖井人，永花心里明白现在的幸福生活离不开党和政府，离不开那些帮助过她的人。

2 月 5 日下午，永花早早来到海西州红十字会，把提前准备好的 2000 元现金交给了工作人员，说道："现在终于有机会可以为政府分忧了，把这点钱捐到疫情防控战线去。"

永花说："我每天都看新闻，看着每天疫情增长的数字，心里挺不是滋味，这 2000 元是我省吃俭用存下来的，本来计划为家里添置些新的家具，但是我觉得现在武汉人民更需要帮助。今后等我的日子过好了，我还会主动帮助更多需要帮助的人。"

精准扶贫拾信心　发家致富破逆境

——都兰县香日德镇永盛村卢冬青脱贫路上的累累硕果

香日德镇永盛村属于贫困村，从 1993 年建村到实施精准扶贫之前，虽然通过两代人的辛勤努力，但依然没有摆脱整体贫困的局面。2015 年，国家精准扶贫攻坚战打响了，扶贫工作队及时入村开展扶贫工作，各级党委政府政策资金向贫困村倾斜，结对帮扶单位及干部职工力量向贫困村聚集，广大群众积极性向脱贫攻坚靠拢，建档立卡贫困户自身发展意识得到激发，从中涌现出脱贫典型户卢冬青。

打击突至，家庭陷入绝境。2012 年 12 月之前，卢冬青家庭条件相对殷实，夫妻勤劳和睦，子女健康活泼，衣食无忧，住行无愁。2012 年 12 月丈夫景占功身患肝硬化，不仅完全丧失劳动能力，还要负担高额的医疗费用，由于两个孩子尚还幼小，家庭生产生活的重担全部压在了她弱小的肩头上，这对于卢冬青来说，无异于陷入了天崩地陷的绝境。在"我该怎么办？"中徘徊的她一度处在浑浑噩噩、生活没有目标的茫然之中。生产经营全无头绪，生活状况急转直下，短短数月就发生了从富裕户到贫困户的逆转。

精准扶贫，重拾生活信心。2015 年 10 月，响应党的号召，精准扶贫工作队带着项目、资金、政策入驻永盛村，经过调查、测评、公示等环节，卢冬青家庭列入建档立卡贫困户范围。通过产业帮扶、结对认亲、安排生态管护员、低保政策兜底等措施，使几近绝望的她重新看到了曙光，在逆境中奋起是她唯一的希望。她一改往日家庭妇女的形象，在照顾好丈夫和子女饮食起居的同时，全力投入到经营土地、务工挣钱的行列，并积极发挥党支部委员、妇联主任的作用，主动承担起教育引导其他贫困户增强自我发展能力的责任。她的一句话高度概括了脱贫致富的信心和决心，"等靠要无法从根本上解决贫困问题，政府的支持、帮扶加上个人的努力才能实现脱贫，成为贫困户对我来说是一种耻辱。"2016年，经过个人努力和社会各界的帮扶，她经营的12亩枸杞结出累累硕果，亩产干果200斤以上，务工收入15000元，夯实了脱贫致富的基础。家庭可支配收入达到43967元，人均可支配收入10991元，远远超过州定4000元的目标，实现了当年脱贫。她的两个子女没有因为暂时的困境而辍学，生产生活也重新回到了健康持续发展的轨道。

突破逆境，积极发家致富。2016年10月，丈夫景占功因病情恶化去世。经历了第一次打击的她，在丈夫去世的极度悲伤中保持着冷静，百日忌期过后，把悲伤压在心底，用柔弱的身体坚强地挑起经营家庭、照顾儿女和发展生产的重担，义无反顾地投入到生产、务工和配合村委工作当中。由于她有目共睹的作为，2016年当选为都兰县第十六届人大代表。2017年，80平方米新房建成，作为曾经的贫困户，她居然没有举债一分。由于近年枸杞行情不好，2018年她及时调整产业发展思路，以200元每亩的价格流转到土地15.5亩，种植青稞30亩，起早贪黑进行田间管理，预计年内可以收入近2万元。在大力发展农业生产的同时，她不仅认真履行好生态管护员的职责，完成值班、浇水等工作，还到双庆公司打工，每月收入2200元左右。家庭打理井井有条，各项工作有条不紊。一心发家致富的她，还不忘加强对两个孩子的教育培养，目前儿子上高三、女儿上初三，均品学兼优。对于党的扶贫政策，她心存感恩地说："如果不是党和国家的扶持，就不会有我今天的好日子，这份恩情我会永远铭记在心。"目前，卢冬青正满怀信心，在发家致富的道路上阔步前行。

困境之中见光明　精准脱贫奔小康

——乌兰县柯柯镇西沙沟村王守贵树脱贫榜样

王守贵，柯柯镇西沙沟村建档立卡贫困户，家庭人口4人。2012年3月，王守贵在外出务工时，发生意外，导致下半身瘫痪，失去劳动能力。儿子王玉圆从小患有癫痫，长期看病吃药，无法外出务工。女儿王玉青还在上学，丈夫、儿子的医药费，女儿读书的开支费用等，仅靠妻子苟巴吉一人打工来维持，这让他们一家人的生活陷入了困境之中。2015年，乌兰县响应党中央、国务院的号召，在全县掀起轰轰烈烈的精准扶贫工作，王守贵向村委会递交了贫困申请，通过审逐级批被认定为西沙沟村建档立卡户。

对于王守贵来说，他的心理很脆弱，为此政府在落实各项脱贫措施的时候十分注重对其进行心理上的疏导。在驻村工作队及结对认亲干部深入开展调研的基础之上，研究制定脱贫措施和脱贫计划，充分尊重王守贵意愿，为他确定脱贫致富的路子。驻村队员及帮扶单位的大力支持，经过他自身努力，2016年王守贵自学掌握了手机打印照片的技术，并购买了小型的打印设备，在乌兰县好好爱家超市旁做起了打印照片的小生意，每天能收入几十元钱，补贴家用。他的这种精神也一直鼓励着女儿王玉青，使她努力读书，考上大学。她说："等我大学毕业了，我就能挣钱养家了，咱家也能过上小康生活。"儿子王玉圆虽然身患癫痫，但仍坚持在外打零工，减轻家庭经济负担，并照顾着父亲的起居。2016年下半年，通过结对认亲干部的帮扶，妻子苟巴吉在乌兰县兰馨花园小区联系了保洁员的工作，秉持着不能辜负帮扶干部的信念，苟巴吉在保洁员岗位上兢兢业业，获得了物业公司的一致好评。2017年，王守贵利用闲暇时间自学并掌握了配钥匙的技术，既可以打印照片，也可以为需要的人配钥匙，每天的收入又得到进一步的提高；妻子苟巴吉通过一年的努力工作，获得了物业公司的认可，成了小区物业保洁工作的负责人。

三年来，通过国家政策的扶持和驻村工作队、结对认亲干部的帮扶，再加王守贵一家人不懈努力奋斗，家庭收入明显提高，生活水平得到有效改善。2018年家庭年收入达到了3万多元，远远超出了脱贫的标准线，而他的这种身残志坚、自强不息的精神，不仅成了全村人学习的榜样，也成了海西州脱贫致富的先进典型。2018年，王守贵被评为乌兰县脱贫光荣户。

2020年初，面对突如其来的新冠肺炎疫情，王守贵作为一名党员，秉承着不给村里添麻烦，不给村里找事的原则，虽然闭门不出，但每天关注着疫情变化。王守贵看到大家在给武汉捐钱，自己也从收入里拿出100元，捐给了当地红十字会，希望红十字会把自己的心意带给武汉人民。王守贵说："国家对我的家庭照顾得很好，作为贫困户，我得学会感恩。如果没有党和政府的帮扶，家里也没这么好的条件，孩子早就辍学在家了，更不用说上大学了。所以，我是打心眼里感谢党和政府的关怀和帮扶。"

海南藏族自治州

精准发力　攻坚克难

——贵德县扶贫扶志工作实践

贵德县是省定贫困县和 129 个深度困难乡镇之一。贵德县贫困人口从 2015 年底的 12945 人减少到 2018 年底的 9533 人，累计减贫 3412 人。特别是 2020 年，实现了常牧镇达隆村、达尕羊村、岗查贡麻村、曲玛塘村、下岗查村、都秀村、拉德村、吾隆村、切扎村 9 个贫困村退出，860 户 3246 人稳定脱贫及贫困县摘帽的目标，贫困发生率从 12.94% 下降到 0。

数字的变化见证着贫困群众的幸福感，成绩的取得在于把脱贫攻坚作为头等大事和第一民生工程。通过精准发力、攻坚克难，探索走出了一条脱贫攻坚的新路子，书写了贵德在脱贫攻坚这场战役中新的重要的篇章。

一、产业扶贫多点开花，收益方式多种多样

2016 年以来，贵德县始终把产业扶贫作为贫困群众增强"造血"功能的重要抓手，按照"资金跟着穷人走、穷人跟着能人走、能人跟着产业走、产业跟着市场走"的要求，依托资源禀赋，聚集扶贫资源，以全面推进牦牛、青稞、光伏等 5 大特色扶贫产业为重点，积极引导产业化龙头企业通过入股分红、合作经营等多种形式，因地制宜发展特色产业，开创性地探索出了一条产业扶贫新路子。促进一、二、三产业融合发展，拓宽贫困人口增收渠道。依托到户产业发展项目，2016—2018 年，省财政向贵德县累计下达的 6243.9 万元到户产业项目资金中，种养业占总投资的 46%、购置商铺占总投资的 23.14%、入股分红占总投资的 18.95%、个体经济发展占总投资的 2.86%、购置农机具占总投资的 8.56%，特别是各乡镇在发展壮大现代生态农牧业、民俗乡村旅游业等特色产业上下功夫，"造血"功能得到有效增强。比如，新街

乡利用冷凉气候的这一区位优势，避开农作物播种的集中期，错过农作物销售的高峰期，在红笋、蒜苗等经济效益好，群众参与程度高的生产发展方面做文章，切实改变了传统的生产经营模式，改变了群众的发展思路，取得了显著成效。依托省级扶贫产业园，在充分尊重群众意愿和项目论证的基础上，将扶贫产业园项目资金1500万元投入到发展前景好的青海三兄弟生态农牧科技有限公司、青海瑰丽生物科技开发有限公司、贵德县江仓麻高原生态综合养殖基地3家企业，重点开发休闲度假、花田景观设施、特色花卉种植及系列产品初加工等项目，扶持带动常牧、河西等乡镇8个贫困村672户1966人脱贫，年人均增收640元。依托专业合作社，充分发挥青海亘珠农副产品开发有限公司、青海青藏华峰中蜂蜂业有限公司、青海天地人缘文化旅游开发有限公司、贵德天露良种奶牛繁育有限公司、贵德县紫光凝农牧科技专业合作社等企业和专业合作社各类新型经营主体带动作用，通过"公司＋基地＋农户"模式，积极引导当地农民一方面流转土地获得稳定的租金收入，另一方面为当地农户提供就业岗位增加收入，形成助推贫困群众发展的长效利益链接机制。比如，实施了总投资300万元甘家村旅游扶贫项目以资金入股保本分红的方式，投资到青海天地人缘文化旅游发展有限公司，并与之签订了为期10年的分红协议，约定分红比例为10%，每年分红30万元。又如，新街乡充分利用自身资源优势，进一步提升新街农畜产品知名度，提升农畜产品附加值，不断引导农牧民群众积极参与、共建共享，积极加强与江苏省南通市沟通衔接，捆绑整合全乡各类特色农畜产品在江苏省建设新街回族乡农特产品直销点，集中力量打造一批特色农产品生产优势区和产业发展聚集区，在巩固脱贫成果上发挥最大效益，持续促进农牧业增产增效、农牧民收入持续提高，确保贫困人口长期稳定增收。再如，2016年以来，拉德村被先后确定为全州草地生态畜牧业试验区建设试点村、牦牛产业发展示范点，扎实推进合作社股份制改造，让资源变资产、资金变股金、农民变股东，入社社员达到71户342人，其中贫困户24户103人；入股母羊3023只，整合草场4.58万亩、耕地2746亩。2018年，仅推广藏羊高效养殖技术一项就增收120万元，实现分红100万元，户均分红1.4万元，人均分红2890元。

二、易地搬迁的后续产业形式多样

贵德县委、县政府高度重视易地扶贫搬迁后续产业发展和就业创业工作，将"搬迁只是手段、脱贫才是目的"的理念贯穿易地扶贫搬迁工作的始终，按照生态管护保障一批、就地务工稳定一批、劳务输出解决一批，建立创业就业帮扶机制，确保进城安置的建档立卡贫困户和非建档立卡户中至少有 1 人实现稳定就业。围绕生态管护保障一批。坚持产业带动、造林务工、奖补增收、管护就业的多措联动，建成梨园、黄桃、大樱桃等林果基地 4200 亩，建成百亩以上优质苗木栽培基地 34 处 7000 余亩，中藏药种植面积达 8000 余亩。及时兑现草原奖补、林业补助等生态工程国家补助政策，每年直补农牧民各类惠农资金 7000 余万元。同时，进一步加大对生态公益管护的资金投入力度，优先从建档立卡贫困人口中选聘生态公益管护员，适当调减管护面积，稳步增加生态管护岗位，根据管护能力和范围，建立与管护职责相匹配的工资动态增长机制。林草管护员设置与扶贫精准有效衔接，全县 1825 个生态管护员岗位均由建档立卡贫困户家庭成员担任，其中，草管员人均增收 2.16 万元，林管员人均增收 1.18 万元，实现了稳定增收脱贫。围绕就地务工稳定一批。根据市场需求变化，对搬迁群众开展多层次、多形式、多样化的职业技能培训，同时建立完善"订单式""定向式"就业培训模式，突出培训的针对性和实用性，采取生动活泼、深入浅出的教学方式，提高劳动力的整体素质，引导搬迁群众就地就近就业，稳定收入来源。比如，北控城市服务（贵德）有限公司作为国有控股的香港联合交易所主板上市公司，在践行"党建 + 扶贫、文化 + 扶贫"引领企业发展的基础上，积极响应企业参与脱贫攻坚工作的号召，通过优先聘用常牧镇、尕让乡、新街乡 96 名建档立卡贫困户，特别是针对进城集中安置的易地搬迁户无经济收入、无技能的实际，安排 60 名易地搬迁户到 7 个乡镇各路段担任保洁、驾驶员、车辆辅助工等工作，平均每人每月增收 1800 余元，努力走出一条"党组织引领企业发展、带动贫困户一起脱贫"的新路子。围绕劳务输出解决一批，积极落实政策、信贷、服务等方面的优惠政策，积极拓展省内外劳务输出渠道，增强搬迁群众自我发展能力，真正让搬迁户搬得出、稳得住、能致富。比如，充分发挥易地搬迁贫困户丰富的劳动力资源优势，树立赴甘肃省定西市铁路行业务工的贫困劳动力中优秀的典型人物，充分发掘铁路行业务工技术含量低，工时短，收益大的特点，让贵德县贫困劳动力尤其是易地搬迁贫困户形成劳务输出常态化。在 2019 年实现组织以建档立卡贫困户为主的劳务输出 109 人，月均收入 5000 元的基础上，逐年扩大劳务输出规模，适时打造赴甘肃定西铁路务工劳务品牌，引导更多易地搬迁贫困户劳务输出。又如，积极发挥对口援建的优势，宣传动员组织易地搬迁贫困户转变观念、解放思想，逐年向江苏省如皋市等地劳务输出实现转移就业。就业部门强化后续服务，协调解决务工人员存在的问题和困难，真正实现让外出务工的易地搬迁贫困户"出得去，留得住，干得好，能增收"。

三、医疗保障在全省首创"双签约"

贵德县在全省率先实施"双签约"模式，即家庭医生和贫困户签约、村干部和贫困户签约。充分依托乡镇卫生院院长、村医、村干部、村第一书记等人员，采取 1+1+1 组合式签约模式，实行包点到乡、到村、到户的"一对一"签约服务，签约责任人积极开展健康扶贫政策宣讲，及时跟进服务，帮助贫困户足额足项享受政策帮扶，解决就医报销问题，确保农牧区贫困群众"就医有保障、报销有人管"。同时，强化政府管理责任，建立政府投入保障机制，医疗机构基础设施得到改善，服务能力得到提高，乡镇卫生院人员编制增加到现在的 145 名，县人民医院人员编制增加到现在的 188 名，全县新增医疗编制 126 个。规范乡村医疗科室设置，9 个卫生院均达到标准化建设水平。贵德县人民医院与青海省人民医院建成了紧密型医联体，形成了上下联动、优势互补、资源共享的运行机制。全面落实国家基本药物制度，720 种基本药物实行"零差价"销售，基本药物和省级补充药品指导价平均下降 20% 左右，抗生素和激素使用率均控制在 30% 以内，住院费用政策报付比例三级、二级、一级医疗机构分别为 70%、80% 和 90%，全县城乡居民基本医疗保险最高支付额达到 10 万元。大病救助不设上限，贫困人口基本医保、大病保险、医疗救助覆盖率均达 100%。

四、金融扶贫为脱贫插上了翅膀

贵德县坚决贯彻执行党中央、省委关于打赢脱贫攻坚战的决策部署，以精准扶贫精准脱贫基本方略为引领，充分发挥金融试点县的作用，县委、县政府始终注重发挥好金融部门对脱贫攻坚的助力作用。在全省率先向国开行、农发行等政策性金融机构融资 11.1 亿元用于贫困村基础设施建设，全面完成了列入贵德县国民经济和社会发展第十三个五年规划的建档立卡贫困村道路硬化、安全饮水、村级卫生室、文化活动室、幼儿园等项目，全面解决了短板问题，农牧业基础设施条件大幅度提升，为打赢脱贫攻坚战奠定了坚实的基础。

五、防贫机制的建立，使老百姓拿上了双重"安全锁"

贵德县委、县政府围绕打赢脱贫攻坚战，以巩固提升脱贫攻坚成果为根本，针对致贫返贫风险仍然存在的实际，贵德县积极探索建立精准防贫长效机制，引入中国太平洋财产保险股份有限公司青海分公司，合作创设"精准防贫保险"，通过常态排查、预警监测、分类设置、宣传引导等机制创新，根据省定农牧民人均可支配收入达到4000元为脱贫线设置防贫保障线，按每人每年80元保费标准，为全县22300名处于贫困边缘的农村牧区低收入户和人均收入不高不稳的脱贫户购买精准防贫保险，保障其在因灾、因病、因学等原因致贫或返贫时，能够快速得到保险赔付，有效形成了近贫预警、骤贫处置、脱贫保稳的精准防贫机制，为决胜脱贫摘帽、同步实现小康打下坚实基础。

做好基础工作，助力脱贫攻坚走前列

——共和县切吉乡莫合村脱贫攻坚工作实践

共和县切吉乡莫合村是一个以牧业为主兼营少量农业的牧业村，以藏族、汉族为主，现有常住户数 138 户 474 人，其中建档立卡户 30 户 107 人，2018 年脱贫退出 29 户 101 人，2019 年脱贫退出 1 户 1 人。村民增收致富方式主要以种养业、外出务工经商为主。

2017 年实施了易地扶贫整村搬迁项目，现各项基础设施配套建设工作实施完成并已通过项目竣工验收，农牧民群众已入住，入住率达 100%。为了实现易地扶贫搬迁群众搬得出、稳得住、能就业，2019 年投资约 392 万元资金，实施了易地扶贫搬迁后续产业项目发展马路经济，为本村农牧民群众提供了就近就地就业平台。

一、主要做法

（一）加大宣传力度，提升民族团结进步舆论氛围。为促进民族团结进步事业，莫合村始终把学习宣传党的方针、政策作为重点来抓，积极组织召开民族团结进步专题会议，做到有安排、有自查、有总结。在民族团结进步宣传月活动期间，紧紧围绕党的民族宗教政策等，进行专题讲座，加深理解，进一步增强了学习效果，为全村各民族团结一致谋发展，同心同德奔小康夯实了群众基础。

（二）加大产业发展，提高农牧民群众增收致富。依托本村资源禀赋和党员、干部、致富能手，引用现代化牧业实用技术，引导广大群众发展村级产业，促进二、三产业发展。使农民群众增收致富，过上美好幸福的生活，现成立村级企业 2 家发展产业，为全面实现小康社会打下了良好的基础。

（三）牢铸思想基础，发挥党组织战斗堡垒作用。坚持把学习作为不断提高班子凝聚力和致富本领的关键所在，把党的十八大、十九大系列全会精神和习总书记的一系列讲话精神作为经常性地学习内容。对教育学习活动的内容、方法、步骤和时间进行统一安排。积极组织"两委"班子及党员学习。严格党的组织生活，坚持"三会一课"制度，做到加强教育、健全制度、注重效果、督促检查并重，提高了党员参加组织生活的自觉性，保证了党组织各项活动的开展，增强了党组织的凝聚力和战斗力。

二、亮点工作

（一）搬出穷窝子，过上新生活。紧紧围绕"搬得出、稳得住、有保障、能发展、可致富"的目标，扎实开展搬迁对象的日常管理，激发搬迁对象自力更生、艰苦奋斗、勤劳致富的内生动力，促进搬迁后稳定脱贫。建立易地扶贫搬迁自主创业激励机制，对有劳动力的确保持续稳定就业。鼓励和引导有创业意向的群众自主创业。

（二）挖掘特色业，群众增致富。以政府主导为主线，村级积极举办村办企业发展马路经济和特色养殖产业，通过设置公益岗位，大量吸纳不能外出务工的富余劳动力，解决当地人员务工就业问题，提高搬迁群众增收致富。

凝聚扶贫攻坚合力

——兴海县子科滩镇切卜藏村脱贫攻坚工作实践

为深入贯彻落实县委、县政府精准扶贫工作总体部署，夯实农牧区基层组织，加快切卜藏村扶贫攻坚步伐，在县扶贫局和镇党委、政府的指导下，切卜藏村驻村工作队与村"两委"班子协同作战，通过开展宣传动员，走访调研、调查摸底、座谈讨论、征求意见等工作，做了大量行之有效的工作，群众生产生活条件明显改善，社会反响好，群众满意度高。

一、基本情况

切卜藏村地处兴海县（子科滩镇）西南部。农牧民经济收入主要来源于畜牧业生产，有部分虫草收入。现有建档立卡贫困户46户159人。

二、加强组织领导，落实扶贫政策

成立脱贫攻坚工作队，第一书记任队长，村支部书记、村主任任副队长，村两委成员担任成员，明确扶贫工作职责，将扶贫工作作为全村当前首要任务，纳入重要议事日程，积极落实扶贫政策，确保扶贫工作取得实效。

三、制定帮扶方案，保障扶贫工作

自2015年10月份子科滩镇切卜藏村召开精准扶贫工作动员会以来，扶贫工作队、村"两委"高度重视精准扶贫工作，多次召开专题会议进行安排部署，明确了工作内容和工作职责，多次与老党员和群众进行座谈交心，并就如何开展扶贫工作相互交换了意见。组织村民宣传讲解省州县开展精准扶贫工作的政策意义和要求。按照"入户调查，村社评议，乡镇审核"的原则，达到摸排全面，调查翔实，登记准确，定性合理，切实增强工作的时效性和准确性。严格遵循"统一标准、全面调查""实事求是、科学识别"和"严格程序、公开公正"的工作原则，深入村社逐户调查，全面掌握基本情况。对评选出的扶贫户在村社进行公示，广泛接受群众监督。对公示后群众无异议的扶贫户经上报镇党委会议研究同意，最终确定为扶贫户。同时，积极组织村社干部主动与帮扶单位沟通，及时与帮扶单位协调开展对接，梳理出村级帮扶脱贫需求清单，落实项目单位、资金和措施，为精准扶贫工作深入有效开展创造基础条件。在立足村情的基础上，扶贫工作队深挖致贫根源，按照"规划到村、帮扶到户、责任到人"的总体思路，围绕加强党建、务实基础设施建设、完善医疗保障、优化环境、改善民风等工作内容，梳理各方意见，掌握第一手资料，制定帮扶方案，为全村脱贫打下坚实的基础。

四、积极争取项目，支撑扶贫工作

切卜藏村抓住"扶贫攻坚"这个主旋律，以"创建民族团结进步"为契机，多方争取项目，充分利用好资金，大力推进社会公益事业，加大基础设施建设力度。截至目前，切卜藏村实施了很多项目。自 2015 年起，通过驻村工作队的联系协调及上级相关部门的大力支持，切卜藏村水、电、网络等基础设施建设不断完善，有效改善了人居环境。近三年实施了人畜饮水、危房改造、硬化路、电网改造、美丽乡村、专业合作社建设、农业综合开发、村级活动室建设等一系列重大项目，累计投资达 4760 余万元，安排公益性岗位45 人，其中，草原管护员 34 人、林业管护员 9 人、清洁工 2 人。110.72 万元产业扶持资金以入股分红的形式已投入企业到河卡楠迦生态产业园当中，每年以 10% 的利率返回还给贫困户。50 万元的互助资金运行良好，效益明显，很受群众欢迎，形成了良性循环。

五、落实"双帮"工作，凝聚扶贫合力

切卜藏村共有结对单位 4 个，通过构建帮扶单位、镇联村干部、村"两委"干部、帮扶单位四位一体的帮扶机制，抓好一户一档，做好一户一策、评估好一户一动态三个环节，凝聚扶贫攻坚合力。截至目前，共落实县帮扶干部38 人帮扶贫困户 46 户。

拒绝"等靠要"，美好生活自己造

——共和县铁盖乡托勒台村郭宝谦的脱贫路

郭宝谦，家住共和县铁盖乡托勒台村一社，在 2015 年精准扶贫识别中因"缺资金、患病"被列为建档立卡贫困户。

所在的村位于塔拉滩一级台地，属于 1987 年龙羊峡库区移民安置村，村里各民族聚居，有汉族、藏族、土族、蒙古族。全村以农业为主，渔业为辅，属建档立卡贫困村。2018 年底，如期完成贫困村退出贫困户脱贫任务。在众多的脱贫户中，郭宝谦的脱贫之路成了全村学习的榜样。

"人最怕没有盼头，谁愿意当贫困户"，这是脱贫后郭宝谦经常挂在嘴边的一句话。在认定为贫困户后，驻村工作组为他安排了由县卫生和计划生育局局长亲自帮扶的计划，经过不懈努力与多次沟通，他改变了"等靠要"的思想，决定靠勤劳双手致富，坚信要摘掉贫困户帽子。他自学养殖知识和扶贫方面的政策，参加乡上组织的养殖产业方面的各种培训，有了目标，说干就干，2016 年通过县信用社借了 3 万元的小额扶贫贴息贷款和村级发放 1 万元的互助金作为产业发展周转金，购买了 15 头仔猪和 10 只羊开始了养殖之路。由于家庭劳动力只有一人，每天在土地和养殖棚之间两头跑，随时观察猪羊的生长变化，一有空闲时间就到田间地头割草、拔猪菜，有时还帮助隔壁邻友传授养殖经验。一分耕耘，一分收获，一年下来，年收入 2 万多。"要像以前靠打零工和务农，我得挣好几年吧，现在在家搞产业发展，又能照顾家里人，真是一举两得。"郭宝谦幸福地说。

2017 年，为壮大养殖规模，联系承包同村土地 15 亩，增加了银行贷款，他扩建畜棚购买了 10 头仔猪，驻村工作组结合县计生协会借了免息贷款 2 万元，并通过产业到户资金购买了 10 头仔猪、农机具、粉碎机和饲料，依靠科学的养殖技术，自配加工喂猪饲料，比同村早三个月出栏，为提高循环饲养打下了基础。在驻村工作组的帮助下，积极与联点企业、机关大灶联系出栏销售，他的家庭年人均收入达 1.2 万余元，远远超过了其他贫困户和部分非贫困户的家庭收入。近几年，产业滚动发展家庭经济收入逐年增加，养猪有了技术赚了钱，他没有忘记隔壁邻友，他把养猪的技术、经验教给其他人，让大家一起来养殖，把实惠真正带给大家，既增加了自己的收入，也填满了大家的腰包。

他深感自己是一名党员，更应该发挥带头作用，近两年来主要靠发展养殖产业，产业到户资金和互助资金的滚动发展，在养殖方面有了大的突破，不仅增加了家庭的经济收入，还在村级脱贫攻坚中第一个要求脱贫，起到了模范作用。他说："并不觉得贫困户是多么光荣的事情，现在政策这么好，总不能坐享其成等着别人给，别人给的始终没有自己劳动得来的踏实。"他还表示，现在他信心很足，将来他会不断扩大自己的养殖业，带动更多的人实现致富增收梦，大家一起过上好日子。

怀揣致富梦走出牧区的尕小伙

——贵德县常牧镇达尕羊村杨吉加的致富梦终实现

杨吉加原本是一名贫困户，在党的富民政策指引下，坚持奋斗，克服困难，从打工仔转变为致富带头人，还带领家乡的兄弟姐妹一起走上了脱贫致富的"快车道"。他是全镇脱贫致富的先行者，是共同致富的"领头羊"。

思想的转变——开启了他迈向成功的"一扇门"

现年35岁的杨吉加，是贵德县常牧镇达尕羊村一名地地道道的牧民，是建档立卡贫困户中的一份子。

2014年，为了增加收入，杨吉加到果洛州短期务工，每天也仅有60元的微薄收入。2015年贫困人口精准识别时，杨吉加一户被认定为建档立卡贫

困户。杨吉加不甘心自己的人生就这样被贴上"贫困户"的标签，"我要脱贫、我要致富、我要创业"的想法在心底潜滋暗长，于是千方百计寻求外出务工的机缘，终于在2015年经人介绍，杨吉加在甘肃铁路段找到了一份铁路路基维护的工作。初到务工队时，第一个难关摆在了杨吉加面前——"语言关"，从小生活在牧区的他根本听不懂，也不会讲汉语，作为一个从大山深处走出的小伙，他十分珍惜这次难得的务工机会，每天除了埋头

苦干，他一直在琢磨沟通交流的办法，爱笑的他慢慢发现只要自己向工友笑一下，工友们会以同样的方式回应，就这样微笑成了他和其他工友打招呼和交流的唯一方式，也让他突破了心理障碍。通过自己的努力奋斗，他变成了工友眼中那个憨厚、诚实、勤快，吃苦耐劳的藏族小伙，也得到了机段负责人和同事们的肯定，并和他们慢慢建立了信任和友谊。

身份的转变——见证了他不懈奋斗的"足印"

2016年，一个令他振奋的消息传到了工地，常牧镇为加快脱贫力度，精准帮扶贫困群众，正在计划对贫困户实施易地搬迁，作为贫困户的他同样拥有搬迁到县城的机会。春节，回到家后的他想都没想第一个提出自愿搬迁，经镇政府反复核实，杨吉加符合搬迁条件，随后搬迁至县城德吉家园。搬迁后他的家庭所处环境彻底转变，杨吉加心想，国家给了自己这样好的政策红利，我也要主动帮助更多人外出务工，增加收入，回报社会。于是他便开始谋划带领周边贫困群众和自己一起外出务工。通过一户户宣传，一个个动员，当听说外出务工能都实现月收入5000元时，不少人都动了心。就这样，2016年4月，杨吉加带着本村有务工意愿的村民们走出大山，来到了甘肃铁路段，开始了务工生涯。在杨吉加的不断鼓励下，个个干劲十足，越干越有信心。

杨吉加作为队长，每天上班前，强调务工安全，下班后，同大家一起吃饭、聊家常，遇到困难相互帮助、相互鼓励。年底，个个都"满载而归"，乡亲们脸上露出了洋溢的笑容，杨吉加也非常开心，他心里想，"只要大家能吃苦，我一定能带动更多的人早日过上美好的生活。"一传十、十传百，杨吉加的故事就这样传遍了整个村庄。一心想摆脱贫困，又没有致富门路的乡亲们，听到杨吉加带领群众外出务工的消息后，便纷纭而至。之后的2017年、2018年，越来越多的人跟着杨吉加赴甘肃务工，同杨吉加一起走上了务工致富的道路，2019年杨吉加带领的109名乡亲在甘肃天水、玉门、嘉峪关等地务工实现了稳定收入。

经过自己的不懈奋斗，他不仅自己实现了脱贫致富，而且带领更多的乡亲实现了脱贫。近年来已累计带领500余人外出务工，路途虽艰辛，但结果却让他怡然自乐，现在的杨吉加被乡亲们亲切地称呼为"尕名人""赚钱好手"。

积极发展养殖业，走共同致富道路

——贵南县过马营镇麻什干村扎西项秀的多元致富路

扎西项秀，家住贵南县过马营镇麻什干村二社。2015 年，他家被确定为建档立卡户。家庭经济来源单一、没有致富产业以及发展资金缺乏成了他脱贫致富的主要制约因素。

根据扎西项秀的实际情况，帮扶干部多次入户与他沟通交流、做工作，激发了他发展产业的信心和动力。村干部决心大力支持扎西项秀，给全村贫困户带个好头，做好示范。扎西项秀于 2017 年享受精准扶贫到户产业发展扶持资金 25600 元，购买奶牛 8 头；2017 年享受就地危房改造项目，项目补助 55000 元，人居环境得到了极大的改善；此外，他妻子在政府的帮助下学习刺绣手艺，开起了自己的小缝纫店为村民缝制藏服，他本人还被聘用为公益性草管员，每月能领取 1800 元的工资。

在自己脱贫产业稳步发展的过程中，扎西项秀并未就此满足，他想："光自己富不算富，必须在自己富的同时，带动和帮助其他贫困户脱贫致富，共同发展。"因此，他随时随地向其他村民传授养殖科技知识及致富经验，引导贫困户积极发展养殖业共同富裕。在他的带动下，贫困户积极发展产业的自觉性得到提高，全村脱贫产业发展态势良好。如今，扎西项秀已成了全村畜牧养殖户的主心骨，农户有什么问题都愿向他请教，而他也总是毫不保留地教会别人。与此同时，他还带领由全镇各村 40 余人（15 名建档立卡户）组建装卸队，奔赴各州县进行装卸工作，让大家打工赚钱，切实提高了家庭收入。

脱贫不等不靠，致富敢进敢闯

——同德县河北乡格什格村豆格本实现脱贫致富

现年 33 岁的河北乡格什格村贫困户豆格本是一名普通的高原牧民，2015 年底，按照国家政策，通过村民评议将他纳入了建档立卡贫困户。

树立信心，找准产业发展门路

正值年富力强的他，头脑灵活有一定的文化，但很长一段时间他却不知道如何创业致富，既缺资金又缺技术，思想上还存在"等靠要"的现象。2016 年以来，按照党的扶贫工作要求，驻村干部和帮扶干部先后多次到他家了解家庭生产生活基本情况，共同谋划未来，为他制定家庭产业发展规划，讲解脱贫相关政策，使他消除了思想上的顾虑，打算通过自己的双手和努力，改变目前的生活现状，走上一条致富奔小康的道路。

他参加了村里召开的"一村一策、一户一法"产业扶贫大会；回到家中他对发展脱贫产业有了自己的想法，凭着掌握一些摩托车修理技术，于是开家摩托车修理部成为他脱贫致富的想法。他找驻村干部、帮扶干部和村干部，谈了自己想法，村干部很支持他，将他开摩托车修理和电焊部的想法列入了全村 14 户建档立卡"一户一法"产业发展项目进行了上报。

兴办个体经济，实现脱贫致富

从上报产业项目的那天起，一个充满干劲的豆格本展现在村民眼中。他积极报名参加乡里举办的"阳光工程"劳动就业技能培训班，专门利用一个月的时间，详细学习汽修知识和电焊技术。最终，在驻村干部和帮扶干部的帮助下，登记成立了"兄弟摩托车修理部"，领到了营业执照。通过努力，2016年底，豆格本家庭可支配收入达到24200元，如期实现脱贫。

持续创业增收，巩固脱贫成果

经过近一年时间的营业，他发现一到冬季就是摩托车修理的淡季，由于天气冷，好多牧民就不骑摩托车出行了，生意也淡了，经营收入也少了。于是，他又有了夏季忙修理，冬季跑运输的想法。2017年初，通过"530"小额贷款，向银行贷了3万元的款，承包了本村村民手中的一辆小型运输车，在修理摩托车的同时，拉一些运输，通过多方经营，弥补因季节性因素产生的收入差额，不断创业增收，巩固脱贫成果。

坚韧推开了困难，勤劳战胜了贫穷。通过扶贫政策扶持和乡政府、村"两委"及以帮扶责任人的真帮实扶，加之豆格本个人兴办个体经济和本人的勤劳努力，豆格本家庭收入情况大有改观，生活状况发生了翻天覆地的变化，实现了不愁吃、不愁穿、有安全住房、有医疗保障和稳定收入的脱贫目标。相信在党和政府的关心支持下，在社会各界的热心帮助下，豆格本的脱贫致富之路会更加平坦宽广，未来的生活会更加美满幸福。

不辞辛苦抓机遇　脱贫致富靠自己

——兴海县曲什安镇大米滩村许宏国的脱贫路

兴海县曲什安镇大米滩村二社农民许宏国，男，今年 55 岁；妻子赵玉秀今年 58 岁，肢体四级残疾，现有 11.5 亩地，用于种植青稞、大豆等农作物。

2015 年，识别为贫困户时，家庭人均纯收入为 2740 元，二人劳动能力不强。但是，许宏国夫妻二人不怕苦、不怕累，辛勤劳动。夫妻二人在驻村工作队的帮助下，抓住了脱贫致富的好机遇，挖掘自身的内生动力和多年的养殖经验，借贷"530"金融扶贫扶持资金和扶贫互助资金借款共计 3.5 万元，养殖生猪 30 余头。功夫不负有心人，在夫妻二人的努力下，2017 年底，出栏 10 余头生猪，收入 2.5 万元。妻子还有做酿皮的手艺，在闲暇期间会在村头摆摊买酿皮，今年收入有 1 万元。

生活，从来不会亏待任何一个勤奋努力的人。在政府的帮扶和许宏国个人的努力下，争取到草原环境保护员的工作。许宏国说："有各级党、委政府的关怀，有政策的支持，我心里很温暖。接下来，我会加倍努力，做一名优秀的草原环境保护员，经营好生猪养殖，力争把日子越过越好。"

海北藏族自治州

把祁连山打造成脱贫致富的依托

——祁连县生态脱贫发展纪实

海北州祁连县是集"民族区域、高寒艰苦区域、生态战略重要区域"特征为一体的贫困县。2016年以来，祁连县创新实施全域旅游发展，推动畜牧大县传统产业转型升级，推进农牧区生活条件改善，加强民族团结促进经济建设，闯出了一条让生态旅游成为绿色产业，让生态畜牧繁育生态经济，让优良生态成为永续生产力和让群众吃上"生态饭"的脱贫攻坚之路，打造脱贫攻坚"祁连体系"，使总书记"绿水青山就是金山银山"的科学论断在祁连落地结果。

一、创新全域旅游，让好山好水成为脱贫攻坚的好载体

为贯彻习近平总书记"积极发展生态环保、可持续的产业"指示精神，

2016年，祁连县开展全省唯一国家全域旅游示范县创建工作，提速"旅游兴县"脱贫攻坚进行时。

生态优良就是最大的价值，生态旅游就是富民之路。祁连不少百姓以前靠山吃山的路径是挖矿、挖虫草，打赢脱贫攻坚战就要彻底堵住这条错误的"吃山"路，通过对旅游资源的合理保护利用，另辟正确的"吃山"路。

鉴于此，祁连县实施全域旅游创建三年提升计划，将生态治理、河道整治等项目纳入计划，投资6.1亿元实施山水林田湖草项目，启动《城市双修总体规划》，规范运营景区，围绕创建卓尔山5A景区打造乡村旅游。

总之，生态旅游不光让群众通过生态旅游致富，还改变了群众的生态观。

二、转型传统产业，让生态畜牧成为脱贫致富的新路径

祁连是青海省畜牧业大县。如何使畜牧业与生态保护、脱贫增收协调发展是摆在县委、县政府面前的一道难题。2015年8月，"全国草地生态畜牧业试验区"建设在祁连县推开。牛羊育肥基地建设、退化牧场草籽种植、跨省飞地经济等措施实施，使部分退化严重的天然草场得以休养生息，传统畜牧业生产方式转型，生态畜牧业合作社发展到164个，强有力助推了脱贫攻坚。

祁连县通过采取"封、育、护、禁、播"等措施开展草原综合治理，坚持以草定畜、畜种改良、集约生产、飞地经营，持续优化生态环境，夯实脱贫产业发展根基。

2019 年，全县森林覆盖率提高到 15.99%，草原综合植被覆盖度达到 65%，较上年提升 2.76 个百分点，全县林草产业产值达到 1388.7 万元。与生态改善成正比提升的是全县贫困群众可支配收入增长 15.8%，比全国高 6.2 个百分点，比全省高 5.2 个百分点。

通过生态畜牧业建设，祁连走出了一条生产发展、生态良好、生活美好"三生共赢"的脱贫攻坚路，这条路也被誉为"祁连路子"，在全省推广。

三、提升生活品质，让美好日子成为激发脱贫的动力源

扶贫要与扶志相结合，重视激发内生动力。在"小财政办大民生"发展理念指导下，祁连县连续多年将全县财政支出的 85% 以上用于民生领域。

祁连县出台的《祁连县"三年创带"帮扶基金工程实施方案》，两年多来撬动资金 3000 多万元，辐射带动 320 名贫困户，使全县村集体经济在全州率先全部"破零"，收益达到 1205 万元。同时，祁连在全省首先建立贫困户"明白卡"，加强了管理监督和精准扶贫。

昔日穷山窝，今朝蝶变为乡村旅游的"香饽饽"；昔日机井枯竭，今朝安全饮水畅流；昔日行路难，今朝村村道路硬化辟通途；昔日土房土屋四壁漏风，今朝建起砖瓦保温电热炕新居……

锁定持续增收、义务教育、基本医疗、安全住房"四个有保障"目标，近年来，祁连人感受着脱贫攻坚带来的巨变，越来越有品质的生活激发着群众脱贫致富的内生动力。

"全国民族团结进步示范县""全国休闲农业和乡村旅游示范县""全国有机畜牧业示范基地""青海省 2018 年度脱贫攻坚先进集体"……诸多祁连荣誉，是祁连县委、县政府不忘初心，牢记使命，紧扣发展要义，带领祁连各族群众扎扎实实干出来的。2019 年，祁连县上榜中国扶贫效率"百高贫困县"，并退出贫困县序列。

措隆潭的蝶变

——门源县阴天乡措隆潭村脱贫攻坚走新路

　　一排排青砖蓝瓦、古色古香的民宅整齐排列，巷道里欢声笑语，阳光照在一张张笑脸上，村子里处处闪耀着幸福的光芒……站在浩门河南岸的高山上俯瞰门源回族自治县阴田乡措隆潭村易地扶贫搬迁新村，呈现出一派欣欣向荣的气息。

　　过去，搬迁群众在离新村不远的上措隆沟和半截沟里分散地居住着，山大沟深是村子的写照，农户零星地分布7公里长的山沟里。那时村里基本都是沙石路，一下雨人根本不能出行，过去家家只有四间土坯房，自来水也没有通到村里，到了冬天煤炭运不进来，村民们只有捡牛粪来做燃料。遇到家人生病的只能把病人背到7公里外的沟口等救护车或者搭车去县里看病。每

家每户都是靠天吃饭。地质灾害严重、交通条件落后、饮水条件差、产业发展落后、适龄男青年成婚困难等都是措隆潭村的真实写照。

2017年，阴田乡按照"政府主导，统一规划，群众自建，项目配套"的方式，投资2163万元，集中将措隆滩村二社和七社96户424人整体搬迁到铁麻公路旁进行集中安置，配套修建幼儿园和公共无公害化厕所等设施。鳞次栉比、光鲜亮丽的新村改写了阴田乡的面貌，也改写了措隆潭新村的历史。

为有效解决搬迁群众"搬得出、稳得住、可发展、能致富"的问题，阴田乡党委深化党建引领，充分发挥基层党组织的战斗堡垒和党员干部的先锋模范作用，找准了基层党建与脱贫攻坚的结合点，实现了党建与脱贫的有机统一，坚持把基层党组织建设成易地扶贫搬迁最坚强、最有力的战斗堡垒，把党员队伍建设成精准扶贫"攻坚拔寨"最精锐、最能战的先锋队，充分发挥基层党组织、党员和第一书记、扶贫工作队的堡垒先锋作用，汇聚成强大的发展建设合力，党旗所指处，人人奋勇争先攻城拔寨，解决项目建设中的重点、难点，凝聚组织正能量。把易地扶贫搬迁攻坚阵地打造成了阴田乡"两学一做"学习教育实践基地。

在易地扶贫搬迁中，由乡村党员干部、第一书记和扶贫工作队组成的乡易地扶贫搬迁工作组多次深入两个社召开群众大会，认真做好群众政策宣传及解释工作，通过发放"一封信"，召开群众会、培训会等多手段，做到动员到户、明白到人，为群众做好发展谋划导师，帮助群众厘清思路、坚定信心、克服困难，让群众特别是贫困群众转变思想观念，打消顾虑，变"被动搬"为"主动搬"，"不敢搬"为"自信搬"。同时，工作组成员深入农户，对各农户的基本情况、现有房屋情况、搬迁意愿、安置去向等进行全面调查，并多次召开会议反复研究，对申请易地扶贫搬迁的农户进行遴选、公示评议，确保最需要、最符合条件的农户享受搬迁政策扶持。

2018年底，96户农户全部实现搬迁入住。这期间，争取协调配套资金1263.68万元，先后实施了文化广场、农户外墙保温、大门、院墙、幼儿园、混凝土道路、自来水管道、地下排污管网、"高原美丽乡村建设"、电网改造等基础设施项目。

眼前的措隆潭新村整齐地排列着六排青灰色的民宅，村里的活动广场上建有健身器材、篮球场和休闲走廊。一座蓝顶的建筑显得格外扎眼，是村里的幼儿园。干净整洁的村道和一盏盏明亮的路灯将一户户农户串联。

"挪出穷窝"只是第一步，如何"走出穷境"才是社会关心、百姓关注、政府忧心的大事。作为阴田乡最大的易地扶贫搬迁工程，几百名搬迁群众的就业增收成了整个搬迁工程后续面临的最难课题。

为了让广大搬迁群众"搬得出、住下来、能发展、富起来"，阴田乡立足村情民情，牢牢把握群众发展需求，探索出了一条后续产业发展的新路子。

根据群众生产生活实际，按照"保持原有生产生活方式不变的情况下，

落实'柔性'基础，以技能培训助推劳务经济；落实'硬性'保障，为产业发展铺平道路"的思路，通过整合各类扶贫资金、村集体"破零复壮"资金、信用贷款、"530"贷款等，帮助村民发展牛羊育肥贩运、开拉面馆、农家院、种植等多渠道产业。结合易地扶贫搬迁项目，在搬迁原址协调配套建设集中畜用暖棚16幢，鼓励群众发展牛羊养殖增收致富，并积极教育引导搬迁群众推行人居与畜禽饲养分开、生产区与生活区分离的生产生活模式，以往村庄"脏、乱、臭"现象得到彻底改变。

另外，按照"按需施教、学以致用"的原则，先后开展了电焊、挖掘机、拉面经济品牌经营、法律法规、创业＋拉面、拉面技能等知识理论和实际操作技能培训，举办挖掘机、维修电工、"创业＋拉面"、"烹饪＋农家乐"、特色种植等职业技能和实用技术培训7期412人，并组织学员到门源县金源拉面协会及其连锁店进行实地参观，不断拓宽增收渠道，使"劳务经济"成了广大群众的"致富经济"。

2019年，措隆潭村先后到武汉、山东、山西等地从事拉面馆经营的共有120户450人，仅措隆潭新村的群众已在山东、江苏等地开办拉面馆12家，从事牛羊养殖的农户达到37户，实现了措隆潭村的蝶变。

走进今天的措隆滩"新村"，一幢幢宽敞明亮的新居里传来欢声笑语，一个个拉面自主经营点传来增收的好消息，一辆辆小轿车驶出生活的新动力……群众的生活方式、思想观念不断地发生变化，到处呈现出一派欣欣向荣的景象，搬迁群众正以崭新的面貌，搭乘新时代乡村振兴"快车"，共创美好新生活。

一辆辆崭新的中高级轿车驶进了村庄，一批批劳动力开始从事牛羊养殖、劳务输出、拉面经济，群众生活持续发生着变化；口口相传外面的世界和他们的致富经，引导群众思想观念发生了变化，群众脱贫致富的主动意愿越来越强，一批批走出去的"拉面人"成了群众竞相追赶的目标。劳务经济、"拉面效应"吸引着越来越多的群众开展从事技能型劳务输出和自主性经营，这些带来的不仅是生活方式、生活品质、经济收入上的改变，更重要的是群众不甘落后的思想变化，重视技术、重视教育、崇尚文明的观念变化。

金滩村脱贫"摘帽"，村民过上了好日子

——海晏县金滩乡金滩村脱贫攻坚出经验

一、基本情况

金滩村位于海北州海晏县东北部是一个农业牧业村，共有农牧户 258 户 877 人，有汉族、藏族、蒙古族、土族 4 个民族。

2015 年，全省精准扶贫工作开展中，金滩村被识别认定为省级贫困村。2016 年，在全省脱贫攻坚工作的大力推动及省扶贫开发局的倾力帮扶下，全村基础设施条件改善、村集体经济大力发展、群众"两不愁三保障"全面达标，金滩村提前"摘帽"，贫困人口稳定脱贫。

2019 年，脱贫人口人均可支配收入达 12000 元以上，脱贫户中人均可支配收入最高为 8 万元，实现了稳定脱贫和可持续发展。

二、具体做法

近年来，村"两委"把培育特色产业作为壮大村集体经济的重要内容，先后落实了300万元扶贫专项资金，其中，200万元投入村集体兴办的绿源种植养殖合作社发展牛羊规模养殖，建成了绿源养殖小区，并购置了农机具。

在驻村工作队的帮助下，金滩村制定了紧紧围绕一年脱贫的总体目标要求，突出"治贫"这个核心，统筹推进"治乱""治弱"，制定了"培育三个重点产业、拓宽四条增收渠道、探索三种脱贫模式"的思路，扎实推进了金滩村脱贫攻坚工作。具体工作中，主要做了以下几个方面的工作：

（一）培育三个重点产业。一是发展规模养殖。继续完善绿源养殖小区基础设施建设，计划新建储草棚200平方米一幢、青储窖1500立方米一个，落实23万元项目补贴资金（储草棚8万元、青储窖15万元），取得信用联社贷款后完成建设任务。道路硬化全面完成并投入使用。二是发展规模种植和饲草料加工。依托绿源合作社，采取托管代管的方式，流转耕地4700亩种植饲草料、油菜、青稞，其中饲草料种植面积为1000亩，发展饲草料加工产业。饲草料加工车间300平方米已建成，粉碎机、搅拌机等设备先后购置。饲草料加工总计投资90万元，合作社自筹20万元，金融扶贫贷款70万元。建成后实现年利润在30万元以上。三是发展生态养鸡养殖。利用闲置林地面积450亩，以贫困户入股资金、金融扶贫贷款、县乡支持的产业发展资金建设，投资55万元发展生态养鸡养殖，其中金滩乡产业发展扶持资金落实20万元。新建4幢180平方米鸡舍，效益初步发挥。

（二）拓宽四条增收渠道。一是资产收益。采取托管合作社经营土地的方式，将21户贫困户的耕地全部进行托管经营，经营利润由合作社量化分红。二是转移劳动力。积极与县扶贫局、就业局等部门衔接，安排他们参加家庭宾馆、手工艺品加工、烹饪、砌筑、焊接、家电维修、电商技能、种养殖技术等技能培训，确保每一户贫困家庭和村民掌握一门致富技能，并计划在村上成立劳务输出合作社向州、县和其他地方输出劳动力，同时动员和引导参加培训的村民在村上从事家庭宾馆、农家乐、传统手工艺品加工等发展二、三产业，扩大增收渠道。三是生态公益性岗位安排就业。设立卫生保洁员、退耕还林管护员、禁牧管理员、农机具操作员、养殖小区管护员、社区管理员等，保证23户贫困户中每户一人有稳定收入，平均每年每户增收7000元。

（三）强化基础设施建设。完成了 7 公里田间道路和 4200 亩的土地整理项目；落实 300 平方米的粮食储备库和 2 户贫困户的易地搬迁项目，每户补贴 9 万元。阿尕图 7 户饮水管网入户、孔雀路 6 户的饮水管道改造、养殖小区用电及道路硬化项目完成。

三、取得的成效

（一）村级产业和集体经济得到培育和发展。通过对金滩村扶贫产业和行业部门基础设施项目的实施，村集体合作社的养殖小区、生态养鸡场、饲料加工、种植基地的配套设施和基础功能基本完善，农产品加工厂房建设正在进行，规模化经营和抵御市场风险的能力进一步提高，一个村办集体经济的小型产业链基本成形，通过"村委 + 合作社 + 贫困户 + 全体村民"的经营管理模式，使村集体合作社成为全村的农业集约化机械化的种植基地、生态养殖的示范基地、科学发展新型产业的试验基地、发展村集体的产业基地、"两学一做"活动的成果展示基地，最终成为全村贫困群众脱贫奔小康的致富基地。

（二）村民发展观念得到改变。通过各类宣传、培训教育和外出考察，贫困群众的产业发展观念得到改变。从传统的小规模的自繁自育养殖转变到短、平、快的高效生态舍室养殖，从贫困户不敢贷款发展产业转变到贷款发展养殖业和其他产业，从长期靠天吃饭的传统自耕农业转变为土地托管经营发展产业和第三产业，从不愿离家外出打工转变到主动参加技能培训到外地打工。以上转变极大地激发了贫困群众的内生动力，全村上下形成相互比产业、比发展、比经营、比收入的良好局面。

（三）基层组织的战斗堡垒作用得到加强。加强基层组织建设，充分发挥村党支部的领导核心作用。以基层服务型党组织建设为抓手，村"两委"班子集体讨论细化成员分工，明细职责，严格实行轮流坐班制和明确坐班期间代办的各类服务事项，带头为群众办实事。一个电话、一个信息就能到位，在精准脱贫、项目实施、具体村务工作中都严格要求自己，严肃工作纪律，不让自己的亲戚朋友参与到其中来。主动化解矛盾，制定村规民约。通过此工作，村党支部成员的工作作风和精神面貌得到了改变，脱贫致富的工作能力和管理水平得到提高。村"两委"成员精诚团结，舍小家、顾大家忘我的工作态度和不辞劳苦的上门服务精神得到广大村民的信赖和认可。

（四）贫困群众收入渠道增多，收入明显增长。贫困群众增收渠道拓宽，

通过贷款发展产业、产业资金入股合作社分红、外出务工、土地托管经营、政策性收入等多种形式，夯实了贫困群众脱贫的钱袋子。产业收入和务工收入占到总收入的 50% 以上，精准脱贫多措并举发展带来的种种好处使贫困群众观念变了、思路宽了，收入的可持续性得到巩固。土地托管经营打破束缚了农民几百年的耕作传统，放开手脚外出务工，既解放了身子又解放了思想。经测算，金滩村 2019 年村集体经济收入达 21 万元。

（五）基础设施全面得到改善。通过行业部门各类基础设施项目的实施，金滩村基础设施短板得到全面解决，水、电、路、文教、卫生网络以及村容村貌、生态环境得到极大改善，群众发展产业的条件更加便利，群众出行和农产品出村更加便捷，各类信息来源更为广阔，为全村的经济发展、民族团结、生态保护提供了强有力的保障。

四、获得的经验

（一）各级领导重视是关键。金滩村自进入脱贫攻坚以来，省、州、县、乡各级领导高度关注金滩村脱贫攻坚各项工作，倾注了大量心血。从人、财、物方面投入大量资源，在政策上给予大力支持。各级领导常过问、常检查、常关心，各项工作得到强力推进、有效落实，金滩村的精准扶贫取得了显著成绩。

（二）转变思想观念是出路。通过发展生态高效的舍室饲养、土地集约化托管经营、金融扶贫贷款、互助资金、外出务工等，金滩村村民思想观念得到了真正转变，思想认识得到进一步解放。脱贫攻坚以来，贫困户的思想观念从"要我脱贫"逐步过渡到"我要脱贫"。实践证明扶贫先扶智的理论是正确可行的，"生活要改善，思想先转变"，只有思想转变了、解放了，才能有效激发贫困户的内生动力，才能充分调动贫困户的积极性。

（三）抓好党建工作是保证。村级党支部强不强，是各项脱贫攻坚工作能够在基层得到有效落实的重要保证。抓好党建促扶贫，推动扶贫促党建是金滩村贯穿到脱贫攻坚全过程的指导思想。提升村级党支部能力建设、创新村级党支部工作开展是金滩村推动脱贫攻坚的重要抓手。配齐配强村"两委"干部、落实各项脱贫工作责任、全面开展效能问责是金滩村推动脱贫攻坚的具体措施。只有充分发挥村"两委"的战斗堡垒、先锋引领、带动示范作用，让村干部走在前头、干在前头，才能带领全体贫困户脱贫致富，才能带领金滩村全体村民共同奔小康。

身残志坚夫妇撑起脱贫致富梦

——海北州门源县东川镇甘沟村马占军夫妇的致富路

要幸福就要奋斗，要脱贫就要实干。在脱贫攻坚工作中，门源县东川镇坚持扶贫先扶志，注重在贫困群众中扶思想、扶观念、扶信心，积极培育"脱贫光荣户"，通过示范带动，典型引领，把贫困群众主动脱贫的志气扶起来。东川镇甘沟村村民马占军一家身患残疾，却靠着坚韧的毅力、乐观的心态和勤劳的双手，不仅成功实现了脱贫摘帽，而且成了东川镇"脱贫光荣户"中的一员。

雪后东川镇甘沟村显得宁静而祥和，一排排整齐的瓦房矗立在水泥道路两旁，处处是崭新的新农村景象。来到马占军家，院内收拾得干净整洁，勤劳能干的他正在喂牛，老伴儿也忙着收拾家务，炉中不断窜动的火焰，伴随着一股股灼热的温度扑面而来，整个屋内温暖而温馨。在与马占军聊天中得知，他25岁那年从甘肃来到东川镇做了上门女婿，这一住就是25年，老伴儿马占莲和女儿马永芳患有重度语言障碍疾病，家里的经济重担全靠马占军

一个人，虽然生活有些拮据，但在夫妻俩的操持下日子过得井井有条。天有不测风云，38岁那年马占军被省级医院确诊为视网膜脱落，治疗过很多次，效果一般，现在他只能看见微微光亮，被鉴定为视力一级残疾，但马占军

依然很坚强、很阳光，他笑着说："我们夫妻俩形影不离，我看不清楚东西，她就是我的眼睛，她听不见声音，我就是她的耳朵。"

2015年，马占军一家被确定为建档立卡贫困户，其房屋因地质灾害成为危房，党委政府及时对其安排了易地搬迁项目，让马占军一家住进了新家，村里配套修建了水、电、路等基础设施，他家的居住条件发生了巨大变化。经过各级干部的不懈努力和多次沟通，夫妻俩心里明白，"等靠要"的心态摆脱不了现状，要想彻底摘掉头上的"穷帽子"，还得靠自己的双手。于是，夫妇俩决定抛开一切困难，根据自身情况，向农商银行申请了"530"贷款，购买西门塔肉牛，开始发展养殖业。马占军通过政府的引导培训和对养殖业的兴趣，很快就掌握了养殖技术，从起初的1头牛扩大到现在的4头。从2016年至2019年，出栏牛犊2头（每头近800元），早上放牛，中午耕作成了马占军的日常生活。妻子马占莲虽然言语残疾，无法和人进行正常的交流，但是却心灵手巧，家中事无巨细地都被她操持得井井有条，并用自己的刺绣作品把家里装饰得温馨又得体，下一步准备对外销售，以增加收入。

海北州人防办孔繁虎是马占军家的帮扶责任人，他经常定期上门慰问，详细询问他们的身体健康状况和家庭生活情况，了解他们需要帮助解决的困难，鼓励他们克服困难，树立信心和勇气，多想办法，保持乐观向上的心态，依靠党和政府的有关政策，勤劳致富，尽早摆脱贫困，进一步增强了马占军脱贫致富的信心。

再苦不能苦孩子，再穷不能穷教育。马占军夫妻俩坚持让女儿马永芳接受康复教育。说起女儿，马占军满脸的幸福，女儿在学校时，很努力，成绩很优秀，现在毕业了还可以打工赚钱了，每年回家都带钱给家里，家庭收入从以前一年四五千元一下子增加到现在三万多元了，人均达到一万余元。

短短的几年，得益于政府的帮扶和自身努力，曾经那个徘徊在温饱线上的贫困户，如今已住上新房，步入中等生活水平。"大半辈子的'蹒跚学步'，现在终于跑起来了，跑起来的是好日子，是希望，是党的政策照耀下的新生活。"马占军满怀感激地说。

积极乐观的奋斗者

——门源县北山乡金巴台村赵奎学用数字写出"奋斗史"

赵奎学是门源县北山乡金巴台村人，由于长期患病，无法从事重体力劳动，2015年底，赵奎学一家被评为贫困户。

"要想过上好日子，一定得靠自己的双手劳动。"这是赵奎学经常挂在嘴边的话。2016年，赵奎学通过县、乡党委、政府的帮扶和技能培训，做了村里的生态管护员，虽然工资不高，却也有固定的收入，加上自己养牛、种地和妻子打工的收入，至2016年底，赵奎学一家人均收入达到了6883元，摘掉了贫困户的帽子。

2016年顺利脱贫后，赵奎学一家继续秉持着自力更生，努力奋斗的信念，一边同病魔作斗争，一边努力奋斗，联点单位人员每次去看望他时，他总是

拒绝接收联点单位人员给他们一家带来的帮扶物资，说道："谢谢你们来看望我们一家，我心里很感激、很感动，但是党和国家的政策已经很好了，我也顺利脱贫过上了幸福的生活，不能再这样'等靠要'，

我会一直这样努力奋斗的,请你们放心！"赵奎学常常在护林工作之余，还努力养牛、做家务。经过坚持不懈的奋斗，2017 年底，赵奎学一家人均可支配收入达到了 10442 元,2018 年达到了 12356.73 元,2019 年达到了 13286 元,这些逐年增长的数字写出了赵奎学发家致富的"奋斗史"。

门源县北山乡金巴台村党支部书记韦成文说："自从他被评为贫困户以来，他积极配合村里的各项工作，脱贫意识也很强，常常都是村里有啥他能帮忙干的，他就会积极主动地来参与。就像今年以来，村里开展了人居环境大整治活动，赵奎学除了把自己家收拾得干干净净以外，还主动承担了村里的一段公共道路的卫生保洁，每天一大早他就会拿着扫帚，出来主动清扫公路。2020 年 6 月 1 日，赵奎学一家被评为了北山乡精神脱贫户，也为全村 17 户贫困户树立了一个先进典型的形象。"

在孩子的教育问题上，赵奎学和妻子也希望孩子能好好学习，用知识改变命运，夫妻俩就算苦点累点，也从没有过不让孩子读书的念头，他们俩在孩子的教育上从不吝啬，给孩子买课外辅导书、报辅导班从来都是能给最好的就给最好的。

赵奎学被评为门源县的精神脱贫光荣户，这给了他很大的精神鼓舞，怀着对党和国家深深的感恩之心，他们用坚强的毅力，积极向上的精神风貌，自力更生，努力奋斗，为全县、全乡、全村的贫困户带去了激励和鼓励，成了脱贫攻坚的道路上的一道亮丽的风景线。

一个邋遢户的蜕变

——祁连县央隆乡阿尔格村花木切才仁的致富路

　　花木切才仁是海北州祁连县央隆乡阿尔格村的建档立卡户，家庭致贫主要原因是缺技术。

　　人们谈起他都会不约而同地说："他好喝酒，不搞生产，离婚后一无所有。如今，他变成了一个精明能干的致富带头人了。"现在的他在群众中口碑好，拥有一个幸福美满和谐的家庭。赢得了周围人们的赞美。

　　自纳入建档立卡贫困户以后，驻村扶贫队经常上门宣讲政策，教育引导花木切才仁放下顾虑，提高生产积极性，制定可行的发展计划，鼓励他搞好生产。结对认亲的帮扶干部也都每年上门帮扶鼓励他发展，希望他早日步入

养殖大户行列。2016年,他获得了金融部门5万元的"530"扶贫小额贴息贷款,他立即购置了牲畜用于发展,并在家族内的大户中承包了200只母羊,同时,央隆乡政府对他进行公益性岗位培训,安置了政府公益性岗位,每月工资1700元,并缴纳了养老、医疗、失业等保险。儿子尼知多杰在祁连县三完小就读,享受义务教育减免政策,妻子尕玛措则全力配合丈夫搞好生产,一家人团结一心,在党的好政策扶持下通过个人努力增加收入。2016年,他家纯收入达到5.08万元,人均收入达到1.69万元。此外,花木切才仁通过住房改造项目建成了73.8平方米的砖混结构房屋,获得了国家55000元补助,水务部门为他建设了一口出水量较好、水质一流的机井。花木切才仁一家稳步实现了"两不愁三保障"目标。

现在,一走进花木切才仁的家,院内宽敞整洁,室内收拾得井然有序。几年来,夫妻俩相敬如宾,相互关心,相互尊重,对双方父母,都孝敬有加。平日里,夫妻俩特别乐于为群众办实事、办好事,哪家有个大事小事,都有他们夫妇忙前忙后的身影。他不仅和周围邻里相处融洽,互相帮助,而且热心公益事业,每次都能带头做好村里各项公益事业。

通过国家精准帮扶和个人劳动,花木切才仁日子一天比一天好。2019年,花木切才仁给阿尔格村支委会呈报了个人的入党申请书,积极要求进步。2020年,新冠疫情期间,花木切才仁主动要求募捐,个人累计捐款500元,并以个人的名义对一线的防疫人员进行了慰问。脱贫不忘党恩,致富不忘组织,今天的花木切才仁回顾这一切的变化,感谢的是党的好政策,深深理解了只有共产党才是老百姓的领头人。

致富有路勤为径

——刚察县青海湖畔扎苏合村山知布的致富路

1998 年的春天，一个眉清目秀、个头高大、身材壮实的年轻人来到刚察县泉吉乡扎苏合村。他的名字叫山知布，结婚后从丈人家中分到了 7 只羊、13 头牛和一片 500 亩的草场，带着妻儿在这片草原上扎起了帐篷，开始了不宽不紧的生活。他想着只要有健康的身体、勤劳的双手、和睦的家庭，还有这片草原和牛羊，自己肯吃苦就不愁没有好日子过，但他的脱贫路并不是一帆风顺，充满着艰辛与泪水。

2008 年，他找了给人打短工挣钱的营生，在秋季草场帮同村的老者和扎布放牧，虽然很累，但生活有盼头，他的心底里是甜的。但灾难总是来得那么突然，7 月中旬，在一个风雨交加、电闪雷鸣的晚上，500 多只羊被狼群团团围住，心急如焚的山知布顾不上个人安危，抄起棍子就奔向狼群，但奈何面对草原上的猎手，山知布一个人无力回天，等到天刚破晓时，雨停了，进入羊圈发现死了 76 只羊，突如其来的灾难让山知布的心凉透了。

困难再大也要勇敢地面对。村党支部为减轻他的负担，充分发挥战斗堡垒作用，动员村民捐了 18 只羊以解燃眉之急，身后是妻儿老小，面前是债山账海，剩下的羊对于原本光景不好的山知布一家来说，无疑是套上了沉重的枷锁，但硬一硬头皮，困难的日子总是要面对，吃得不好、穿得再差一点没有关系，要想在这片草原扎根，山知布知道这个账自己必须要背，他倾尽所有还债，攒足力气重来，山知布下定了这个沉重而又艰辛的决定，开始了他的还债路。让山知布发愁的是，他的妻子常年头痛，因为家里条件不好，一直在小诊所和寺院救治，病情未能好转，两个孩子还要上学，家中只有一个

劳动力，当所有压力都集中在这个个头高大、身材壮硕的中年人身上时，他的眼里已经没有了当初的锐气，换来的是他这个年纪本不该有的沧桑。

精准扶贫工作开始后，通过精准识别，山知布于2016年被识别为建档立卡贫困户。在党的一系列惠民政策落地后，通过三年时间积极发展养殖业，还清了欠下的陈年旧账；通过易地搬迁项目，原有的土坯房换成了60平方米的新瓦房；家里修了水井，通了电和路，新建的羊舍让他再也不用担心羊被狼吃了；到手的草原奖补资金、低保补助金、村集体经济分红等各类资金让他有了发展的资本，手里有钱了腰杆子也挺得更直了。2018年，山知布实现了脱贫退出。

日子好了不能忘记党的恩情，一有时间他就会来到乡政府，跟结对帮扶党员"取经"，回到草原上将他了解的惠民政策、法律法规讲解给身边的人。他说："自己的藏汉双语还可以，发挥自己仅有的能力帮政府宣传，带动身边的群众发展。"

山知布的脱贫故事是国家脱贫攻坚战略在泉吉乡落地的一个小缩影，相信，这样的故事会越来越多，脱贫后群众的日子会过得越来越好。

以"输血"变"造血"

——海晏县金滩乡新泉村马生全脱贫致富增信心

在推进脱贫攻坚工作中，金滩乡坚持扶贫先扶志，注重在贫困群众中扶思想、扶观念、扶信心，积极培育"脱贫光荣户"，通过示范带动，典型引领，把贫困群众主动脱贫的志气扶起来，帮助贫困群众树立战胜困难和摆脱贫困的信心，切实改变过去"等靠要"的陈旧观念，全力激活贫困群众脱贫的内生动力，提升贫困群众自主脱贫能力，为全乡脱贫攻坚注入了正能量。

2015年，金滩乡新泉村村民马生全被识别为建档立卡贫困户。2016年，产业到户资金到户后，他购买了维修水暖、室内保洁等设备，开始从事流动式家政服务工作。通过一年的辛勤劳作，他不仅学到了一定的家政服务技能，而且，发现海晏县三角城镇、西海镇的家政市场前景广阔，觉得脱贫有望。

2017年，实现稳定脱贫的马生全充分利用产业到户资金、互助资金、"530"小额贷款等资金继续从事家政服务工作，从开始的一人单干，逐渐发展为20人的小规模家政服务队，服务队成员主要为海晏县贫困户及周边农户。他说："我挣了钱，生活好了，全靠政府的扶持和关怀，能够带动和我一样的贫困户发展是我脱贫后最想做的事情。我致富了，贫困的乡亲们也同

样渴望致富，通过我的号召引导大家共同致富，这样我心里才甜呢！"他积极参加就业技能培训，增强自身业务素质，同时积极联系县就业局举办的家政服务培训班，让其员工参加技能培训。目前，公司人员业务精湛、服务优良，受到顾客的一致好评。然而，在他事业发展蒸蒸日上的关键时刻，他病倒了，先后三次住院，但他没有被病痛击倒，没有放弃家政服务的发展。他一边与病魔作斗争，一边鼓励和支持团队发展，并计划筹备再开一家家政服务公司。2017 年通过金滩乡能人议事会的帮助和自身努力，他毅然决然奔走在致富路上。2017 年下半年病情好转后便开始筹备成立公司的具体事宜。

2018 年 3 月，在海晏县开设海晏宏发家政服务公司，总投资 15 万元，截至目前，投资已达 30 余万元，通过宏发家政服务公司派遣劳务工 30 人次，提供务工信息 800 余条。在自身发展的同时还不忘带动其他贫困户发展，做到了感恩社会、回报社会。他带领团队多次到海晏县敬老院义务开展保洁工作，为本村 60 岁以上老年人家中清洗抽油烟机、热水器，多次到村服务中心免费维修上下水，安装路灯、公示栏等。2020 年初，新冠肺炎疫情期间，积极主动参与到志愿者队伍当中，为三角城镇各小区进行多次消毒，主动到劝返点值守，先后组织员工达 150 人次，出动车辆 40 余车次，积极为灾区捐款献爱心。对村集体经济的发展出谋划策，积极参加村"两委"的各项活动，在群众中树立了良好的形象，在脱贫攻坚中发挥了表率作用。

下一步他计划扩大经营范围，计划在县城开设餐具清洗消毒、殡葬一条龙、小区物业管理等服务，以便帮助更多贫困群众务工增收。

玉树藏族自治州

团结奋进，务实创新

——称多县扶贫开发局精准扶贫出亮点

称多县扶贫开发局深入贯彻落实党中央和省州县党委、政府脱贫攻坚各项决策部署，坚持精准扶贫、精准脱贫基本方略不动摇，以"十个一批"为统揽，咬定"两不愁三保障"，把脱贫攻坚作为政治是否合格、能力是否过硬的刚性指标，严格执行脱贫攻坚各项制度，举全局之力、集全局之智、聚全局之心，统筹谋划、分类实施、分步推进，一步一个脚印，一步一个台阶，脱贫攻坚工作取得了明显成效。

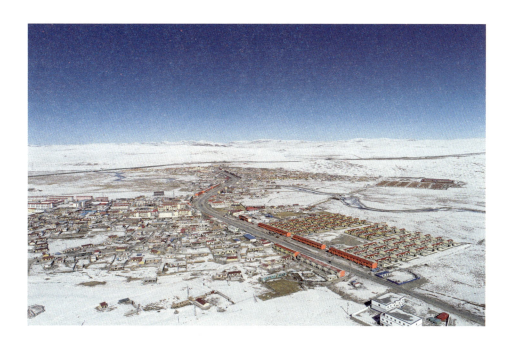

一、总体贫困现状

2015 年,称多县有建档立卡贫困村 23 个,贫困户 5470,贫困人口 18363 人,贫困发生率达 33%。通过 2017、2018 年扶贫对象动态管理数据调整,建档立卡贫困户 5509 户,贫困人口 20258 人。主要表现是贫困人口居住偏远且分散,产业单一且发展后劲不足,脱贫难度大,贫困群众"等靠要"思想限制其自力更生。

二、脱贫攻坚成效

通过精准扶贫工作,2016 年 5 个贫困村退出,814 户 3386 人脱贫;2017 年 9 个贫困村退出,1983 户 7207 人脱贫;2018 年 9 个贫困村退出,2671 户 9506 人脱贫。目前 23 个贫困村全部退出,贫困村退出率 100%,5468 户 20099 人脱贫,剩余 41 户 159 人未脱贫,全县贫困发生率为 0.28%,错退率 0.02%,漏评率 0.1%。从规模上看,2015 年,全县精准识别出贫困村 23 个,占全县行政村比重约 40%,贫困户 5470 户 18363 人。目前 23 个贫困村全部退出,贫困村退出率 100%,脱贫 5468 户 20099 人。从速度上看,贫困发生率由 2015 年的 33% 降至 2018 年底的 0.28%,低于国家标准 3%。从质量上看,2015 年全县农牧民人均可支配收入 5628 元,2018 年 7709 元,较 2015 年增长约 37%,贫困地区和贫困群众的基础设施愈加完善,教育、医疗、文化等社会事业进步明显,贫困群众内生动力明显增强,收入稳定,幸福指数增加。

三、认真开展精准扶贫工作,全面完成脱贫攻坚任务

1. 坚持补助标准落实产业到户项目。2016 年在 3 个乡镇的 13 个村实施。投资 1998 万元,购置牲畜 4612 头(只),有 833 户 3121 人建档立卡贫困户收益;2017 年在 7 个乡镇 44 个行政村实施,投资 5744.44 万元,置牲畜 16273 头、开设商铺和批发市场各 1 间、购置农机具 139 套、建设水磨房 5 间等,有 2520 户 8975 人建档立卡贫困户收益。通过连续两年实施产业到户项目,完成全县所有建档立卡贫困户(低保户除外)产业到户项目的全覆盖。其中,产业到户主要以发展生产畜牧业为主,投入到产业到户的资金购畜金额占总投资的 93%,做法得到了省、州相关领导的肯定。2019 年对动态调整一般贫困人口 1093 人实施到户产业项目,项目总投资 700 万元。

2. 坚持建房标准实施易地扶贫搬迁项目。2016 年在清水河镇四个村(红旗村、扎哈村、文措村、中卡村)实施,投资 5880 万元,建设 294 套搬迁房,

有 294 户 1118 个建档立卡贫困人口受益,使得他们有安全住房可住,项目建设期限为 2 年,已在 2017 年底完成建设任务并实现了入住;2017 年在清水河镇(扎哈村、扎麻村、普桑村、尕青村)和扎朵镇(治多村、直美村、向阳村、东方红村、革新村、红旗村)的 10 个村实施搬迁项目,投资 2.666 亿元,建设 1333 套搬迁房(包括轻钢房 110 套),有 1333 户 5057 个建档立卡贫困人口受益,项目建设期限为 2 年。

3. 依托优势资源实施旅游扶贫项目。2016 年旅游扶贫项目在尕朵乡吾云达村实施,投资 300 万元,建设 712.04 平方米的游客服务中心,带动当地建档立卡贫困户 52 户 208 人收益,项目建设期限为 2 年,已在 2017 年度完成建设任务并投入运营;2017 年旅游扶贫项目在拉布乡郭吾村和歇武镇直门达村实施,每村各投资 300 万元,其中拉布乡郭吾村项目为当年度建设项目,修建了 410 平方米的宾馆一栋,带动当地建档立卡贫困户 72 户 241 人收益,项目已在 2017 年度完成实施并投入运营。歇武镇直门达村项目为 2 年度建设项目,修建了 820.80 平方米的民俗风情园 1 处,由于建设点地处三江源自然保护区核心区范围,因省三江源国家级自然保护区森林公安 2017 第 14 号公告函要求,目前处在停建状态;2018 年至 2019 年间在称文镇白龙村、称文镇上庄村、尕多乡科玛村实施,投资 1020 万元,为 2 年度建设项目,将于 2019 年度完成建设任务。

4. 按照整体推进实施产业园区建设项目。产业园项目投资 1700 万元,按照"政府主导、市场运作、突出重点、精准扶贫、滚动发展、提质增效、示范带动、整体推进"的总要求,以"建园区、引龙头、扶产业、扩基地、提素质、创机制、探路子"为着力点,形成"一园三区"的运行模式,做到"核心区—示范区—辐射区"的有效衔接。全面把好"四个关口",即效益分红关口、就业带贫关口、原料收购关口、产权归属关口,形成"一园三区"的运行模式,做到"核心区—示范区—辐射区"的有效衔接,实现直接带动辖区人口 224 人转移就业,其中贫困人口 53 人转移就业,收购原材料等间接扶持带动 665 户 2660 人。

5. 实施村集体经济建设项目。2018 年非贫困村村集体经济建设项目覆盖全县 34 个非贫困村,每村安排 40 万元,总投资 1360 万元,其中,尕朵乡科玛村、称文镇上庄村和白龙村每村的村集体经济建设项目,整合用于该村的

旅游扶贫项目，共计120万元。2019年按照每个村60万元的标准，投资2040万元实施村集体经济建设项目。

6. 坚持统筹安排实施光伏扶贫项目。2018年贫困村村集体经济建设项目（光伏扶贫项目）覆盖全县23个建档立卡贫困村，建设光伏电站数量2个，建设规模为11.4兆瓦，占地约350亩。该项目总投资7980万元，1645户贫困户受益，其中2018年已经投资1150万元，2019年已经投资1256万元，2020年继续投资实施光伏扶贫项目。

7. 按照借贷程序开展互助资金项目。投资2300万元，对全县23个建档立卡贫困村实施互助资金项目，每村安排100万元的扶贫互助资金，其中省上投入50万、州上配套25万、县上配套25万。2016年，成立了县、乡、村互助资金工作领导小组，并对县乡互助资金管理工作人员进行了政策界限认定与业务培训、指导，制定出台了藏汉版的《互助资金管理贷款方案》，印制下发了藏汉双语版《互助资金使用指导手册》；2017年，首次开展放贷工作，23个互助协会共放贷2325.89万元，借款率达到98%；2018年，再次开展放贷工作，23个互助协会共放贷2192.47万元，借款率达到95%。

8. 根据贷款需求发放扶贫"530"小额贷款资金。全县共计注入防控资金1000万元，其中中国农业银行股份有限公司称多县支行注入800万元，玉树农商银行称多支行注入200万元。截至目前，共计贷款金额达1269.9万元，带动户数为361户。其中2016年度贷款金额为16万元，带动赛河村、牧业村、歇武村3个村的4户贫困家庭；2017年度贷款金额为111万元，带动革新村70户贫困家庭；2018年度贷款金额为876.4万元，带动革新村、歇武村、达哇村、下庄村、红旗村、十一村等6个村的200户贫困家庭；2019年贷款金额为266.5万元，带动歇武村、十一村2个村的87户贫困家庭。

9. 按照补助标准发放"雨露计划"贫困学生补助。按照统一申报、统一审核的程序，2016年至2017年间总计为372名贫困学生发放补助资金241万元，其中 2016 年发放贫困学生补助 109.7 万元，309 名贫困学生受益。2017年发放补助 128 万元，353 名贫困学生受益。2019 年为 510 名贫困学生发放补助 306 万元。

10. 根据申请意愿开展"雨露计划"短期技能培训。我县 2016 年至 2018年"雨露计划"短期技能培训总投资 296.59 万元，培训人次 1495 人。2016年"雨露计划"短期技能培训总投资 50 万元，培训总人数 250 人，其中汽车驾驶培训 200 人，玛尼石雕刻 50 人；2017 年"雨露计划"短期技能培训总投资 218.29 万元，培训总人数 1120 人，其中汽车驾驶培训 455 人，裁缝培训427 人，烹饪培训 134 人，唐卡绘画培训 104 人；2018 年"雨露计划"短期技能培训总投资 28.3 万元，培训总人数 125 人，其中汽车驾驶培训 70 人，烹饪培训 55 人；2019 年为 300 名贫困劳动力进行培训，投资 60 万元。

四、脱贫攻坚工作亮点

在扎实完成"规定动作"的同时，结合我县实际创新"自选动作"，全县脱贫攻坚工作扎实有效推进，呈现出四大特色亮点。

1. 党建引领架起扶贫"连心桥"。自精准扶贫工作启动以来，县委充分发挥"统揽全局、协调四方"的作用，统一组织、统一指挥、统一安排、统一部署，全县干部上下一心、齐心协力、全力以赴、勇于担当，使全县精准扶贫工作在正确的道路上一往无前。以选派"第一书记"及驻村工作作为基层组织建设全面进步和精准扶贫战略全面落实的重要举措，组建了 57 个联点单位帮扶57 个行政村（省级定点扶贫单位 2 个、州级扶贫单位 8 个、县级定点扶贫单位 47 个）。精准选派 57 名省州县级干部到村担任"第一书记"，选派 126 名干部担任驻村工作队成员，把基层党员干部培育成扶贫攻坚的"宣传员""领航员""指导员"，全力助推精准扶贫。以联点帮扶为抓手，按照"不脱贫、不脱钩"的原则，组织全县 2738 名干部职工深入村社与 5509 户 20258 人结对认亲，进行"一对一"帮扶，实现"县级领导包乡、部门单位联村、帮扶干部到户"三个全覆盖。三年来，各级联点单位和干部为贫困村、贫困户落实项目 64 个，累计帮扶资金 6961.65 万元，助力全县脱贫攻坚工作整体推进。

2. "生态 +"开创扶贫产业"新格局"。近年来，结合自身特色，突出"生态扶贫""绿色扶贫"，在抓紧抓实脱贫攻坚工作的同时，深耕自然条件和传统文化的优势，通过实践中摸索，越来越多贫困群众吃上"生态饭"，摘掉"穷帽子"。三年来，我们在摸索中思考，在思考中前行，逐渐形成"七个称多"（富裕、文明、和谐、绿色、法治、活力、实干）建设总体目标以及"粮改饲、饲补畜、畜支农"的发展思路。一是以"生态＋畜牧产业"为基本点，全面实现"三整合四解放"（整合草场、整合劳动力、整合牲畜；四解，即解放生态、解放劳动力、解放生产力、解放思想）。积极争取上级部门资金支持，统筹协调各部门单位"集团化"作战，引导鼓励支持合作社建设，扩大饲草料种植基地，优化牲畜结构，增加畜产品附加值，为社会提供高品质畜产品。特别是在去冬今春发生特大雪灾中，充分发挥"两个堡垒"作用，即生态畜牧业合作社形成的"经济堡垒"和各级基层党组织建设为主的"政治堡垒"。在特大自然灾害面前，合作社组织作为规模化经营，有规范的管理和雄厚的资本支持，能够有效对接市场需求，政策扶持力度大，基础设施完善，配套服务齐全，牲畜死亡率低且出栏率高，受益面广且抗风险能力强，能够激发农牧民群众发展的内生动力，即使发生灾情也会转嫁风险、均摊风险，户均损失较轻，因此，生态畜牧业合作社相比散养户更能抵抗风险。以清水河镇为例，全镇所辖 7 个村均受灾，特别是公路沿线扎哈、尕青、扎麻、文措、普桑 5 个村积雪覆盖面广、厚度深，牲畜死亡率也不断上升。据初步统计，全镇死亡牲畜占总存栏数的 3.93%。全镇 16 处生态畜牧业合作社死亡牲畜占存栏数的 1.26%；散养户死亡牲畜占存栏数的 5.20%，相比散养户牲畜的死亡率，比合作社高出三个百分点。同时，各级基层党组织各尽其能、各司其职，第一时间投身于抗灾救灾工作中，让鲜艳的党旗飘扬在灾区的每一个角落。一方面成立"打通生命线""马背宣讲团""民兵应急队"等 33 支党员突击队和先锋队，与牧民群众一道开展自救、抢通道路、运送物资；另一方面主动开展结对帮扶工作，动员机关党员干部，踊跃组织进行捐款捐物，切实为受灾群众解决燃眉之急。二是以"生态＋文化旅游产业"为动力点。厚植地方民族文化，全面提升文化自信，充分发挥文化在扶贫攻坚中的引领作用，既"扶智"又"扶志"，不断注入新鲜的文化血液，让人民群众享有更多更优质的文化福祉。深度挖掘"马术之乡""拉布乡古藏村""通天河古村落""通天河古岩画古碉堡""尕朵觉吾""白龙卓舞""石刻文化""赛河银器"以及珍稀野生动植物等文化旅游资源，加强基础设施建设，包装高品质特色旅游资源，形成资源间无缝连接，充分利用"三江源嘎觉吾文化旅游节""嘉塘马术文化节"等传统节庆活动, 在保护文化产业中共享文化成果, 扩大县域生态文化品牌影响力, 并发挥宣传媒介作用, 积极参加省内外各项活动, 提高县域特色文化的知名度和认可度, 推动文化产业从"量的扩张"到"质的提升", 从而使更多的农牧民群众通过共享文化产业成果, 吃上"文化饭", 推动文化产业成为称多重要的经济增长点。"生态 + 畜牧产业"是经济发展的基础, "生态 + 文化旅游产业"是经济发展的动力源, 以畜牧业发展为现实支撑, 以文化旅游业的发展为持久动力, 不断形成经济持续发展、社会繁荣稳定的良好局面。

3. 易地搬迁走出扶贫"新路子"。围绕改善贫困群众生产生活条件, 结合扎朵镇、清水河镇实际, 积极探索精准扶贫易地搬迁新模式, 紧紧围绕"搬得出、稳得住、能致富"的目标, 针对生态资源、产业布局具体实际, 充分尊重群众意愿, 坚持哪有产业往哪搬, 哪能就业往哪搬, 做好"四个到位"。一是政策执行到位。加强统筹谋划和资源整合, 充分尊重搬迁群众意愿, 不搞强迫命令, 防止以易地扶贫搬迁之名搞"运动式"搬迁。积极探索资产收益扶贫新机制, 拓宽搬迁对象稳定增收渠道, 搬迁安置与产业发展同步推进, 优先保障建档立卡贫困人口搬迁安置和后续脱贫, 实现稳定脱贫。二是问题解决到位。通过平时督查和年终考核验收检查, 确保搬迁对象确认精准到位, 安置点选址到位, 对搬迁户后续脱贫发展措施精准到位, 对发现的问题, 在规定时间内整改到位。三是目标完成到位。三年来, 我县共完成了投资 3.25 亿元的扎朵镇、清水河镇易地扶贫搬迁 1627 套住房及配套设施建设任务, 要完成这一艰巨任务, 县委、县政府先后印发《称多县易地搬迁"百日攻坚"工作实施方案》《称多县关于强势推进易地扶贫搬迁工作的通知》等文件, 推行"县委书记和县长包乡镇、副县级领导干部包村、科级领导干部包户"的工作机制, 动员全县各级干部力量, 投身于易地扶贫搬迁建设一线, 强化巩固了每个建设点的人员力量, 推进工程建设进度, 监督工程质量, 及时有效完成了易地搬迁建设项目, 贫困群众喜迁新居。四是结果优化到位。易地搬迁是精准脱贫的重要方式, 我们在制定搬迁户后续脱贫发展措施上, 充分考虑到促进农牧民增收, 通过搬迁增加农牧民经济负担, 确保搬迁后农牧民收入超过搬迁前水平。生活方面, 出行难、就医难、上学难、娶妻难、增收难、住房难"六难"问题得到有效解决。生产方面, 结合所在乡(镇), 因地制宜, 发展特色产业, 为安置区贫困户和当地群众, 打造产业到户、产业带动、技能培训、转移就业四大后续产业项目，持续带动搬迁群众增收，真正实现搬得出、稳得住、有保障、能致富。

4.牲畜保险织牢扶贫"保障网"。生态畜牧业是全县发展的支柱产业，是关乎农牧民群众真脱贫、脱真贫的长久产业，也是全县同步实现全面小康的关键举措。通过几年来的探索发展，全县生态畜牧业发展的思路更清晰、目标更明确，发展成果被上级组织和农牧民群众所认可。但因特殊的地理气候条件，每年冬春交替之际，牲畜因饲料缺乏面临死亡的形势仍未彻底改变，为走出困难，打破陈规，激发农牧民群众积极性，全力推进巩固脱贫攻坚成果，在省州相关部门的大力支持下，全县开启"扶贫＋保险"新模式，加大资金投入力度，用小投入换来大保障。2016年以来，开展藏系羊、牦牛投保试点工作，实现所有藏系羊、牦牛保险全覆盖。2018年，全县承保藏系羊、牦牛共计21.72万头只，收取牧户参保资金354.41万元，合计保费2362.73万元，当年赔付金额达3430万元。

五、脱贫攻坚工作存在的问题和不足

尽管全县精准脱贫工作取得了阶段性成效，但与全面建成小康社会的目标和群众的愿望相比，仍然存在着一些短板和薄弱环节。一是基础设施建设滞后，公共服务水平低。电力、水利、交通、卫生、通信等基础设施建设仍然滞后，农牧民用电难、吃水难、行路难、就医难、通讯难的问题依然存在。全县23个贫困村的电力仍需扩容增量，通讯基础设施仍需巩固提升，贫困和非贫困村的道路条件仍需改善。此外，由于历史、经济等各方面原因，医疗、教育等公共服务水平不能满足群众日益增长的需求。二是培育扶贫特色产业难，自我发展能力弱。发展特色优势产业是青南地区贫困县增强自我发展能力的主要途径。然而，在贫困村培育有竞争力的特色主导产业十分困难。一方面，劳动者的文化素质普遍较低，观念落后，不适应市场经济的运行规律；另一方面，农牧民"等靠要"思想限制其自我发展。政府扶持贫困村、贫困户把产业搞起来，仍然会出现因市场因素半途而废的现象。三是贫困群众增收渠道窄，因病、因灾致贫返贫现象存在。自然生存条件严酷，生产生活条件差，卫生健康意识差，地方病发病率高，脱贫与返贫成拉锯式状态，持续巩固脱贫成果，稳定群众增收的基础还很弱。同时，受社会发育程度和产业结构单一影响，贫困群众增收渠道窄。据调查，在贫困农牧民收入结构中，

国家政策补助为主要收入来源，农牧业经营性收入、劳务输出收入及其他产业收入占比较小，增收渠道窄，持续增收困难。

六、脱贫攻坚今后工作打算

在今后工作中，我们将严格按照县委县政府《关于打赢脱贫攻坚战三年行动计划的实施方案（2018—2020年）》目标要求，深入贯彻落实习近平新时代中国特色社会主义思想和党的十九大以及省州全会精神，坚持精准脱贫基本方略，坚持大扶贫工作格局，以更加有力的行动、更加扎实的举措、更加精细的工作，提高贫困群众的获得感和幸福感，确保到2020年同步全省建成全面小康社会。

1.以党的建设为统领，进一步夯实基层基础。驰而不息推进抓党建促脱贫工作，充分发挥党员的模范带头作用，组织实施党员创业带帮机制，支持党员创办领办脱贫致富项目，完善贫困村党员结对帮扶机制，真正把党员作用发挥出来、把贫困户带动起来。

2.以发展产业为根本，进一步提升发展能力。积极动员建档立卡户充分利用土地、劳动力等资源，积极参与农牧业供给侧结构性改革，共同推进生态畜牧业发展，全力构建多主体、多要素参与的长效机制，推动农村产业向特色化、规模化、品牌化发展。

3.以设施完善为重点，进一步改善发展条件。不断深入推进基础设施建设提档升级工作，实施脱贫攻坚成果巩固提升建设项目，全面完善农村牧区基础设施和公共服务配套设施。到 2020 年，交通、水利条件明显改善，生产生活用电保障、农村生活垃圾清运率、农村垃圾集中收集率、户用卫生厕所普及率、生活污水收集处理率、村庄绿化率及亮化率有大幅提升。

4.以资金投入为关键，进一步强化巩固成效。继续足额落实县级财政投入脱贫攻坚扶贫专项资金，统筹推进涉农资金整合使用。建好用好县级脱贫攻坚项目库，做好审查论证、风险评估等前期工作，确保项目建设内容符合产业发展条件、市场环境和贫困户脱贫需求。严格落实财政专项扶贫资金使用报告制度，做好扶贫项目资金公示，接受群众和社会监督。

5.以健全机制为抓手，进一步提升保障水平。建立促进稳定脱贫和防止返贫的长效机制。继续发挥统筹协调作用，定期研究巩固提升工作，确保方向不偏、力度不减、步调不乱。继续发挥驻村工作队帮扶指导作用，帮助退出贫困村解决遇到的困难和问题，确保做到领导力量不变、包抓责任不变、帮扶机制不变、到村到户扶持政策不变。健全完善脱贫攻坚项目后续管理机制，明确项目运行、管理，维护责任主体，确保各类扶贫项目长期发挥效益。建立健全脱贫成果监测体系，对已退出贫困村和脱贫人口实施跟踪和动态监测，定期开展"回头看"核查，对存在返贫风险的，制定"回头帮"措施，确保不返贫。

总之，今后将认真贯彻落实习近平新时代中国特色社会主义思想，坚持不撤摊子、不甩包袱，以更大的决心、更明确的思路、更精准的举措，做到摘帽不摘责任、摘帽不摘政策、摘帽不摘帮扶、摘帽不摘监管，全力做好巩固提升阶段的各项工作，努力实现与全国同步建成小康社会。

注重配套，有效解决安全住房保障

——曲麻莱县易地扶贫搬迁工作概要

　　曲麻莱县位于青海省西南部，地处三江源核心区，平均海拔4500米。全县产业结构单一，自我发展能力弱，基础设施和公共服务滞后，国家转移支付依赖性强，经济社会发展处于十分落后的水平。2019年底，全县建档立卡户总户数为3404户11534人。目前，建档立卡户全部清零，贫困发生率由36.04%下降至0。曲麻莱县易地扶贫搬迁的具体做法和经验如下。

　　1. 易地搬迁用地先规划后建设，周边公共服务和基础设施功能齐全。全县5个易地扶贫搬迁安置点在项目建设前期均进行了详细论证，建设地点纳入了总体规划。县城和乡镇集中安置点，户均占地面积330平方米。县城和格尔木市安置点供水、供电、供暖、污水和雨水管网齐全，门前和院内道路硬化、综合服务中心及管理人员配套到位，实现了居住环境小区式管理。由

于规划在先，集中安置点的周边公共服务功能齐全，医院、学校、行政服务区等布局合理。

2. 保护生态，绿色发展。易地扶贫搬迁户集中安置，减少了因零散建设造成的生态破坏。集中安置点建设实现了屋面结构起坡铺设青瓦、自来水入户、排水管网全覆盖，并对安置点的河道进行了环境整治，改善了搬迁牧民的居住环境。

3. 建设牧民技能学校，逐步实现牧民的转移就业。为保证集中安置点搬迁户实现搬迁后生活水平逐年提高，我县采取发展产业、提高基础设施功能等措施外，重点引导牧民群众参与技能培训并实现转移就业。目前，投资2800万元建设了曲麻莱县农牧民技能服务中心，现已培训2172人，已完成培训并结业1640人，现结业学员已就业1034人，创业114人，人均月收入4500元左右。以上做法实现了阻断贫困代际传递的预期目的，为后续产业的发展奠定了坚实的基础，真正做到了"授人以鱼不如授人以渔"的技能脱贫致富。如，建档立卡户图闹和巴加，是曲麻莱县曲麻河乡昂拉村牧民，为了更好地照顾各自的家庭，2015年8月，他们在县技能培训中心学习理发，经过两年时间的刻苦学习后顺利拿到了理发专业的资格证书，如今两个人各自贷款了1万余元在巴干乡冬虫夏草广场租了一间60平方米房间，简单的买了点理发设备开起了理发店，每月下来也有6000多元的收入。

2020年是脱贫攻坚决胜之年，我们将一如既往地贯彻落实好省委、省政府工作部署，落实好主体责任，聚焦市场需求，紧盯群众需要，进一步强化技能培训和转移就业力度，确保建档立卡易地搬迁户"搬得出、稳得住、能致富"。

积极发挥村集体经济的辐射带动作用

——称多县扎朵镇革新村村集体经济发展之路

革新村位于扎朵镇北部，境内平均海拔 4500 米，自然条件恶劣，有建档立卡户 230 户 787 人。多年以来全村干部群众致力于本村畜牧业的发展，使畜牧业成为带动整村经济发展的重要力量。现就主要做法总结如下。

一是组建生态畜牧业合作社。扎朵镇革新村生态畜牧业专业合作社于 2012 年 8 月组建，在镇党委、政府的正确引导下，革新村村民委员会、吸收了本村特困群体共 10 户 50 人，纳入生态畜牧业专业合作社。

二是整合草场资源，保障合作社发展。合作社利用 52.5 万元购畜资金，购置了 148 头优质生产母畜，总牲畜存栏数达到 247 头。保障合作社发展。由于牲畜数量增多，玛尔沟地区草山资源有限，载畜量低，严重制约了合作社畜牧业的可持续发展。为在保护好草山的同时，发展畜牧业生产，合作社与玛尔沟牧户解除草山承包协议并及时召开村级群众大会。会上，村两委领导就合作社发展面临的困难和问题，进行了探讨与研究，群众也积极参与讨论。通过集思广益，听取群众意见，合作社决定将革新村草山资源较好的赛才沟地区作为合作社搬迁点和草山承包地段。随后，村两委及合作社相关人员逐户对涉及草山流转的牧民进行了沟通，在群众的积极配合下，合作社利用虫草采挖管理资金，以每亩 1.5 元每年的价格，承包了 46667 亩草山，年支付草山承包费用 7 万余元，草山承包协议从 2013 年 7 月签订至 2020 年 7 月，共承包 7 年，承包资金在每年 7 月份支付，截至目前已支付 21 万余元。

三是注重合作社的脱贫受益带动。由于生产运营效益较好，合作社给 10 户入社群众每户发了 1 头肉用母畜。2014 年，合作社新增 185 头牛犊，为入

社群众出栏肉用牲畜 12 头，年底牲畜存栏 521 头。良好的运营效益和规范的管理被玉树州红十字会予以表彰。同时，为促进合作社发展壮大，帮助解决了 45 万元资金，用以购置高原藏系羊。

四是着眼整体带动其他群众增收。对于已经脱贫出社的牧户，村两委召开村民大会研究制定了长效脱贫机制，确保脱贫户在 5 年内不随意变卖、转让、抵押、宰杀出社时分发的牲畜，5 年内要发展壮大自己的畜牧业生产和规模。在牲畜繁殖的一个周期（5 年）后，伴随牲畜数量增多，有一定的生产能力，经合作社认可，解除担保协议，分发牲畜可由牧户自由支配。由于生产效益见好，脱贫出社 10 户每户分发了 20 头牛、30 只羊，年底存栏牛 562 头、羊 445 只。

五是注重合作社的科学管理。按照合作社牲畜养殖制度，按时按点按季节将牲畜赶至相应的草场上，同时合作社还跟成为合作社工作人员的贫困牧民签订相应的目标责任书，硬性规定其必须要待够三年。在三年内达到合作社预期目标任务的工作人员，合作社按照牲畜壮大比例，以保底分增模式，在守住发展本金及牲畜的基础上，将多出的牲畜及盈利所得的牲畜按具体奖惩和脱贫补助办法分给工作人员。对于"惰性思维"浓厚的贫困人口，用其他贫困户通过自己努力相继脱贫出社的生动事迹逐步感化。这种运营模式，既保证了合作社总体利益，又保住了合作社发展本金，促进了入社贫困群众的劳动积极性，在达到预期发展目标的同时，也实现了自主脱贫和就业脱贫。在合作社的放牧工作中，群众也学到了最先进、最科学、最符合地区生产条件的放牧技能和养殖技术，为脱贫出社后的自我经营奠定了坚实的基础，从而在劳动技能层面降低了贫困户脱贫出社后的返贫发生率，不仅做到了授人以鱼，而且做到了授人以渔，从根源上解决了贫困产生的重点问题。

六是以市场为导向建立产品对接机制。鉴于本地市场偏于饱和价格偏低的情况，计划在西宁、拉萨等地开设零售店，主要售卖牛羊肉、牛奶、酥油和酸奶，安排销售能力较强的人负责，争取建立"生产商—客户"的两位一体产品连接机制，争取发展订单牧业，稳定销售渠道。

多措并举，助力村集体经济发展

——囊谦县娘拉乡上拉村精准脱贫工作纪实

囊谦县娘拉乡上拉村 2016 年经认定的建档立卡贫困户为 83 户 383 人，非建档立卡户 192 户 876 人。2017 年，实现整村脱贫，其主要做法如下。

一是围绕核心，因地制宜谋发展。上拉村由于人均耕地较少且耕地肥力不足，增产增收几乎无望，再加之群众思想观念落后，掌握技能和外出务工意识薄弱，大量青壮年劳力便赋闲在家，面对薄弱的村集体经济、群众收入低下等问题，乡党委、政府主动作为，积极探索，带领村"两委"一班人抢抓扶贫机遇，大胆创新尝试，借助全县农业大发展的"东风"，因地制宜发展具有娘拉特色的农牧产业，积极鼓励群众整合复耕撂荒土地资源，连片种植蕨麻、马铃薯、青稞等经济作物，并支持群众以农田、劳力、农机具等生产要素作为股权入股合作社，进行统一加工、集中销售。通过近三年的发展，加入合作社的贫困人口年人均纯收入提高至 5530.97 元。

二是聚焦增收，进一步拓宽群众增收渠道。充分发挥传统石刻文化和大部分群众具有石刻技能的优势，开展石刻技能培训，累计培训人员达 200 多人。通过培训，为贫困群众脱贫致富提供技术支持，让贫困群体筑牢战胜贫困的信心，实现由"我不干，不会富"到"我愿干，我先富"的转变。

三是精准施策，易地扶贫搬迁解决保障。虽然同处一村，但上拉村白拉社和交道社群众分散居住在白拉山、囊宗尕沟一带，大多数群众以放牧为生，一年四季逐水草而居，无固定定居点，土地贫瘠、经济收入低，电力、通讯、交通、水利等基础设施薄弱。2016 年 9 月，国家"十三五"易地搬迁工程正式启动，村"两委"班子审时度势，紧抓机遇，采取"临时党支部＋村委会

+党员+群众"的工作模式，依托村委会，集结党群力量，破解召集难、议决难、执行难的问题，做了大量易地扶贫搬迁项目前期工作。同时根据各家各户实际情况进行了住房建设区别划分。对于家中缺少劳力的家庭，村"两委"班子成员积极协调，甚至亲自动手参加劳动，充分调动农牧民群众参与移民安置的积极性、主动性和创造性。

四是强化配套，注重贫困群众整体脱贫。在做好群众工作的同时，村"两委"还将搬迁拆旧复垦工作与整治村容村貌等工作结合起来。2018年11月，圆满完成了上拉村白拉社、交道社58户267人的搬迁任务。村支部书记老桑才丁激动地说道："现如今，在易地搬迁政策的帮扶下，我们村不仅水、电、路等基础设施完善，而且人居环境、医疗卫生、子女教育、经济收入等都得到了极大改善，这些不仅得益于党和国家的政策好，而且也得益于上级党委、政府的执行能力强。"

五是转变观念，激发群众自我脱贫动力。面对长期以来受地理环境、社会环境及生活习惯等因素制约，上拉村大部分贫困户存在思想观念落后、精神消极、自身发展动力不足等问题。村"两委"班子深刻认识到"有志气"对贫困户脱贫的重要性，为彻底消除贫困群众思想上的顽疾，第一书记、村"两委"和驻村工作队坚持思想先行，通过正面引导、宣传教育、树立典型、新老对比等方式，逐步探索出通过邀请致富带头人谈体会和与其他村做交流、看差异的方式谈想法、谋发展、话感情、提建议。干部在倾听谈心的基础上，通过简短、朴实的语言在大会上向贫困户传达政策精神，解读最新的惠民政策，让更多的贫困群众真正了解党的扶贫政策的宗旨、目的和意图，营造"辛勤劳动光荣，好逸恶劳可耻"的浓厚氛围，引导"失志"贫困群众转变观念，丢掉"等靠要"思想，逐步树立"主人翁"观念，提高自我发展意识和自身造血能力。

走进今天的上拉村，显得一幢幢崭新的具有民族特色的房屋映入眼帘，太阳能路灯在硬化路两旁错落有致，过往群众的脸上布满了洋溢的笑容，村集体经济逐步走上正轨，群众增收渠道和经济收入不断增加，后续帮扶措施也将不断完善。这个曾经集交通不便、医疗无保障、上学困难、饮水困难、经济发展落后为一体的贫困村以全新姿态逐渐广为人知，知名度、美誉度和人民群众的幸福指数也将不断上升。

做强畜牧业主业，带动群众脱贫致富

——杂多县结多乡优美村生态畜牧业专业合作社发展之路

　　本着做强畜牧业，让贫困户群众实现脱贫致富的目标，创办于 2009 年的杂多县结多乡优美村生态畜牧业专业合作社，带动 170 户贫困户取得了良好成效。在生态畜牧业合作壮大后，合作社理事会为拓宽经营渠道增加收入，成立了建筑工程队，既增加了合作社的收入，又转移了部分富余劳力，现入社总资产达 1124.6 万元。合作社的主要做法和经验如下。

　　一是抓培训。结合市场需求，对合作社部分贫困人员进行传统手工技艺的培训，尝试在传统非物质文化的基础之上进行创新，尽力打造出一批既不失传统又能彰显时代特色的民族手工艺品牌，整合资源形成多元化生产。

二是抓管理。为提高村民收入，改变以往"靠天养畜，靠天吃饭"的状态，村民以草场入股，合作社将草场合理划分，分片科学放牧，统一抗灾保畜、疫病防治、生产经营和产品销售。这种方式不仅解决了收入低的问题，而且大大提高了畜牧业抵御自然灾害的能力，形成了权、责、利共担的现代畜牧业管理体系。

三是抓内力。结多乡优美村专业畜牧业合作社有效提高了贫困户的"造血"功能，调动了牧民和合作社的积极性，促进了畜牧业现代化进程和牧区经济发展。2017 年结多乡优美村生态畜牧业专业合作社给优美村 290 个村民，每人 450 元的创业资金，共计 13.05 万元。如今，合作社正逐步走向统一采购、统一销售、统一技术培训、统一防疫灭病、统一信息提供等服务运行机制。

四是抓配套。优美村属杂多县偏远的一个小村庄，与外界相连的只有土路，路面凹凸不平，雨天泥泞难行，不方便出行，更不要谈将畜牧产品流入市场了。这种交通状况制约着村里的经济发展，结多乡优美村生态畜牧业专业合作社主动为村里修桥补路，2016—2017 年，合作社投资共计达 20 多万元。交通道路的改善既方便了牧民出行，也为畜牧产品顺利进入市场提供便利。

五是抓生态。畜牧业生态化关系着整个生态系统的平衡与安全。优美村地处澜沧江源头，为保护好野生动植物资源，安排生态管护员 35 人，护林员

2人，不定期组织成员开展捡拾垃圾活动，积极参与环保，不仅增强了牧民群众的生态环保观念，而且成为社员们的自觉行为。

在脱贫攻坚的路上，结多乡优美村生态畜牧业专业合作社积极推广"合作社＋贫困户"的联结模式，帮助贫困户尽快脱贫，切实解决了贫困户在生产生活中的困难，走出了一条脱贫致富的新路子。

发展养殖甩穷帽，脱贫路上不等靠

——玉树市小苏莽乡让多村尕吉脱贫案例

盛夏时节，山绿草如茵，小苏莽乡让多村的尕吉正忙碌着挨家挨户收牛奶。尕吉乘着党和政府精准扶贫政策的东风，通过自力更生，不仅顺利脱贫，还成了远近闻名的致富能手，2020 年被评为小苏莽乡"脱贫光荣户"。

尕吉家中有 4 个孩子，生活开销极大，加上夫妻俩没有掌握一门技术，也缺少发展资金。2015 年，家庭总收入只有 15900 元，人均纯收入只有 2650 元。是年被村里评为建档立卡贫困户。

刚被列为建档立卡户，尕吉就借着国家精准扶贫政策，申请了危房改造项目，盖起了整齐漂亮的新房子，水、电、路、卫生厕所全部到位。同时，他积极参加各种培训班，认真学习牦牛养殖技术，通过一技之长增加了他脱贫致富的信心。

在让多村驻村工作队和帮扶责任人的帮助下，他充分发挥主观能动性，大力发展养殖事业。帮扶责任人为他送去了养殖方面的相关书籍，兽医站有养殖经验的人员对他进行技术指导。在乡扶贫干部和第一书记的帮助下，他申请了 5 万元的"530"金融扶贫贷款和 1 万元的互助资金贷款，盖起了牦牛圈舍，购进良种牦牛。在牦牛繁育的同时，尕吉挑选出能育肥的牛犊进行精心饲养，等到出栏就卖出去。他还积极购进设备，对牦牛牛奶进行加工，制成酸奶、酥油等进行销售，以此增加收入。

尝到养殖甜头的尕吉，不断扩大养殖规模，从最初的一两头到现在常年维持在几十头，每年都有稳定可观的收益，生活水平也是"芝麻开花节节高"。

通过大力发展养殖业，尕吉不仅负担起了 4 个孩子的学费和家庭生活的开销，还有了存款。生活条件的改变让尕吉整个人变得更加精神，言谈之间也流露着喜悦。

"一花独放不是春，百花齐放春满园。"2017年，尕吉在政府的扶持下成立了养殖专业合作社，带领着村民一起致富。面对牛奶销售问题，他通过向村里其他的分散养殖户统一价格收购牛奶，利用自己的合作社进行精加工以后销售，既为村民解决了牛奶制品的销售问题，也为他们增加了收入。不仅如此，每逢节日，尕吉还带着米、面、粮、油等生活物品到养殖户家看望慰问，为他们解决遇到的难题。

为摆脱贫困代际传递，他非常重视孩子的学习教育，无论多么辛苦也坚决要让4个孩子接受教育，走出大山，改变命运。在党的教育扶贫政策的扶持下他先后拿到了"雨露计划"资金补助，他非常希望孩子们能顺利完成学业，尽早走上工作岗位。

昔日的建档立卡贫困户，靠精准扶贫政策帮扶奔上了致富路，摘掉了贫困户的帽子，他不仅是一名脱贫光荣户，还成了全村甚至全乡致富的好榜样。现在的尕吉信心十足，他说："将来会继续扩大合作社规模，并继续为其他贫困户牦牛养殖提供技术帮助，带动他们共同致富。"

乘政策东风，扬致富风帆

——称多县清水河镇普桑村求才的脱贫路

求才，普桑村二社村民，一般贫困户，家中有在读学生 1 名。2015 年之前，求才家庭极其贫困，每年收入只有 1820 元。2016 年精准脱贫实施后，求才一家被列为贫困户，享受到户产业、互助资金、易地搬迁等项目，年人均收入达到 3345 元。

求才本人积极进取，彻底改变"等靠要"思想，于当年利用低保金和其他补贴进行自主经营，夏季畜产品价格低时购买畜产品，等到畜产品涨价时卖出去，所得到的利润来购买牲畜，从事畜牧养殖业。至 2017 年加上生态管护员等收入，总收入达到 3782 元。2018 年他本人利用收入资金购买拖拉机从事工程机械、材料运输，全部年人均收入达到 8828 元，并于年底达到脱贫标准，实现脱贫。2019 年年人均收入达 14581.33 元。

求才是个勤奋的人，他总是对帮扶人说："成为贫困户并不是一件多么光荣的事情，现在党和国家的政策这么好，我们普通老百姓更应该自力更生，不能在家坐享其成，别人给的始终没有自己劳动得来的心里踏实。"求才也是个热心的人。平时，邻居哪家有急事难事，他总是热心给予帮助。去年上半年，兜底户扎西父亲去世，母亲改嫁，本身又是残疾人，一个人无依无靠，求才二话不说，直接叫扎西与他们同吃同住，直到 2018 年年底，扎西经政策兜底把房屋建好，才离开了求才家。虽然扎西离开了，但在生活上，求才一家总是无微不至地对他关心关照。又如，达哇旦周，一个人长年在外务工，大小事都全部委托求才办理有人问他，你这样帮助别人，不累吗？他总是微笑地回答，累点没关系，人家信任我，有求于我，在我能力范围内，能帮则帮。

不仅如此，求才还在普桑村建档立卡贫困户中做表率带头作用，他与贫困户交流自己脱贫致富的方法，引导贫困户，树立"人穷志不短"的思想，在政府扶持的基础上，自力更生。

每当谈起党和政府的好政策，求才非常感激。如今，这翻天覆地的变化，他是做梦都没有想到的，家庭经济情况变好了，心情也愉悦了，每次问起他，他都热泪盈眶，久久不能释怀。每次看到这一幕，驻村干部也非常欣慰，觉得自己的辛勤付出都是值得的。

幸福是自己奋斗出来的

——囊谦县觉拉乡尕少村拉才多勤劳致富拔穷根

拉才多，2014年经村民代表大会评议，纳入建档立卡贫困户。在被评为贫困户之后，别人都说"拉才多以后的日子不用愁了，国家会救济你的"，每当他听到类似的话，脸上都是火辣辣的。他暗自在心中发誓一定要靠自己勤劳的双手摆脱贫困，让家人过上幸福的生活。

为帮助拉才多早日脱贫，帮扶责任人不断给他扶志鼓励，他意识到要想改变自己的生活现状，必须要自力更生。凭着"一定要脱贫"的信念，在相关部门的帮扶下，他学会了种养殖技术，通过几年的发展，家庭年人均纯收入从不到2000元提高到现在的8208.66元，超过了贫困线标准。2018年，通过危房改造项目，盖起了新房子，实现了"两不愁三保障"，2019年实现脱贫。

乡党委、政府在落实各项脱贫措施时十分注重对贫困户的心理关爱。首先，开展政策宣讲，认真跟贫困户讲解扶贫政策。其次，通过调研，摸底其家庭情况并召开贫困户座谈会，让贫困户自己分析致贫原因，在充分尊重贫困户意愿的基础上，科学确立脱贫致富的路子。

根据拉才多的家庭
实际情况，扶贫部门帮
助其发展牛羊养殖，获
取集体经济效益分红。
乡党委政府、驻村第一
书记、驻村工作队给予
其技术指导，增加了家

庭收入。卫生部门为其免费缴纳医疗保险费用，进行免费体检，安排家庭签
约医生。村"两委"帮助其申请了安全保障性住房，解决了他们的住房问题。

精准施策让贫困群众看到了曙光，有效激发了贫困户自我发展的内生动
力，避免了"等靠要"思想，让贫困牧民的生活有了彻底的改变，生产条件
有了改善。拉才多的例子充分说明；只要肯干，一定能够拔掉穷根子，走向
脱贫致富的道路。

国家扶，更要自己行

——杂多县扎青乡格赛村玉花让丁的脱贫故事

玉花让丁，残疾人员，丧失劳动能力，妻子体弱多病，两个儿子正在上学，家中唯一的经济收入来源仅靠妻子采挖虫草来维持。2017 年，他家被纳入建档立卡贫困户。

被纳入建档立卡贫困户后，玉花让丁一家受到了杂多县扎青乡县党委、政府的大力关爱，结对帮扶工作人员经常到他家走访，了解其家庭的生活状况，并根据他家的情况制定了脱贫帮扶发展计划。通过帮扶，除大儿子昂文丁增每年享受到 3000 元的"雨露计划"教育扶持资金外，还有 21600 元的管护员收益金、医疗补助资金和创业分红资金。同时，玉花让丁在杂多县扶贫物业有限公司谋得一份工作，每个月工资有 1500 元。另外，政府还给玉花让丁解决了住房问题。

"没有党和政府的好政策，没有帮扶干部的辛勤付出，就没有我们家今天的好日子！我现在已经找到脱贫致富的路子了，关键是比以前更有信心了！只要积极配合党委政府脱贫攻坚工作，离脱贫致富奔小康就不远了。"玉花让丁说道。他还时常跟贫困户讲："我们自己不能一味地靠着政府扶持，要改变自己的思想观念，自力更生，在政府扶持的基础上，更多的应该是我们自身的努力。"

　　"勤劳致富光荣，懒惰依赖可耻！"玉花让丁坚信，赶上了好时代，遇上了好政策，只要立下脱贫志，铆足精气神，发挥主动性，依靠自己勤劳的双手去开创未来生活，再贫困的现状都可以战胜，生活也定能更加幸福、更有尊严。

用勤劳的双手改变生活

——治多县加吉博洛镇日青村可巴巴登仁青自力更生报党恩

可巴巴登仁青，2015年11月被纳入建档立卡贫困户。可巴巴登仁青为人勤奋老实，总是对帮扶人说："作为贫困户并不是一件多么光荣的事情，现在党和国家的政策这么好，我更应该自力更生。"在脱贫的路上，他始终没有停下致富的脚步，积极参加各种技能培训，不断增强本领。

2016年1月以来，驻村干部、镇党委政府和帮扶责任人多次走访他家，为他讲解如何增收脱贫。在了解相关政策后，可巴巴登仁青脱贫致富的决心更大了。他和妻子商量许久，决定走发展壮大畜牧业的路子。就这样，他开始学习畜牧业专业知识，改变和纠正以往养殖过程中出现的误区。通过多方帮助，他的牛开始多了起来，动力也越发充足。2018年，荣获县级"脱贫光荣户"称号，县上奖励他一台农用三轮自卸车。另外，他还将自家的牛粪装袋后转销到县城，因此，又多了一份收入。

如今，谈及脱贫后的生活，可巴巴登仁青激动地说："感谢党中央、驻村工作队和帮扶人的帮助，我们现在不愁吃、不愁穿、住得好，看病也有了保障。相信，勤劳能致富，今后的生活会越过越好。"

果洛藏族自治州

点亮前行路，奋力斗深贫

——玛沁县久美家园易地扶贫搬迁典型案例

为巩固脱贫攻坚工作成效，玛沁县始终把易地扶贫搬迁作为最大的政治责任和民生工程，按照"两不愁三保障"要求和玛沁县"十三五"易地扶贫搬迁规划确定的目标任务，采取积极稳妥的方针，对建档立卡贫困户实施易地扶贫搬迁项目。

一、基本情况

2017—2018 年，玛沁县严格按照人均 25 平方米的标准，以集中安置的方式，投资 14308.47 万元在大武镇洋玉路集中修建搬迁安置点，建筑面积为59432.38 平方米，其中生活区建筑面积为 53468.38 平方米。搬迁 7 个乡镇 21个村的建档立卡贫困户 716 户 2605 人，2019 年 7 月全部入住，并正式命名为久美家园。

二、典型做法

（一）立足"快"，抓进度抢工期。玛沁县始终将工程进度摆在首位，久美家园一期、二期项目全部在规定期限内顺利竣工并全部入住。为确保久美家园项目顺利完工使建档立卡搬迁户按时住进新房，玛沁县多次召开易地扶贫搬迁项目推进会。县委、县政府主要领导亲自安排、亲自部署，并要求相关单位严格落实项目进度计划表，实行一周一报制，及时报送项目建设进度，因不确定因素造成进度滞后的，及时制定相应解决方案，确保施工进度与项目计划一致。

（二）强化"管"，抓质量保成效。一是成立专门的易地搬迁集中安置点地质灾害风险点排查工作领导小组，联合国土、环保、扶贫、安全生产等部门，在县政府主管县长的带领下，对易地搬迁集中安置点开展地质灾害风险点排查工作，并出具了相应的地勘报告。二是项目实施程序规范，易地搬迁项目严格按照招标程序和项目建设的需求，严把项目工作程序关，应做尽做，对统建房、基础设施建设均进行招标工作，并进行公示公告，做到易地搬迁脱贫工作透明化、公开化，接受群众监督，充分保障群众知情权、参与权、监督权。针对统规统建住房及时召开群众大会，在征得群众同意的情况下，开展易地搬迁统规统建工作，做到会议有记录。三是严格按照项目档案专人专管的原则，指定专人收集、整理、归档易地搬迁项目资料，做到易地搬迁项目有规划、有质检记录、有影像资料，档案资料完善，贫困户和非贫困户分类造册。同时，要求监理方和施工方填写好监理记录和施工记录，做到监理日志和施工日志资料齐全。四是组织行业部门，成立项目验收委员会，对已完工项目进行验收，做到验收全覆盖。

（三）扭住"规"，抓监管控风险。牢牢把握"扶贫资金是贫困群众的'救命钱'，一分一厘都不能乱花"的工作原则，专款专用，专账核算。将易地搬迁补助金调整为按人补助的标准，集中安置征地费用由政府自筹解决，项目资金除保证金外，按照项目工程进度及时足额拨付，确保安全高效。

（四）突出"全"，抓配套营环境。配套设施是否完善，是贫困群众能否搬得出、稳得住的重要因素。玛沁县立足实际，从便捷度和舒适感上抓配套设施建设。一是抓基础配套。整合各类资金 2754 万元，完善安置点给排水、道路硬化、供电、通信网络、环卫等基础设施，健全公共服务功能，使安置点宜居舒适，有效解决建档立卡户行路难、吃水难、用电难、上学难、就医难等问题。二是营造文明氛围。配套建设文化休闲广场 2 个，统一安装健身器材，墙体喷绘采用本地区民族风格的彩体画，建立文化宣传栏，群众性文化活动逐渐活跃。

（五）贴近"民"，抓后续助脱贫。为确保搬迁户实现搬得出、稳得住、能致富的目标，因地因人制宜，制定多项后续发展规划，确保搬迁户每户均有稳定收入来源。一是按人均 6400 元实施到户产业项目，规划了优云乡加油站建设项目、下大武乡白藏羊养殖项目、拉加镇藏药浴等共计 49 项产业项目，并于年底按照人均 8%~10% 的比例进行分红；二是投资 1500 万元建设大武镇易地搬迁商贸综合市场项目；三是 14 个贫困村实施 50 万元互助资金；

四是村集体经济建设，以每村 100 万元的标准对 14 个贫困村投资 1400 万元，均用于全州统建光伏扶贫项目，以每村 100 万元的标准对 21 个非贫困村投资 2100 万元用于发展村集体经济建设；五是进行雨露计划短期技能培训，积极开展转移就业扶贫工作，实现转移贫困劳动力；六是完善商业保险，与中国人民财产保险股份有限公司玛沁县支公司签订为建档立卡贫困户购买政府救助保险协议，为全县建档立卡人口购买救助保险，投保费用人均 100 元，由政府统一代缴；七是建档立卡贫困人口担任公益性岗位，可实现户均年收入 24000 元左右。

扎牢新根才能斩断穷根，我们将持续用力、久久为功，带着深厚感情，以更加精准务实的态度和认真扎实的作风，为全县脱贫攻坚成效巩固作出应有的贡献。

拓宽贫困群众长效增收渠道，打造
精准扶贫商贸旅游产业园

——达日县扶贫产业园发展纪实

  为提高扶贫资金使用效率，强化扶贫资产规范管理，实现保值增值和贫困牧户持续稳定增收。近年来，达日县积极探索扶贫资金资产收益新模式，健全长效管理和利益联结机制，实现新型主体与贫困村户的双赢发展，产业扶贫工作取得初步成效。

  2017年，达日县委、县政府立足当前、着眼长远，深入分析自然条件严酷，生态环境脆弱，经济基础薄弱，产业结构单一，贫困户收入来源单一，自身发展能力弱的实际，深入扶贫产业园、合作社、龙头企业、贫困乡村就扶贫资产收益模式进行充分调研，进行科学评估后，确定了产业扶贫的脱贫思路。在充分考虑达日县国道、省道交通便利，流动人口多，物流商贸业较为发达等区位优势，紧紧抓住产业发展这个"牛鼻子"，坚持将产业扶贫作为全县经济持续发展的根基和贫困户精准脱贫的依托，想方设法整合各类资金，启动实施了精准扶贫商贸旅游产业园项目。

  为确保扶贫产业园发挥最大带贫益贫作用，实现效益最大化，由政府主导，对产业园项目的重大事项进行决策管理，产业园对外整体打包出租。租金收益按比例用于贫困户分红，贫困户可在产业园实训后转移就业。

  达日县精准扶贫商贸旅游产业园总占地面积3.33万平方米，包括民族特色商业步行街、酒店、汽车保养中心、农贸市场、休闲广场、二手车交易市场、观景台等，建设目标为辐射周边区域的民族用品贸易中心和文化交流中心，该项目以资产收益扶贫和转移就业方式促贫困户增收，年租金650万元。

精准扶贫商贸旅游产业园通过为贫困人口提供实训、创业就业平台和贫困户参与分红的扶贫方式，覆盖建档立卡贫困户 7439 人。产业园所收益的租金 650 万元中，455 万元用于贫困人口分红，人均分红达 611 元，195 万元用于开发公益性岗位，鼓励贫困人口转移就业和外出务工增加收入。

民族商业步行街。商铺共有 111 间，目前全部招租完毕。主要经营民族用品批发销售、旅游手工艺品销售及藏式牧家园餐饮服务等，打造以果洛州为主，辐射四川省甘孜州、阿坝州等周边地区的高端民族服饰、装饰、工艺品供销中心，同时提供 10 个安保和 10 个保洁岗位，供贫困户转移就业。

达日县查毛岭国际酒店。目前为达日县规模最大、标准最高的酒店，能满足高端、普通对象住宿及餐饮需求，酒店提供安保、餐饮、酒店服务等就业岗位 60 人。

自驾车保养中心。项目立足于达日县及班玛县、甘德县、玛沁县当洛乡、优云乡等周边地区群众汽车保有量在 1 万辆以上且过境车辆较多的实际，集汽车一般修理、保险定损维修、保养、美容、装饰于一体，为汽车客户提供方便快捷高效的维护服务，同时吸纳 20 名贫困劳动力实现转移就业。

农贸蔬菜市场。建设目标为销售种类齐全，成规模、上档次的综合农副产品市场，主要经营果品、蔬菜、禽蛋、副食、调料、水产、肉类、粮油等，承载着为全县牧民群众提供生活服务的功能，同时吸纳 10 名贫困户劳动力实现转移就业。

紧贴百姓诉求，做好精准扶贫

——班玛县脱贫攻坚工作纪实

班玛县是国家深度贫困县，省定扶贫开发重点县。由于历史和自然因素的制约，班玛县社会发育程度低、产业结构单一、贫困面广、贫困范围大。畜牧业、农业、旅游业等优势资源没有得到充分开发，集中发展产业难度较大。同时，群众观念守旧，发展动力不足。截至 2015 年，仍有 13 个贫困村 1943 户 8057 名贫困人口，贫困发生率为 32.8%。

一直以来，班玛县委县政府始终坚持以习近平总书记关于扶贫开发的重要战略思想为指导，认真贯彻落实中央、省、州委脱贫攻坚决策部署，以脱贫攻坚统揽全局，紧紧围绕"两不愁三保障"结合班玛县实际，广泛调研、统一规划、集中决策，制定出台了一个总体方案、八个一批的帮扶方案、十三个行业部门专项方案、消除绝对贫困"清零"方案、脱贫攻坚三年行动方案。

全县投入 2.89 亿元高标准推进村村通道路建设。投入 0.5 亿元，实施 1200 户改厕、改水、改电、房前屋后道路硬化和美丽乡村建设。投入 0.6 亿元积极打造全域"无垃圾"示范县创建活动，彻底消除了垃圾遍地、污水横流现象。投入 0.89 亿元深入推进安全饮水提质增效、地下水有效利用等工程，实现全县 3 万多人口安全饮水全覆盖。投入 2.9 亿元全力推进危房改造和易地扶贫搬迁安全房保障工程，相继完成危房改造 3245 户 9576 人，完成易地扶贫搬迁 1048 户 4156 人。基础设施的完善配置定一程度上整体解决了贫困的突出问题。

班玛县因地制宜，按照区域功能优势，在多可河流域大力发展有机畜牧业养殖，积极壮大牦牛产业。在玛可河流域大力发展蔬菜、青稞、藏茶产业。投入 1.5 亿元借助资源禀赋打造红色旅游扶贫产业、绿色农林生态产业、金色文化民俗产业。放眼望去，班玛县这块沃土上一派生机盎然的景象，龙头产业扶持带动、小微产业遍地开花，到户产业自主造血，有机菜、中药材、有机茶、食用菌等特色产业崭露头角，牦牛养殖主导产业风生水起，产业链条效应不断突显，产业带贫效应日益增强，贫困群众的收入渠道不断拓宽，增收的路子越走越好。

班玛县充分发挥产业聚集优势，广泛挖掘民间手工艺人自主创办产业企业，依托"三色"产业园区建设扩大就业。班玛藏茶、班玛黑陶、班玛银器等 10 余家民营企业相继落户，让贫困群众转为产业工人，充分激发贫困群众"造血"潜能，坚持走自力更生、自主脱贫之道。同时，班玛县坚持"旅游+"和"+旅游"理念，搭建"三色班玛"旅游帮扶平台。开发生态护林员、生态草管员、乡村保洁员等公益岗位 2200 余名，优先安置建档立卡贫困户 1600 余人，实现一人就业全家脱贫。

按照脱贫不脱政策原则，班玛县对 2015 年以来的建档立卡贫困户全面纳入教育、医疗、养老、住房等扶持政策。建档立卡贫困户家庭适龄儿童全部接受 15 年免费教育，阻断了贫困代际传递。8057 名贫困人口全部参加医疗保险，基本医疗服务得到全覆盖。16~59 周岁的贫困人口全部参加养老保险，实现了"应保尽保"，织密了社会保障网。建档立卡贫困户病有所医、老有所养、住有所居、学有所教、残有所助，真正实现了"两不愁三保障"。

岗龙做法助力群众脱贫奔小康

——甘德县岗龙乡岗龙村走生态畜牧业扶贫之路

一、基本情况

岗龙村地处果洛州草原腹地，是气候条件相对较好的一个纯牧业村，全村共有牧户 184 户 775 人。近年来，岗龙村党支部始终把扎实推进生态畜牧业建设及作为合作社发展生态畜牧业中心目标，在帮助牧民群众增收致富中发挥了重要作用。

二、"岗龙做法"介绍

岗龙做法由"三个百分百""四个步骤""四个结合""五个统一"构成。"三个百分百"：为全村牧民入股 100%、全村草场 100%、全村牲畜入股 100%；"四个步骤"：以发挥党组织党员示范带头作用为出发点，以股份制改造为着力点，以二、三产业融合发展为切入点，以产业精准脱贫和增加牧民收入为落脚点；"四个结合"：与三江源生态保护与建设相结合，与退牧还草工程相结合，与草原生态补偿机制相结合，与精准扶贫、产业扶贫相结合；"五个统一"：生态统一保护建设、资源统一整合开发、畜产品统一加工销售、畜疫防治统一进行、合作社的盈余统一分红，形成了利益共享、风险共担的经营机制。

三、主要经验

（一）集约整合，全力推进股份制改造。为进一步提高合作社集约化程度，在县、乡各级领导和有关部门的帮助下，村"两委"班子认真研究思考于 2017 年 7 月合作社顺利完成股份制改造。通过入股社员集体表决，先后制定了《章程》《理事长职责》《财务管理制度》《收益分配制度》等规章制度，同时建立健全了牧户档案卡、减畜卡、草场管护合同等资料。

（二）建立健全制度，实行集约生产经营。合作社对基础设施建设、牲畜结构调整等进行详细规划，制定方案。借助全国草地生态畜牧业试验区建设"谁先整合谁先发展"的契机，以县域内发展动力强、生态保护好、示范作用突出等强劲优势，以各种扶持项目为依托，整合各类资金，转移富余劳动力，积极做好富余劳动力转移就业培训，对每个社员按特长在一、二、三产业领域内进行重新分工，实现了生产标准化、畜群良种化、饲养规模化和营销品牌化，彻底改变了以往的传统生产经营模式，牧民收入的多元化，让岗龙草原人家真正实现了生态、生产、生活的协调发展。

（三）加快产业升级改造，不断实现集体经济盈利。经过村"两委"多年努力，合作社先后建成牦牛酸奶加工厂和奶源基地。购进国内先进的牛奶、酸奶加工、灭菌和包装设备两条生产线，规划日产量 4800 千克，以"鳌胤"为品牌推出了纯牦牛奶、酸奶、奶酒等一系列高端乳制品。岗龙村通过转变传统生态畜牧生产经营方式，大力发展生态畜牧业专业合作社，将岗龙村牦牛鲜奶加工厂转型升级为特色奶酒加工厂，产业转型升级不仅提高了工厂的经济收入和知名度，同时也解决了岗龙村部分牧民打工难的问题。在全国草地生态畜牧业建设的有利机遇下，趁着"四个转变"的大潮，岗龙村党支部一班人将"从农牧民单一的种植养殖生态看护向生态生产生活良性循环的转变"作为农牧业转型发展的新指向、新要求。今后将把实现生态友好、生产发展、生活富裕当作转变的路径方法，坚持做到与强化基础设施建设、牧区精准扶贫等工作强力结合，不让生态畜牧业发展成为单一的"牛羊产业"，融合多元发展和辐射能力，不断推动岗龙村草地生态畜牧业行稳致远。

（四）创新发展模式，壮大村级集体经济，为实现富民强村指明方向。2016 年，岗龙乡趁着村级"两委"班子换届的契机，在"两推一选"和村民直选工作中，把"双强"党员和致富能人选入"两委"班子，使他们真正成为发展壮大村级集体经济、增加农民收入的"领头雁"。抓住"选、育、促、管"四个环节加强培养。即"选"就是用率民致富的标准选准班长，配好班子；"育"就是通过多种途径提高党支部班子的素质；"促"就是对牧区党支部实行目标管理，使其感到有压力；"管"就是建立科学规范的村级干部管理监督机制。岗龙乡党委还坚持开展评优活动，即每年评选出政治素质强、驾驭能力强、经济能力强的村支部书记，评选出带头学习落实政策法规、带头维护社会稳定、带头依靠科学致富、带领群众共同致富的共产党员，评选出模范村级党组织。通过创先争优活动的开展，以此带动全乡农村基层党组织和党员干部队伍整体水平的不断提高，从而提高"两委"班子工作的凝聚力和战斗力。思路决定出路，加快经济强村建设，增加农民收入，关键要从自身实际出发，以市场为导向，发挥自身优势，把资源优势变为经济优势。

（五）扬长避短，创建示范基地，探索新的经济增长点。岗龙乡党委要求每个村（社区）要清醒认识自身的优势和不足之处，扬长避短，力求做到三点，即"年初有要点，年内有重点，年末有亮点"。分类指导，着眼长远，引进"党支部＋合作社＋牧户"的经营新模式。岗龙乡坚持分类指导，相互促进的原则，把全乡4个行政村大体划分为两类，即经济大村、相对后进村，提出了"经济大村抓发展、专业村抓提高、后进村抓转变"的思路，使各个村（社区）的集体经济有了长足的发展。

有效发挥村"两委"
在脱贫攻坚中的战斗堡垒作用
——久治县门堂乡门堂村脱贫故事

门堂村，系门堂乡政府驻地所在村，距离久治县城 70 公里，全村下辖 6 个生产小队，共 421 户 1708 人，建档立卡贫困人员 87 户 365 人，贫困人口占全村人口的 21.3%。

村"两委"是脱贫攻坚的引导者

引导贫困牧民。门堂村第一书记和村"两委"班子始终践行着"扶贫先扶志，扶贫先扶智"的扶贫理念，第一书记及驻村工作队和村"两委"经常到牧户家中，做扶贫政策、医疗政策等各项惠民政策的宣传工作。通过入户调研找准牧户存在的突出问题，研究出对症下药的方法，让牧民群众从思想上脱贫，从智力上脱贫。

引导牧民党员。结合门堂村支部的各项活动的开展，经常性以党课的形式为牧民党员宣传扶贫的路子，带动党员发挥先锋模范作用，做乡党委与牧民之间沟通的桥梁。

村"两委"是脱贫攻坚的实干家

加强基层组织建设。2018 年初，通过集中开展软弱涣散党组织摸排工作，确定门堂村党组织为软弱涣散基层党组织。在乡党委的安排部署下，门堂村积极组织村党组织所有党员开展软弱涣散党组织整顿转化升级工作，大力组织开展"三会一课""帐篷党日""主题党日""党员志愿服务活动"，加强了牧民党员的思想教育，增强了党员服务群众的意识。

加强组织阵地建设。积极打造"门堂村党员活动室"基层党组织阵地，对门堂村党员活动室做了规范化布置，并做了统一的设计，完善了相关制度。2018 年 9 月，门堂村党员活动室被久治县打造成了"树精品党建、提'两委'水平、促精准扶贫"项目党建较好的样板。

加强村集体经济建设工作。根据县委县、政府对村集体经济"破零"工作的安排部署，结合门堂村实际，制定符合发展的村集体经济项目，将门堂村集体经济"破零"引领资金投入玛沁县光伏电站。

加强与牧户之间的沟通协调。不管是白天还是晚上，门堂村"两委"办公室和第一书记宿舍里总是有一道探索致富的"希望之光"。第一书记同群众盘腿而坐，与他们侃侃而谈，共谋发展，解决疑难问题，这是一道温暖而又有光的风景，是以第一书记为主的扶贫工作队和村"两委"与群众心贴心最直接的体现。

村"两委"是脱贫攻坚的能干家

强化项目管理，促项目见成效。一是第一书记、村"两委"将提升扶贫产业项目公路养护队在本地区同行业竞争水平，先后向上级相关部门多次申请，从开展技能培训、提高作业质量、增加护路作业量等方面出发，着力做好养护队自身能力提升和效益提升工作，不断提高养护队发挥实效，从养护队以前的被动修路转变为现在的主动修路，促使增强了群众增收能力；二是加强对黄河风情园基础设施建设工作。为进一步做强市场认可度，提升整体服务水平，在乡党委、政府的大力支持下，门堂村争取了配套设施项目，完成了水、电、路基础设施的升级改造工作，进一步提升了整体品质。三是完善交通道路，2018 年，争取国家财政项目资金 1200 万元，完成对门堂村二社、五社乡村道路的建设工作，极大地方便了群众出行。

以上仅仅是门堂村脱贫攻坚工作中的一个小掠影，正如门堂村群众所说的一句话："精准扶贫工作开展以来的五年，是门堂发展变化最大的五年，是老百姓收入增长最快、基础设施建设力度最大的五年，也是民生事业发展史上最不平凡的五年。"今后，门堂村将继续以民生改善、群众增收为出发点，持续做好群众增收、民生改善工作，为群众、为历史交上一份满意的答卷。

强组织，促发展，富百姓

——玛多县玛查理镇江措村脱贫工作实践

江措村位于果洛藏族自治州玛多县玛查理镇西南部，脱贫攻坚战打响后，江措村在县委、县政府和玛查理镇党委政府的坚强领导下，紧紧抓住扶贫开发机遇，立足实际，因村施策，按照"围绕经济抓党建，抓好党建促发展"的要求，推动了农村经济社会的全面发展，民生得到极大改善。

一、加强组织建设

江措村"两委"班子和第一书记高度认识到只有加强班子建设，改善党员队伍，提高自身政策理论水平，掌握科技文化知识，增强实践本领，才能更好地运用现有政策，发挥本地优势，带领全村牧民群众走上致富之路。村党支部首先把加强班子建设和党员教育管理放在重要位置。一是坚持党员学习制度化。村党支部每年制定学习计划，订阅学习材料，坚持全村党员每月学习一次，坚持第一书记和懂藏汉双语的骨干党员带着普通党员一同学习，通过学习，统一党员思想，发挥党员示范带动作用，促进各项工作顺利开展；二是加强组织建设发展。凡属支部重大事项的决策，必须由支部班子全体成员或支部集体商议后决定。同时，村支部十分重视组织建设工作，全村共有正式党员 13 人，预备党员 2 人，群众党员成了全村发展的领头羊。

二、调整产业促发展

近年来，村"两委"班子把带领群众脱贫致富当成发展的第一要务，结合全村现状，确立了发展村域经济、提高牧民群众收入，建设新牧区、改善牧民居住条件的新思路，村"两委"班子大力推进专业合作社发展，确定了把发展牛羊养殖作为全村第一经济产业，为群众进行养殖技术指导，逐步扩大了全村养牛、养羊规模。江措村生态畜牧业专业合作社主要以牛羊育肥养殖为主，同时将牛羊毛绒销售和牛羊皮加工作为合作社的第二产业。一是发展养殖业。目前，江措村合作社共存栏羊 2100 只，牦牛 2000 头。全村村民合作社入社率为 100%。二是开展资产收益项目。由县委县政府统筹安排，在县城修建商铺用于出租，在 2017 年收益 5 万元为全村 113 户每户分红 442.48 元。2018 年和 2019 年收益的 10 万元作为村集体经济壮大资金用于合作社滚动发展。

三、村容旧貌换新颜

为改变全村落后的生产生活状况，村"两委"组织全村 96 名草原管护员，开始道路修建工作，修建村级道路 60 余公里，目前已经累计完成 25 公里的砂石路道路建设。新建 80 平方米的村级党团活动室和村级卫生院。"十三五"期间，全村 47 户建档立卡户全部实施易地扶贫搬迁项目，集中搬迁安置到县城安置点，切实解决了行路难、上学难、就业难、就医难的问题。

四、多措并举促增收

一是加大技能培训。村"两委"结合贫困户自身条件、技能需求、发展意愿等实际情况，依托扶贫惠民政策，有针对性地鼓励群众参与实用技能培训，增加村民劳动工资性收入。二是持续做好政策性帮扶。全村设立草原管护员 96 人（其中建档立卡管护员 38 人）。为 6 户困难家庭在全县范围内安排 6 个安置生岗位，持续做好 3 户低保兜底户和 9 户残疾户政策帮扶工作。

筑梦脱贫，拥抱幸福

——玛沁县东柯河村贫困户萨中走上生态管护岗

萨中，家住东柯河村五社。2015年底，成为建档立卡户。萨中和大多数贫困户一样，房子破烂、收入低、没有稳定产业，靠天然放牧和"打临工"维持家庭生活。

穷则思变，脱贫致富一直是他的梦想。这些年，萨中东奔西走看到了一些，也学到了一些，还吃了不少苦头，但萨中始终认为"再苦不能苦孩子，再穷不能穷教育"，即便在家庭收入微薄的状况下，依旧坚持送孩子上学，让孩子接收教育。在国家精准扶贫政策和教育扶贫政策的支持下，萨中的两个孩子都读了书，上了大学，经过几年的辛苦付出，两个孩子相继毕业并实现了就业，家庭多了份收入。

成为建档立卡户后，乡领导、驻村第一书记及驻村工作队成员先后多次深入萨中家中，实际了解和掌握家庭基本情况和困难。经过多方努力，为萨中争取到了生态管护岗位，在生态管护岗位上，萨中始终以一名优秀共产党员的标准严格要求自己，按时开展巡山管护工作，走遍了东倾沟乡东柯河村的每个山峦、每条河流，成为一名"活地图"。而后，也在一定程度上，为精准扶贫工作的顺利推进贡献了自己的力量。

2018年，萨中通过享受易地扶贫搬迁政策，搬进了宽敞明亮的新房子，周围设施齐全，茶余饭后还可以在搬迁点的广场上锻炼身体、跳跳锅庄。

作为一名享受国家政策的脱贫户，萨中心里始终感谢着党，总是带头参加环境卫生清理工作。他讲："生活条件好了，个人卫生和庭院卫生也要搞起来，这样，整个人的精神面貌便会好起来，好运自然也就跟着来了，钱袋子也会鼓起来的。"现在的萨中脸上总是挂着笑容，闲暇时总不忘给身边的人用自己的方式讲扶贫故事、讲党的惠民政策、讲文明新风尚，真正成了政策的宣讲员。

心怀感恩，奋力自强

——甘德县下贡麻乡俄尔金村特尼自主经营快致富

特尼是甘德县下贡麻乡俄尔金村村民。2015 年底，驻村工作队通过精准识别，确认其为建档立卡贫困户。在纳入贫困户之前，家里收入全靠每年采挖药材赚取，生计难以维持。经过驻村工作队宣讲党的各项惠民政策，分析致贫原因，在充分尊重特尼等 28 户贫困户意愿的基础上，科学确立脱贫计划。村"两委"班子决定依托生态畜牧业资源优势，整合草场资源，帮助贫困户入股发展养殖业，特尼本人也能得到年终分红。特尼的 3 个孩子上学还有一定的食宿补助。

2016 年，特尼搬入分配到龙什加易地扶贫搬迁安置点 80 平方米新居。2017 年，特尼申请的炒面加工坊自主经营炒面加工销售工作，户均年收入20000 元，大大提高了贫困家庭的整体收入。2018 年，特尼长子东巴进入县人社局组织的挖掘机和电焊技能培训班，顺利拿到了合格证书，掌握了劳动技能。经过几年的不懈努力，特尼的家庭情况大有改观，2018 年，他和其他符合条件的 19 户建档立卡户光荣地摘掉了贫困户的帽子。如今，回顾自己的脱贫致富历程，他感慨地说："这一切都得感谢共产党的好政策，感谢新时代扶贫的好政策，感谢帮扶责任人，驻村工作队的成员，让我能迅速改变贫困面貌，实现了祖祖辈辈渴望的致富梦。"

自强励志，精准扶贫

——班玛县赛来塘镇德昂村依格里一家致富奔小康

在推进脱贫攻坚工作中，班玛县坚持扶贫先扶志，注重在贫困群众中扶思想、扶观念、扶信心，积极培育"脱贫光荣户"，通过示范带动，典型引领，把贫困群众主动脱贫的志气扶起来，帮助贫困群众树立战胜困难和摆脱贫困的信心，切实改变过去"等靠要"的陈旧观念，全力激活贫困群众脱贫的内生动力，提升贫困群众自主脱贫能力，为全县脱贫攻坚注入了正能量。

2015年底，赛来塘镇人民政府收到德昂村三社村民依格里的贫困户申请，按识别程序，德昂村开展入户调查。经核实，该户家中8人，户主为依格里的母亲白措，肢体四级残疾，患有长期慢性病，每个月医疗费用2000元，丧失部分劳动能力。家中3个孙子在镇寄校上学，其中，才昂闹吾患有乙肝，每年固定在果洛州人民医院就医复诊。依格里和弟弟在外打零工，收入微薄。侄子和母亲高昂的医疗费用，使得家庭经济十分拮据。德昂村驻村工作队了解情况后，将其纳入一般贫困户。

2018年底，依格里的哥哥格拉华享受政策性公益性岗位，年收入21600元，草原生态奖补资金每年10672元，林补1656元；侄子才昂闹吾享受地方的四大疾病救助；母亲享受残疾人护理补贴每年600元，共计34528元。

与此同时，扶贫干部通过多次上门核查、了解，制定了一对一的帮扶政策，逐一解决了依格里家的住房等问题，依格里本人也通过外出务工，增加了收入。

现今，凭着一股不怕苦、不怕输的干劲，依格里一家靠着勤劳的双手一步步实现了自己的脱贫致富梦。

"金牛"照亮致富路

——久治县索乎麻乡索日村才旦的致富之路

才旦，家住索乎日麻乡索日村三社，在 2017 年精准扶贫"回头看"中被识别为精准扶贫户。

一、"输血"变"造血"

识别为精准扶贫户后，县邮政局为他安排了一名帮扶人，经过帮扶人员的不懈努力，才旦和妻子改变了"等靠要"的思想，决定靠勤劳双手奋斗，下定决心要摘掉贫困户的帽子。2019 年 10 月，通过多方筹资，购买了 20 余头牛，开始了养牛之路。由于知识和技术的欠缺，再加之草场较远且山大沟深，使得这条路比别人走得艰辛。才旦和妻子除了学习饲养技术，为了保证牛的成活率和出栏率，还专门跑到县上咨询养牛的一些专业性问题，做到技术与管理相结合。

一分耕耘，一分收获，一年下来，卖出牛共 2 头，年纯收入 1 万多元。"要像以前靠打零工和帮别人养牛挣工资，我得挣好几年吧，现在在家搞产业发展，又能陪在孩子身边，真是一举两得。"说起自己捞到的第一桶金，幸福溢于言表。

二、"自富"变"他富"

尝到养牛甜头后，才旦并没有满足于现状。2020 年，又购买种牛投入到本村的合作社里面，增加了一项稳定的收入。今天，才旦认为自己能过上现在的日子，是因为得到了太多人的帮助。他也希望自己能为别人也做点事，帮助帮助别人。他表示，如果是村里贫困户搞养殖，他可以便宜出售种牛，免费提供技术上的指导。

于是，村里的一些贫困户通过购买种牛，向他学习养殖技术，走上了养牛致富的道路。

如今的才旦不仅实现了致富梦，而且还通过危房改造项目住上了新房子。他笑着说："现在日子越来越有奔头了，感谢共产党的好政策，感谢新时期扶贫的好办法，感谢帮扶责任人。"

脱贫先立志，致富靠自己

——玛多县黄河乡江旁村依毛立志脱贫

依毛，一个土生土长的藏族妇女。小学毕业后跟其他的姑娘一样在家放牧，当时，她和许多村民的想法一样；守护着自己的草山，让牛羊陪伴着自己一生。但随着"保护三江源""保护母亲河""退牧还草"等国家政策的到来，玛多县被列为三江源国家级自然保护区，依毛一家也从牧区搬迁到了安置点，结束了放牧生活。没有牛羊可放，没有一技之长，只能依靠每年 4 万多元的政策性补助过日子，这对依毛一家来说无疑是一个巨大的挑战。2015 年被识别为建档立卡户后，她暗自在心中发誓一定要学习一项技能，靠自己勤劳的双手摆脱贫困，让家人过上幸福的生活！

"扶贫先治懒，扶贫先扶志"这句话在依毛的身上得到了充分体现。随着国家扶贫政策实施，村干部和驻村工作队对扶贫政策的宣讲，依毛的思想观念和行动都发生了重大的变化。思想是行动的先导，她把劳动光荣、脱贫光荣的理念付诸自己的实际行动和汗水中。依毛虽然文化程度不高，但从未放弃学习，县上举办的各类技能培训班，她都会积极参加，在培训中她不耻下问，勤奋好学。通过培训，理论实践考核都表现得非常优异并顺利取得培训证书，掌握了一技之长。她的丈夫扎西和她的想法也是一样的，不仅在县环卫队当司机，还在国家电网公司当保洁员，每月的收入差不多有 4000 元。夫妻二人现在一年下来加上各类政策性补助差不多有 10 万元收入，日子过得红红火火。

现在的依毛家已脱贫，谈到脱贫后的生活，依毛感激地说："感谢党的政策、感谢村干部、驻村工作队的帮助，我们现在不愁吃、不愁穿，住房有了保障、孩子教育有了保障、看病也有了保障，相信日子会越过越好。"

黄南藏族自治州

摘下历史穷帽，驶向全面建成小康的快轨道

——泽库县精准脱贫工作实践

泽库县位于黄南藏族自治州中南部，东与甘肃省夏河县毗邻，南、西、北分别与河南蒙古自治县、同德县、贵南县相连，东北与同仁县接壤，同时地处三江源国家级自然保护区。经济发展滞后，近 98% 的财政支出靠国家转移支付，基础设施建设薄弱，水、电、路等问题较为突出。2012 年 3 月，经国务院扶贫开发领导小组认定，泽库县确定为国家扶贫开发重点县。

长期以来，作为"三区三州"深度贫困县和全国重点贫困县，泽库县自党的十八大以来，牧民生活获得改善，人均收入持续提高，绝对贫困人口全面消除，伴随着贫困群众幸福感、获得感不断提升，也让泽库这块土地焕发出勃勃生机。

建强组织，下好脱贫攻坚"一盘棋"。为打好打赢脱贫攻坚战，泽库县委充分发挥党领导的政治优势，落实精准扶贫"双组长"责任，突出顶层设计，成立扶贫开发领导小组，设立脱贫攻坚指挥部，成立乡镇扶贫工作站和村级扶贫工作室，形成自上而下、自下而上、系统完整的脱贫攻坚责任体系，构"一盘棋"格局，全面推动精准扶贫各项任务。

识准对象，开好扶贫脱贫"良方"。在识别之初，泽库县始终坚持"公开、公正、透明"的原则，在 64 个行政村组建 64 个"民主评议小组"，对照国家扶贫标准和"五看法""六不准"要求，推行"一进二看三算四比五议六定"工作法，将 4994 户 17886 人建档立卡，推动"两线合一"，让农村最低生活保障和精准扶贫政策有效衔接，做到应纳尽纳，不漏一人一户。

抓好项目，补齐基础设施和"三保障"短板。面对自然条件艰苦、自身

财力有限等问题，泽库县坚持"小财政办大民生"的理念，始终以脱贫攻坚统揽经济社会发展，以"十三五"易地扶贫搬迁规划为引领，推动基础设施建设和公共服务设施建设。深化教育扶贫攻坚，推进"改薄"工程，全面改善教学条件，优化教育资源调配，提升教学质量；推进县、乡、村公共卫生服务体系建设，县级医院搬迁再升级、乡镇卫生院功能再提升、标准化村级卫生室实现全覆盖，实现"小病不出村、大病不出县"的目标。推进基层文化服务设施建设，64个行政村文化活动室、阅览室、健身器材、"户户通"实现全覆盖，不断满足和丰富牧民群众精神生活；推进村级综合服务中心建设，优化办公资源，提高基层服务水平，增强支部凝聚力、战斗力；实施贫困村人畜饮水安全工程、农村牧区饮水安全巩固提升工程和易地搬迁饮水安全工程三大水利工程，实现饮水安全保障全覆盖；实施县、乡、村道路等级提升工程，强化道路病害整治，打通"断头路"，实现"一纵三横十连通"交通扶贫规划，彻底告别"晴天一身土，雨天一身泥"的现象；推进农网改造再提升工程，实现了包括38处易地扶贫搬迁安置点在内的电网全覆盖，全县电网网架结构得到进一步完善，供电质量大幅提升。推进网讯覆盖和提升工程，大力实施光网、基站建设，网络运载能力得到大幅提升，4G网络信号基本覆盖各乡镇、村社和38处易地扶贫搬迁安置点，为牧区群众日常通信和生活提供了可靠便捷的服务。

做强产业，扶好贫困村让产业"兴"起来。科学规划产业项目，突出产业扶贫在脱贫攻坚的支持作用，制定"一村一品牌、一乡一特色"的产业发展新路子。坚持"生态立县，富民强县"战略方向，推动生态有机畜牧业，大力发展藏羊牦牛产业，打造"拉格日"村级合作经济样板，推动畜牧养殖业产业化、标准化、科学化，实现贫困牧民增收与保护生态环境的"双赢"局面。突出"培育"和"造血"功能，创建省级扶贫产业园，培育和引进龙头企业、大型企业和小微企业，构建"园区＋合作社＋贫困户"的产业扶贫新模式，形成县有主导产业，村有集体经济，户有到户产业的格局，以产业推动脱贫致富，推动乡村振兴。一、二、三产业快速融合发展，苗木销售、"菜篮子"工程等新型生态产业初见成效；"泽库一日游"精品旅游线路打造完成，民族手工业、石刻技艺、传统赛马、传统藏戏、"黑帐篷"等为代表的泽库文化旅游产业，促进乡村旅游发展，打造全产业链条，贫困群众都吃上了"旅游饭"。

抓好就业，扶好贫困户让钱包鼓起来。坚持以提升贫困劳动力就业能力、实现稳定就业为首要任务，按照精准帮扶、分类施策的基本原则，对有意愿的贫困劳动人口实施多领域技能培训，贫困户自主就业能力得到全面提升；开发生态公益岗位，实现生态保护促进脱贫攻坚的"双赢"局面；挖掘和培育致富带头能人，"领头雁"效应已经全面形成。高效养殖和新型农牧民职业技术等培训更是成为推动生态有机畜牧业的蓬勃发展的强大力量。充分利用援青平台和定点帮扶资源，通过劳务输送，用人岗位对接等手段，使大批贫困劳动力实现转移就业，贫困户自主"造血"功能得到前所未有的增强，贫困人口收入稳定增长，从根本上实现了从"输血式"向"造血式"扶贫的转变。

2020 年初，泽库县顺利通过了脱贫攻坚第三方专项评估，26 个贫困村，5191 户 21096 名贫困人口高质量实现脱贫退出。至此，戴在泽库头上半个世纪的贫穷帽子已成功摘下。面对"十四五"的美好前景，泽库的脱贫攻坚正在续写新的篇章，全面建成小康社会的美好未来正阔步向我们走来……

创新扶贫机制，助力推产业发展

——同仁县隆务镇措玉村精准脱贫实践

自精准扶贫开始以来，隆务镇措玉村扶贫工作人员始终保持全心全意为人民服务的宗旨，勤勤恳恳，任劳任怨，以脚踏实地的工作精神，紧紧围绕精准扶贫这一中心，积极投身到驻村帮扶工作中。措玉村在县委县政府和镇党委政府的正确领导下，在全体工作队员的勤奋努力下，在全村群众的积极配合下，以扎实的工作成绩优先退出贫困村序列。

一、主要做法

因地制宜确定产业。隆务镇措玉村属于浅山区，村内有 72 户 334 人口，贫困人口 19 户 75 人，是集"高、边、穷、少"为一体的贫困村。群众观念较为落后，受教育程度低，市场意识淡薄，长期以来，没有形成骨干产业，仍以外出务工和采挖冬虫夏草为主。针对措玉村村集体经济薄弱的状况，在隆务镇党委、政府的正确领导和镇村两级的共同研究下，确定了产业扶持为主线的扶贫工作思路。一是依靠贫困村集体产业扶持资金 50 万元和群众自筹 40 万元，在中山路（原州饭店）购置了一套商铺，目前运营良好；二是依托措玉村资源禀赋，通过招商引资，引入企业开发措玉山泉水特色品牌，该项目的开发运营既解决了措玉村贫困群众的就业难题，又增加了全村 72 户的家庭收入；三是通过政府扶持完成了集养生、休闲、娱乐为一体的乡村旅游扶贫项目。四是在武警黄南支队的大力帮扶下，筹备实施以野外聚会为主营的藏家乐扶贫帮建项目。

创新模式驱动发展。产业发展的主要瓶颈是群众思想观念较落后，小农意识强，市场意识淡薄所造成的。为此，措玉村"两委"干部，深入村民家中进行走访摸底调查，在遵照群众意愿的基础上，积极加以引导。全村 14 户成功利用到户产业发展资金实施了到户产业发展项目。同时，邀请农牧专业人士指导产业发展，并经常性入户跟踪产业运营情况。通过一系列工作的开展，不仅提高了贫困群众的干事创业激情也拓宽了家庭经济收入来源。

严把严管资金安全。为确保扶贫资金专款专用和村集体经济收入管理分配，措玉村强化纪律保障，完善监管制度，确保扶贫资金使用公开透明。一是到户产业发展资金规范使用，项目实施落地见效，后续发展稳步推进。二是村集体经济收益合理分配，余留资金严管严查，在村集体经济收益分配上以 3：2：5 的收益分配办法，30% 留作壮大村集体经济和村内公益事业专项资金，20% 向贫困户分配，50% 向非贫困户分配，既得到了群众的认可，又对基层组织建设提供了保障；三是充分利用扶贫互助资金 50 万元，向互助协会会员以 3% 的借款占用费进行借款，保障互助资金安全和解决群众的资金急用难题。

强化培训提升技能。针对贫困青壮年劳力的意愿，分批举办参加了抹灰工技能培训班和挖掘机驾驶员技能培训班，截至目前，措玉村技能劳力自主就业的有抹灰工 10 名，挖掘机驾驶员 8 名。

提供岗位增加就业。为有效推动生态环境保护，措玉村以"生态＋就业＋收入"的模式，积极向上级部门求助解决生态公益性岗位，经多方努力，全村 14 户贫困户得到了生态公益性岗位，保障了村内生态环境有效改善。

狠抓党建力促脱贫。措玉村把村党建工作作为脱贫攻坚工作的重心，在隆务镇党委政府的领导下，夯实基层根基，明确职责分工，合力为全村脱贫发展出谋划策。一是为更好地在扶贫工作中履职尽责，积极组织开展各项主题活动，组织全村党员干部、村民代表学习脱贫经验、产业技术等相关政策和培训内容；二是以每月的主题党日为契机，严肃党内学习会议考勤制度，着力提高农牧民党员履行党员义务，做决策落实的带头人，使村内党员素质明显提升；三是坚持"四议两公开"工作法。在事关群众切身利益和全村发展的重大事项上，严格按规定实施，确保流程公正有序、结果公开透明，将脱贫攻坚与基层党建工作充分融合，全面调动广大党员群众积极参与全村事业发展的积极性。通过党员致富带头人的传帮带作用，全村群众转变了小农意识和安于现状的落后思想观念，为下一步谋划全村奔小康打下基础。

二、取得的成效及体会

村集体经济稳步发展，村内自然资源得到有效利用，全村群众的收入逐年增加，贫困群众就业难题稳步解决，全村水电路等基础设施得到有效改善，村容村貌得到了有效改观，群众发展产业的信心也得到了有效增强。

思路决战出路。要发展产业，关键在于选好一条适合当地实际的发展路子。措玉村就是立足于丰富的自然资源，通过因地制宜制定产业发展规划，并创新举措，推动了集体经济的快速发展；发展是根本。为了确保群众有一个稳定的经济收入，不断提高产业发展水平和贫困群众增收致富的能力，这样才会提高群众的积极性和产业的健康持续发展。

健强组织勇敢担当，不忘初心促脱产

——尖扎县能科乡拉沙村脱贫攻坚工作实践

一、基本情况

拉沙村地处典型的浅脑山地区，是一个深度贫困村。村里基础设施落后，交通出行、村民吃水都极为不便。村民收入来源单一，完全是靠天吃饭。

二、精准扶贫工作开展情况和取得的成效

强班子，带队伍，凝心聚力抓发展。村党支部及党员认真学习习近平总书记关于扶贫工作的讲话精神，特别是"两讲话一通报"的精神，认真开展"不忘初心、牢记使命"主题教育活动、"抓乡促村筑根基三级共创示范县"等工作，厘清扶贫工作思路，发挥各级干部在扶贫工作中的主观能动性，对驻村工作队、村"两委"班子成员进行指导，成立脱贫攻坚工作指挥所，充分调动党员和村民的工作积极性、能动性，齐抓共管，形成合力，有力促进了扶贫工作顺利开展。

不忘初心，切实把党的温暖送到群众的心坎上。一是为进一步增强党群干群关系，打牢基层组织基础，拓展和丰富支部帮支部、党员帮贫困户的"双帮"活动内涵。先后多次组织干部到贫困户家中走访慰问，进一步增进了干部与贫困户的感情，为他们解决了实际困难。二是结合民政实际，进一步制定了联点村宣讲活动方案及宣传活动计划。组织结对干部进村入户开展"手拉手、心连心"结对活动，看望结对贫困家庭，为他们送去面、米、羊毛被、藏服等生活用品。同时，组织拉沙村"两委"班子成员、党员及群众进行了集中宣讲，传达了中央一号文件、州委今冬明春维稳部署精神以及精准扶贫、农村低保、医疗救助、高龄老人补助等惠民政策。三是利用七一建党节与拉

沙村党支部开展联谊共建活动，给参加活动的党员群众讲了一堂生动的党课。四是及时为村民社员举行了分红发放仪式，为合作社 65 户社员每户发放了6800 元。

三、围绕优势调结构、调整产业模式促发展

2019 年落实 3 户贫困户到户产业项目，总投资 7.68 万元，分别是从事养殖业扶持 2 户 7 人，藏服加工生产 1 户 5 人。通过与村干部和群众代表座谈交流，深入分析贫困户致贫原因，并立足本村资源优势，尊重群众意愿，按照"益农则农、宜牧则牧、宜商则商"的思路，以"支部＋合作社＋农户"的形式，引导群众发展种、养、民族服饰加工等特色产业。

尖扎江尼苗木种植专业合作社。合作社项目总投资 151 万元，其中社员入股资金 62 万元，5 户贫困户到户产业资金 13 万元，州级财政扶持资金 10 万元，县级联点单位审计局扶持资金 1 万元。合作社于 2017 年 11 月注册成立，注册资金 140 万元，现入社 65 户，入社率为 69.8%，其中建档立卡 22 户，入社率为 71%，业务范围主要包括苗木种植、藏服加工和销售。

合作社苗木生产组。苗木基地占地面积 10 公顷，今年开春后在县政府、乡党委和政府的大力支持下组织村里有种植经验的 12 名村民到互助县实地考察和观摩，于 2018 年 5 月在拉沙村苗木基地种植油松 20 万株，云杉 10 万株。截至目前，苗木成活率达 98%，预计增收 5000 元 / 亩，户均增收 1.12 万元。

合作社藏服加工厂。加工厂在省民政厅、省质监局等联点单位和州民政局、乡党委和政府的大力支持下已通过企业标准审查，进行商标注册。截至目前，已收到藏服订单 5000 件，总营业额达到 208 万元，解决了 18 人就业岗位，累计发放工资 42 万元。2019 年 9 月 28 日举行分红仪式，65 户社员每户分到红利 6800 元，这在脱贫工作中发挥了极其重要的作用。

老年互助幸福园。拉沙村老年互助幸福园于 2017 年年底建成，总投资 10 万元，利用原拉沙小学闲置房屋进行改造、维修建成，总建筑面积 82 平方米，其中厨房 17 平方米，活动场所 45 平方米，储藏室 20 平方米，并统一安装有线电视、自来水等配套设施。承担着每年 4—6 月份村内青壮年外出采挖冬虫夏草、务工时留守老人和儿童的就餐服务、生活照料等综合性服务。

拉沙村驻村工作队、村"两委"、驻村第一书记及广大党员以永不言弃的精神，带领全村贫困户大步行进在小康路上！

易地搬迁，靠旅游捧起"金饭碗"
——尖扎县昂拉乡德吉村易地扶贫搬迁典型案例

脱贫攻坚工作启动以来，尖扎县坚决贯彻落实习近平总书记重要讲话精神，坚持以脱贫攻坚统揽经济社会发展全局，紧密结合县情实际，把易地扶贫搬迁作为脱贫攻坚的重中之重，牢牢把握"搬迁是手段，脱贫是目的"的根本要求，将946名生活在高海拔、高寒地区，无法就地实现脱贫的贫困群众搬迁至生存条件和发展空间相对较好的黄河谷地，开启了贫困群众的幸福生活。

一、实施易地扶贫搬迁，让困难群众挪出"穷窝"

2016年，尖扎县根据中央扶贫开发工作会议精神和青海省委、省政府《关于打赢脱贫攻坚战提前实现整体脱贫的实施意见》，有针对性地提出"山上问题山下解决"的易地扶贫搬迁安置思路，启动实施德吉村易地扶贫搬迁项目。为了实现"搬得出、稳得住、可发展、能致富"的目标，在深度挖掘德吉村的地理优势、资源优势和文化优势的基础之上，将易地扶贫搬迁与生态文明建设、乡村振兴战略、新能源产业相结合，统筹推进规划编制、政策制定、资金安排、项目建设和后续发展等各项工作，建设了党群活动中心、村级卫生室、学校、污水处理厂等服务配套设施，打造了一批乡村旅游业、设施农业、光伏产业等后续产业，让贫困群众真正挪出了"穷窝"。

二、充分挖掘优势资源，让贫困群众吃上"旅游饭"

在易地扶贫搬迁安置过程中，瞄准德吉村依山傍水，景色宜人，乡村旅游发展潜力巨大的优势。2018年，将7个乡镇30个村生存条件恶劣、基础设施严重滞后，就地无法脱贫的251户946名贫困群众进行了集中搬迁安置。

将搬迁群众牢牢绑定在产业发展链上，开创了文化旅游与脱贫致富融合发展的新局面。为了从更大格局、更高层次、更多领域谋划和提升德吉村旅游发展，引进实力雄厚的企业负责景区开发、运营和管理，使景区的旅游开发逐步走上正轨，使搬迁群众靠山靠水靠旅游捧上"金饭碗"。

三、积极培育特色农业，让群众在家门口"挣上钱"

为了走出一条符合德吉村实际的后续产业发展路子，坚持把特色农业作为提高贫困群众自我发展能力，实现持续增收，稳定脱贫的根本举措。通过土地流转、租赁等方式，积极引导和扶持贫困群众创办以苗木、藏茶种植和农事体验为一体的综合性观光农业园，形成了集聚优势和规模效应，切实解决了贫困群众就近就地打工难的问题，让搬迁群众在家门口就挣上了钱。

四、打造新型能源产业，让群众有稳定的"阳光"收入

因地制宜、精准施策，充分利用德吉村光照资源丰富的有利条件，通过扶贫开发与新能源利用及节能减排相结合的方式，利用援建资金在德吉村发展光伏扶贫产业。在后续产业发展中，德吉村不仅坚持绿色发展，而且还为无劳动能力或劳动能力弱的搬迁群众谋到了生计，改变了他们只能靠政府兜底维持生计的处境，真正让搬迁贫困群众有了一份稳定的"阳光"收入。

五、努力创造就业岗位，让群众在致富路上增强自信

在德吉村打造之初，为了激发搬迁群众的内生动力，彻底消除"等靠要"思想，当地政府积极发挥"引路人""铺路人"的角色，坚持物质脱贫与精神脱贫两手抓、两促进。为实现搬迁群众每家每户都有一人稳定就业的目标，使贫困群众在易地扶贫搬迁中有参与感，在建设德吉村时有存在感，在物质经济上有获得感。

六、创新社会治理模式，让群众安居又乐业

德吉村搬迁户来自周边7个乡镇，生活条件参差不齐、生活习俗各不相同，加之德吉村旅游发展不断向好，外来流动人口管理难度徒增，给社会治理带来了巨大挑战。当地党委、政府针对新形势，开创网格化、信息化、社区化的管理服务模式，将德吉村划分4个网格，配备网格员负责矛盾纠纷调处、环境卫生整治、治安巡逻防范等工作。在交通主干道、出入口安装高清视频监控探头，每个家庭安装紧急报警按钮，实现紧急情况"一键报警、全村响应、同步上传、快速反应、及时处置"的应急措施。推行村党支部领导下的社区

化服务管理工作，建立"一门受理、集成服务"的社区化便捷服务机制，让办理事项"小事不出村、大事不出乡"，极大地方便了搬迁群众。

德吉村是尖扎县摸着石头过河走出的一条浅脑山地区贫困群众易地搬迁脱贫致富和依托生态保护发展双赢的扶贫新路子，也是找准发展和扶贫的契合点，做大做强后续产业，实现群众富裕小康生活的生动实践。德吉村贫困群众收入从搬迁之前的年人均 3700 元增长至 9800 元，从住房差、吃水难、上学难、就医难到家家户户搬进安全住房、通上自来水，实现家门口就医和上学的目标。

助力精准扶贫的"拉格日模式"

——泽库县宁秀镇拉格日村生态畜牧业专业合作社发展纪实

拉格日村生态畜牧业专业合作社成立于 2011 年，合作社成立初期共有社员 36 户，随着合作社的不断发展壮大，到 2019 年共有社员 180 户。

合作社成立后，初步形成了"统一管理、利益共享、风险共担"的基本合作模式。2014 年，被评为"省级示范合作社"。泽库县委、县政府也把全面发展生态畜牧业作为泽库脱贫的第一产业。合作社以"草地和牲畜折价入股，牲畜分群饲养，草地划区轮牧，社员分工分业，牛羊统一销售，用工按劳取酬和收益按股分配"的"拉格日模式"，走出了一条符合泽库实际的草地生态畜牧业发展新路子，成了青南牧区扶贫产业的新路径和样板。

发展生态畜牧业，拓展二、三产业增收空间，全村牧民收入实现了快速增长。在拉格日生态畜牧业专业合作社的示范带动下，全县各类生态畜牧业专业合作社已达 64 家，辐射带动非成员牧户 14587 户，有力推动了全县生态畜牧业的发展，得到省、州认可，并在省、州、县进行推广。拉格日村原先是一个重点贫困村，为改善贫困状态，全村牧民群众全心全意发展生态畜牧业。村民全部住进易地搬迁新居后，牛羊交由合作社打理，劳动力得到有效解放，村民们纷纷选择开商店、进城务工等。"拉格日模式"切实将泽库生态畜牧业建设成为生态、生产、生活"三生共赢"的良好局面，使得高原上的重点贫困村成了模范村。合作社通过转变畜牧业生产方式，实行划区轮牧、分群饲养、种草养畜等，彻底改变了过去牲畜"夏壮、秋肥、冬瘦、春死"的恶性循环；积极推广良种繁育、科学高效养殖，实现了畜群结构进一步优化，良种畜比例进一步提高。现在合作社 3900 多头牦牛中，良种牛比例达到 80%。草地生态环境明显好转，结合实施生态保护补助奖励政策，严格兑现奖罚，使群众保护和管理草场的自觉性进一步增强。积极推行草畜平衡制度，建立饲草料基地，大力发展舍饲半舍饲畜牧业，减轻冬春草场压力，达到以草定畜、生态平衡，有效解决过过放牧问题和维护生态环境之间的矛盾，提高天然草场生产能力。探索集体经济股份合作新模式，提高了草地畜牧业规模化经营水平。通过"生产组织形式转型、生产要素利用方式转型、牧民收入转型、生态保护方式转型、成员转型、股权转型、机构转型、管理转型、产业转型"九个转型使农牧业产业成为泽库扶贫第一产业。

规范拉格日村生态畜牧业专业合作社运行模式，把科技发展畜牧业贯穿到生态畜牧业建设的各个方面。以科技强化生态畜牧业支撑能力，将合作社分为牦牛高效养殖及良种繁育组、藏系羊高效养殖及良种繁育组、产业发展及商业营销组等3个组进行管理。牦牛高效养殖及良种繁育组：主要利用已入社的0.56公顷天然草场，将合作社3904头牦牛分为21个牧业小组，按照划区轮牧的方法进行天然放牧。每个牧业小组配备若干名放牧员及挤奶员，放牧员及挤奶员月工资平均1500左右，由合作社按月支付。藏系羊高效养殖及良种繁育组：主要利用合作社租赁的7200亩天然夏季草场，将合作社910只生产母羊分为4个养殖小组，按照夏季划区轮牧，冬季舍饲的半舍饲养殖模式进行高效养殖。并配备5名养殖人员专门负责藏羊高效养殖，合作社将每只羊以182元/年为标准支付5名养殖人员薪酬。同时，为了提高合作社本地藏羊高效养殖效益，合作社出台了藏系羊高效养殖效益管理办法，按生产母畜数量的85%为准，产羔率大于85%的部分为藏系羊高效养殖人员个人奖励部分，如产羔率低于85%则进行每只600元的相应处罚。此外，在本地藏系羊高效养殖组进行了藏系羊"两年三胎"技术推广工作。产业发展及商业营销组：主要将合作社剩余劳动力按所受再教育再培训技能重新进行分工，从事出租车运营、畜产品推销、外出打工等工作。2014年，合作社利用入社牧户的草原奖补资金600余万元用于合作社二、三产业发展资金，共筹集资金860万元在县城修建了面积为1862平方米的合作社宾馆及餐厅，在西藏拉萨投资近100万元建立合作社有机畜产品直销店，在海南州同德县开办合作社的打字复印店，选择村中有能力、专业知识强的大学生担任宾馆及直销店经理，村中青年人从事宾馆服务和餐饮工作，共解决了32名大学生及青年人就业问题，增加了牧户收入。

我们将以草畜平衡、以草定畜为原则，以草原生态保护为核心，持续打好"拉格日模式"金牌，加强宣传推介，把"名气苗"变成"摇钱树"。同时，挖掘生态环境优势，加快发展草地生态畜牧业，从面上推广"拉格日模式"典范，进一步优化畜牧业生产方式，建立健全社会服务化体系，努力把"拉格日模式"打造成在青海省乃至全国可学、可看、可推广的示范样板，巩固以拉格日为主的牦牛、藏系羊高产示范和有机优质标准化建设，打响知名度，健全招商引资等合作机制，努力实现拉格日乃至全镇各村农畜产品走向市场，以生态畜牧业为主导，持续巩固提升脱贫成效。

大踏步迈进发展"丰收季"，率先小康梦不再遥远

——河南县赛尔龙乡兰龙村牦牛产业发展助力脱贫工作

近年来，在多方调研论证和学习借鉴"拉格日"模式的基础上，兰龙村从产业发展短板突破，引入先进的"生态牧场"发展理念，成为第一批"生态有机畜牧业"建设试点，按照要求推进试点工作，积极发动牧户参与，扎实推进入股草场等级评定和作价入股，优化养殖化标准和标准化生产基地建设等一系列先行先试举措。

一是依托丰富资源，打造硬性品牌。兰龙生态有机畜牧业示范村建设充分依托有机、绿色、无污染资源优势，以雪多牦牛为有机畜牧业"主角儿"，生产风干肉、酸奶、酥油、曲拉等高品质产品，加快有机养殖体系、加工体系、销售体系全产业链建设，不断打造高质量品牌，提高品牌竞争力，形成有引领力量的"有机畜牧产业基地"和有影响力的"硬品牌"。

二是坚持品牌效益，发展有机市场。一是举办"高原雪多牦牛观摩展销会"。继续加大宣传规模，着力运用科学养殖方法提高品种质量，将"雪多牦牛"的品牌打造成国家品牌；二是建稳销售体系。"网红县长"做代言，宣传热度不断提升，县长依托媒体网络平台，以直播带货的宣传方式，将品牌宣传出去，极大地提高了产品的知名度和区域知名度，拓宽了产品市场销售渠道，使"牧区订单"成为牧民提质增收的一项重要举措。

三是强化基础设施，筑牢底层建筑。一是生产设施设备齐全。每栋栏舍设有通风口、配有照明设施和消毒池、消毒喷雾器等消毒设施；设有兽医室及配备有相应的防疫设备；配备冰箱1台，用于保管疫苗；配有大型牲畜称重器1台，精确称重后将数据上传至大数据平台。二是已签订《入股协议》71户，

并完成入股牧户的基本情况登记造册，对 5739 头入股牦牛进行信息录入和上传；对 0.977 公顷草场进行了等级评定和作价入股。三是积极争取项目资金，协调县级有关部门，统筹规划各项目建设，不断争取资金向"生态有机畜牧业示范村"建设集中。四是对兰龙 1.71 万公顷整合草场按等级实行划区轮牧，加强基础规划；合作社从当年盈余中提取 65% 的公益金，用于合作社扩大再生产，不断壮大企业自身建设。

四是完善管理机制，注重人才培养。一是制定并完成了生产管理制度、免疫制度、用药制度、检疫申报制度、疫情报告制度、消毒制度、无害化处理制度、畜禽标识制度及养殖档案管理等规章制度 35 项，并严格执行；不断完善企业基础运营管理机制。二是人才择优，对于养殖、生产、经营管理等各方面人才，进行筛选把关，选择一批专业技术知识扎实，综合素质高，业务能力强的技术人员，投入到生产一线，做好人才的质量把关，对养殖人员等，经过严格培训和体检合格后，持有健康证方可上岗，且细化职责分工。三是全乡范围内建立以政府支持、工作推动、生态保护、有机产业发展、牧民生产生活提高等为主要内容的综合绩效评价体系，对考核评估结果优秀的给予一定奖励，对业务能力不佳，业绩不高的人员进行处罚，充分调动基地人员对"生态有机畜牧业示范村"建设的积极性。

五是抓好产业发展，促进牧民增收。一是利用资源禀赋，充分发挥"生态有机畜牧业"试点建设等主导产业和特色产业优势，不断加强合作社规范化建设，加快转型升级发展步伐，发挥好示范引领作用，不断提升核心竞争力，力争走在全县村集体产业发展前沿；二是不断让村级剩余劳动力动起来、活起来，推进剩余劳动力转移发展就业。结合发展实际，推动剩余劳动力从第一产业逐步向二三产转移，充分融入手工制造业、旅游业等产业发展，不断拓宽牧民群众增收渠道。

兰龙村党支部将继续立足资源禀赋，找准比较优势，坚持目标不变、靶心不散、频道不换、力度不减，积极打造富民产业，扎扎实实推进"生态有机畜牧业"建设工作，为推进乡村全面振兴奠定坚实基础。

奋斗成就幸福

——同仁县保安镇全都村多杰卡的脱贫故事

多杰卡，保安镇全都村贫困户。他为人勤奋，但是因为没有技术，只能守着几亩农田靠天吃饭，收入仅为 2000 余元。

2016 年，被确定为精准扶贫建档立卡户后，多杰卡家里有了低保补助、大病救助等各项政策帮扶。也正因于此，多杰卡家里的生活条件日渐改善，日子终于有了盼头。

交通促进脱贫，运输带动致富。在筛选户产业期间，镇村干部多次与多杰卡谈心，讲解身边的致富典型，以身边人、身边事激励其增强生活信心，树立致富意识。结合多杰卡自身特点和意愿，最终确定发展三轮摩托车运输业。凭借三轮摩托车运输业，多杰卡在同仁地区做起了自己的货运小生意。起初只是在县城内进行货物拉运，后来多杰卡的货运路线越来越长。在 2018 年一年内，他在同仁县靠货运出租收益了 6 万余元。

网络促进经济，信息带动脱贫。多杰卡说到，在他拉运货物的过程中，接触到了不少人和事，他和妻子都善于唱歌，利用这项技艺时常到结婚、乔迁等各种喜事现场，通过唱歌赚点钱。后与人接触，了解到快手直播平台，于是他和妻子于 2018 年注册快手直播平台，经过两年的努力，从开始的不被人理解到现在拥有 12 万粉丝。在直播过程中，多杰卡意识到直播也可以卖东西，2019 年直播收益将近 7 万元，彻彻底底摘掉了贫困的帽子。

多杰卡，以一名农民网红身份，率先成为该村脱贫摘帽的光荣户成为村里脱贫致富典型。幸福来自奋斗，生活奔向小康。多杰卡的脱贫之路无疑走得既艰辛又坎坷。然而，面对困难和失败他没有退缩，也不曾想过放弃。不怕路远，就怕志短；不怕贫穷，就怕懒惰。心中对致富奔小康的理想追求与执着的信念支撑多杰卡一家人，一步步走向脱贫致富奔小康的阳光大道。

励志创业，铸就幸福之路

——同仁县曲库乎乡索乃亥村卡先才让走上致富路

同仁市曲库乎乡索乃亥村是一个大山深处的小村子，截至 2015 年，全村人均收入不到 2000 元，是一个典型的贫困村。然而，贫困山区有着不平凡的人。索乃亥村家喻户晓的脱贫先进户、致富先锋——卡先才让，是脱贫致富的先行者，是奋斗不息的苦行僧，是共同致富的领头羊。

多年来，卡先才让秉承着祖祖辈辈的勤劳简朴、艰苦朴素的品格，守着农民的本分，过着日出而作、日落而息的清贫而又平凡的小日子。2015 年，同仁县（今同仁市）响应党中央国务院的号召，在全县掀起轰轰烈烈的精准扶贫活动，脱贫摘帽攻坚战在同仁县正式打响。卡先才让一家因微薄的经济收入，2016 年年初，被纳入建档立卡贫困户，成为享受精准扶贫政策的帮扶对象。通过帮扶干部的帮助，卡先才让对客观实际进行分析，决定发展汽车服务产业。想好就干，卡先才让的这一想法得到了帮扶干部的大力支持。

最初，卡先才让来到同仁县开始了创业的第一步。一次偶然的机会，他应聘到汽车修理店。卡先才让边学边干，用了半年的时间就学会了汽车护理、美容等技术。

2016 年下半年，卡先才让结识了内地从事汽车清理、美容行当的连锁店店长，在其引导下卡先才让辞去洗车店工作，开始了自己的创业旅程。他创办汽车修理厂，开始时，修理厂收入不太理想，但他依然坚持走自己选择的路，一刻也没有停下自己的脚步。后来，他又把目光投向了出租车保洁服务上，但这并不是一条简单的创业路，其条件和要求都很高。吸纳了 10 名本村的贫困户家庭成员作为工作人员后，通过培训让他们获得汽车修理，保洁的技能。

经过一年的发展，卡先才让以一流的服务，赢得了各方顾客的好评。同时，他也多方听取客人意见，不断改进服务方式，充分体现出他的细心、爱心和责任心。2017年，卡先才让光荣脱贫。

正所谓"一生之计在于勤"，卡先才让能够脱贫离不开他起早贪黑，辛勤劳作。他表示，将来他还会更加努力。

我脱贫，我光荣

——尖扎县洛哇村更藏光荣脱贫

一、脱贫路上不"等靠要"

更藏为人勤奋老实，他利用空闲时间，主动到果洛州、海南州等地联系采挖冬虫夏草事宜，村里那些没有技术和没有采挖虫草门路的贫困户一同跟随他去采挖虫草，以此增加收入。他积极参加各种技能培训，了解相关扶贫政策，不断增强了就业的本领。

二、脱贫致富不忘感恩

更藏是个热心人。项旦父母双亡，兄妹两个人无依无靠。更藏二话不说，直接叫项旦到他家同吃同住，把项旦当自己的儿子，并帮助项旦做农活，在生活上给予无微不至的关心和照顾。又如，尖措，他一个人长年在外务工，对扶贫政策一窍不通，家里大小事全部委托更藏帮他办理，更藏也不厌其烦地帮助他。有人问他你这样帮助别人不累吗？他总是微笑着回答："累点没关系，人家信任我，有求于我，在我能力范围内，能帮则帮。"

三、以身作则做好本职工作

作为一名基层共产党员，更藏以身作则，全力做好本职工作。一是他做到了上级决策部署的宣传人。他事必躬亲，学习相关政策并积极宣传，让各项政策家喻户晓。二是做到了脱贫致富的领路人。洛哇社全村 53 户有 37 户是贫困户，2018 年脱贫出列的寥寥无几，脱贫攻坚任务十分艰巨。为此，更藏等人积极思考，带领全村党员干部积极谋划，利用现有资源发展产业，使老百姓的腰包逐渐鼓起来。三是做到了村民移风易俗的带头人。他说，国家发生了翻天覆地的变化，大家的生活水平也有了质的飞跃和提升，但是我们的精神面貌还没有改变，一些陋习还没有根除，跟不上时代的变化和要求，还需我们大家共同努力，从我做起，奋勇争先，做移风易俗的带头人。

2018 年，更藏退出贫困户行列。在村民大会上，更藏以脱贫典型代表的身份谈及脱贫感言时，他激动地说道："感谢党和政府全心全意为我们办实事。"

勤劳铸就光荣

——尖扎县尖扎滩乡羊智村加羊索南的"农家乐"乐开花

加羊索南，是尖扎滩乡羊智村的一名普通村民，家中有四口人，两个孩子在上高中，家里的收入全靠他和妻子在附近打工，2015 年底，被评定为建档立卡贫困户。在扶贫政策的扶持下，他和妻子拉藏姐共同努力拼搏，走上了脱贫致富的道路，成为其他贫困户学习的榜样。

自从被评定为建档立卡贫困户后，加羊索南成为县级领导结对帮扶对象，在物资帮扶和精神帮扶的共同作用下，积极进取，不甘人后，全力搞养殖的同时，积极参加村内村外举办的各类技能培训，想方设法提升技能。

然而，三年前，一场大雪冻死了他家中的 70 多只羊，一夜之间，一家人的生活陷入谷底。2016 年，通过易地扶贫搬迁，加羊索南一家从山上搬了下来，住进了德吉村。在各项惠农惠民扶贫政策扶持下，他积极响应党和政府的号召，参加了农家乐培训班，在家中办起了农家乐。来往德吉村的游客只要走进过他家的农家乐无人不点赞叫好的，很多县域内的游客都是点名要去加羊索南家的农家乐坐坐，尝尝他的手艺。加羊索南在德吉村开办的农家乐最具有代表性，是德吉村的典范。随后，他成了当地因致富路子宽、创业手段强的首批的致富带头人。2019 年 10 月，加羊索南被村民推举当选为德吉村村主任，带领全村人民一起增收致富。

经过两口子两年多的努力，如今的加羊索南不仅农家乐生意红火，搞的养殖产业也是一天比一天好了起来，从一开始的 26 只羊到现在的 40 头牛。

加羊索南不但具有朴素勤劳的美德，更具有开拓进取的精神，通过自我发展，独立生产经营实现增收脱贫，成了德吉村脱贫致富的模范代表。现在，加羊索南一家信心十足，充满活力，他相信，在党和政府的关心支持下，在社会各界的热心帮助下，尖扎县的每一个贫困户的脱贫致富之路会更加平坦宽广，未来的生活会更加幸福美满。

自强不息，脱贫路上励志前行

——河南县赛尔龙乡尕庆村曲江加脱贫成榜样

现年 57 岁的曲江加是河南县赛尔龙乡尕庆村一名普通的牧民群众，和生活在这片草原上的每一名牧民一样，早年"逐水草牧牛羊，点酥油灯住帐篷"，过着传统而平淡的生活。由于，家庭人口众多，劳动力少，生活极度困难。困难之时，党和政府帮他渡过了难关。他靠自己勤劳的双手，凭着好政策的机遇，转变观念，科学养畜，合理经营，一步步走上了致富之路，最终在 2016 年实现了脱贫摘帽。

在众多脱贫户中，曲江加的脱贫之路成了全村甚至全乡学习的榜样，也给尕庆村的其余贫困户带来了希望。他没有私心，主动把脱贫经验分享给了其他贫困户，还经常与其他贫困户谈心，鼓励他们加入牧业合作社，发展养殖业。在他的鼓励下，渐渐地加入牧业合作社的人日益增多，为下一步脱贫摘帽打下了坚实的基础。

2020 年，荆楚大地疫情横行，曲江加二话不说，自发到县红十字向武汉捐款 1 万元。当人们问他，为什么这样做时，他满怀感激地说道："党帮助我在 2016 年实现脱贫，我时刻不忘党的恩情，现在国家有了困难，该是我报答国家的时候了。"

其他帮扶

光伏产业助力贫困人口吃上"阳光饭"

——青海省光伏产业助力群众脱贫增收

近年来，青海省充分利用丰富的太阳能资源优势，抢抓脱贫攻坚政策机遇，大力发展光伏扶贫产业，促进贫困群众稳定增收、长远发展。目前，全省累计建成光伏扶贫项目，总装机规模 73.16 万千瓦，年发电产值预期 8.8 亿元，扶贫收益 5.7 亿元，带动 7.7 万户 28.3 万贫困人口，占全省贫困人口的 52.5%。

一、背景情况

青海地处青藏高原腹地，平均海拔 4058.4 米，全年日照时间 2500~3650 小时，太阳能可开发量超过 30 亿千瓦，综合开发条件居全国首位。同时，青海土地资源丰富，荒漠和戈壁相对集中，广阔平坦无遮挡，具有得天独厚的太阳能产业发展优势。

2015 年底，全省精准识别贫困人口 52 万、贫困村 1622 个、贫困县 39 个，大部分贫困地区高寒干旱、生态脆弱，经济基础薄弱，农牧业产业结构单一，扶贫产业选择难、培育难、见效慢，贫困群众可持续发展能力不强、稳定增收渠道不宽。精准扶贫开展以来，青海省立足区域实际和资源优势，把"产业脱贫一批"作为脱贫攻坚的主攻方向，大力发展牦牛、青稞、光伏、乡村旅游、民族手工艺五大特色产业，积极培育绿色增收"新极点"，产业收入已占到贫困人口人均可支配收入的 40%。其中，把光伏扶贫产业作为优势主导产业，纳入"清洁能源示范省"建设布局，不断扩大建设规模，成为贫困群众持续稳定增收的新引擎。

二、主要做法

（一）积极创新建设模式。多渠道争取容量指标，有效整合资金、土地等资源，创新建设模式，形成多元发展格局。一是试点项目。争取国家光伏扶贫试点项目容量指标15万千瓦，采取"企业全额投资、贫困县落实用地、贫困户直接收益"模式，选择条件相对较好的8个贫困县建设分布式光伏电站，年收益1500万元；二是村级光伏项目。争取国家"十三五"村级光伏扶贫项目容量指标47.16万千瓦，按照贫困人口数量等因素，分配到1622个贫困村，采取"政府投资、联村建站、量化到县、确权到村"模式，建设31个村级光伏扶贫电站，年预期收益5.3亿元，村均32万元；三是政企共建项目。落实全省"十三五"光伏建设规划指标10万千瓦，采取"政企投资、共建共享"模式，在海南州建设集中式光伏扶贫电站，每年收益分红3854万元；四是社会帮扶项目。国家电网公司投入帮扶资金0.93亿元，采取"跨县建设、帮扶地区收益"模式，帮扶援建1万千瓦光伏扶贫电站，年收益530万元，全部用于玛多县脱贫攻坚。

（二）注重提升项目质量。始终把工程质量放在首位，严格标准、严把关口，严格建成项目验收。特别是在村级电站建设中做到"五个统一"，从源头上消除质量风险隐患，努力把光伏扶贫项目建设成一流工程、样板工程。一是统一实施。成立了由分管副省长为组长的组织领导机构组，整合发改、财政、国土、能源、扶贫、电力等部门资源，坚持统一调度、高效运作，集中力量推进项目建设；二是统一规划。立足青海特殊的生态地位和各地区域实际，结合全省新能源开发的大背景，坚持科学规划、合理布局，将原计划实施的97座联村电站优化整合为31个电站，既降低建设成本，又有效保护生态环境；三是统一招标。根据建设成本、并网条件、施工难易程度等因素，将项目搭配打包成9个标段，面向全国统一开展招投标，比计划投资节省项目资金2.05亿元；四是统一标准。按照国家"光伏领跑者"技术要求和相关规程规范，主要设备均采用当前国内一线知名品牌，各项技术参数均超过国家标准，并网发电综合效能大于81%；五是统一监督。安排专项经费1400万元，聘请国内3家光伏电站第三方专业质检机构，紧盯关键环节、关键部位，开展事前、事中、事后全过程、全方位施工监督和质量监测，从严把控项目建设进度和质量，并对检测结果终身负责。

（三）着力提升管理水平。坚持平台建设与制度建设并重，不断细化实化工作举措，切实加强对项目资产、收益资金的管理，确保光伏扶贫电站长期发挥效益。一是健全管理制度。制定出台《关于做好全省光伏扶贫项目收益管理使用工作的指导意见》,进一步明确管理主体、收益对象、使用途径等,对责任落实、产权归属、成本管控等方面做出严格规定,促进光伏扶贫项目规范化、制度化运行;二是强化管理协作。成立省、市、县三级专门管理机构,健全完善管理机构、项目建设企业四方协调运行机制,明确职责分工,合力推进项目管理工作,及时帮助建设企业协调解决实际困难;三是建设集控平台。依托国网青海分公司数据中心,在全国率先建成光伏扶贫大数据集控平台,实现村级光伏电站智能化、集约化管理,降低运维成本在 40% 以上。优化平台功能模块,通过绿能数据互联,对发电量、电价收入以及资金使用、动态调整等情况进行实时远程监测,进一步提升效益管理精准度。

三、经验总结

青海是贫困村光伏扶贫项目全覆盖唯一省份,是一次性投入最大、覆盖面最广、收益率最高、持续时间最长的一项民心工程、德政工程,持续在巩固脱贫成果、助力增强发展后劲、助推乡村振兴战略等方面发挥了重要作用。

(一)扶贫效益超过预期。积极协调各级电力部门简化工作流程,快捷办理手续,确保建成电站按期并网,实现"即投产、即稳定、即盈利"目标。截至 2020 年 6 月底,全省 4 类光伏扶贫电站累计发电 19 亿度,总收益 14.29 亿元。

(二)助推了贫困村长远发展。2019 年以前,全省 1622 个贫困村中集体经济"空壳村"达到 97%。通过光伏扶贫,将收益资金的 60% 作为村集体经济,全省 1622 个贫困村每年平均有近 20 万元的村集体经济收入,全面实现村集体经济"破零",有效解决了长期以来村"两委"无钱办事的问题。在资金使用上,一方面用于村级产业发展,持续滚动壮大村集体经济,另一方面用于基础设施维修维护、农牧民教育培训、临时救助等公益事业,长期服务于乡村振兴战略。

(三)提升了乡村治理能力。将收益资金的 40% 作为扶持资金,扶持贫困人口、边缘人口增收,对持续巩固脱贫成果奠定了坚实基础。在收益分配上,每村设立 8 个左右公益性岗位,并通过以工代赈、以奖代补等形式,充分调动群众的生产积极性,在进一步激发群众内生动力、实现自我发展的同时,有力提升了乡村治理能力和治理水平。

　　（四）促进了全省生态保护。青海是国家重要的生态安全屏障，保护生态是最大的政治责任。在项目实施过程中，始终坚持生态优先理念，在体现经济价值的同时，充分考虑生态效益，光伏电站选址有效利用戈壁荒漠、黑土滩和荒山荒坡，全部采取高支架农光互补、牧光互补模式，在节约后期管理成本的同时，实现综合利用土地叠加效应。

转移就业促扶贫

——奋斗在陇海铁路线上的牧民杨吉加

　　现年 36 岁的杨吉加，是贵德县常牧镇达尕羊村一名地地道道的牧民，他所在的达尕羊村地处偏远，自然环境恶劣，属深度贫困地区，现有贫困户 90 户 356 人。杨吉加一家正是这 90 户建档立卡贫困户中的一户。

　　被认定为贫困户后，杨吉加不甘心自己的人生就这样被贴上"贫困户"的标签，于是千方百计寻求外出务工的机会，终于在 2015 年经人介绍，在甘肃铁路段找到了一份铁路路基维护的工作。经过几年的坚持，他熟悉了铁路维护工作，每年也能获得一笔足以改变自身生活的稳定收入。

　　2018 年 7 月 17 日，杨吉加参加了贵德县劳务经纪人培训班。经过为期一个月的培训，杨吉加学到了内容涵盖劳务合同签订、人员组织管理、务工权益维护等多方面知识，成为一名合格的劳务经纪人，开始了向劳务经纪人的华丽转身。

　　看到身边的乡亲们还没有摆脱贫困的境地，2019 年初，淳朴的杨吉加便产生了带领乡亲们一起务工、一起实现致富的想法。凭借往年外出务工的渠

道，他积极组织常牧镇农牧民外出务工。随后，召开的贵德县 2019 年度劳务输出工作动员会，为劳务经纪人带领劳动力外出务工提供了坚实的政策扶持和法律援助，这更加坚定了杨吉加带工出去的信心和决心。2019 年 2 月 21 日，杨吉加带领含 25 名建档立卡贫困户在内的 109 名农牧民在家乡人民的期盼中，踏上了铁路线上务工的脱贫之路。2020 年 3 月 26 日，在往年成功转移就业的基础上，杨吉加又一次组织带领含建档立卡贫困户在内的 100 余名农牧民劳动力外出务工，他们通过自己的辛勤劳动在异地他乡为脱贫致富开辟出一条新的出路。

饮水思源，感恩政府。正是在政府就业部门稳步推进的政策扶持下，更多的劳务经纪人选择把带动群众转移就业当作工作重心。与此同时，杨吉加明白正是有了政府部门就业扶持政策给自己"撑腰"，自己外出务工的风险才得以越来越小，劳务输出的路才会越走越宽。

践行"两山"理论，做好生态扶贫

——国家公园示范省建设为生态脱贫贡献林草智慧力量

青海省集西部地区、民族地区、贫困地区于一身，贫困面广、贫困程度深，贫困发生率高，脱贫难度大。贫困人口主要分布在森林和草原覆盖区域，林业和草原成了连接百姓富、生态美的桥梁和纽带。

生态管护员，贫困人口脱贫的"稳定器"。积极利用国家和省级项目资金设置生态管护岗位，建档立卡生态管护员达到 4.99 万人，特别是在三江源地区实行"一户一岗"，年增收达到 2 万元以上，实现了"一家护林，全家脱贫"。村民洛巴一家是建档立卡贫困户，成为生态管护员之前，除了自己干点农活外，家中再无其他劳动力，也没有其他稳定收入，生活异常困难。洛巴被选聘为生态管护员，端上"生态碗"后，他每年通过生态管护工作获得管护报酬 21600 元，实现了脱贫摘帽和生态保护的双赢。

国土绿化，贫困群众增收的"暖心工程"。据统计，各类营造林工程累计带动 30 万人次农牧民群众参与，人均增收 2800 元。其中建档立卡贫困人口参与 5 万人次，人均增收 2400 元。玉树市禅古村的村民旦周措毛是国土绿化项目受益的一名贫困户，丈夫因病去世，家中 5 个小孩需要靠她一个人照顾，制约着她外出务工增加家庭收入，仅仅依靠政府的低保金难以维持生计。2019 年，旦周措毛得知林草部门在家门口的高速公路沿线实施百里绿色长廊绿化建设项目，并为周边群众提供劳务就业机会的消息后，第一个报名参加劳动。通过一个多月的勤奋劳动，获得劳务报酬 4800 元。为实现脱贫摘帽，该村有一半以上的劳动力也通过国土绿化实现了在家门口务工增收。

生态补偿，助力脱贫的"普惠政策"。四年来，全省林业资金直接补贴到农户的资金共计 49.57 亿元，其中直接发放到建档立卡贫困户资金 15.2 亿元。森林生态效益补偿资金补贴到农牧民的为 18.73 亿元，涉及农牧户 58.41 万户 233.64 万人；天保工程森林管护补助补贴到农牧民的资金为 8.16 亿元，涉及农牧户 1.54 万户 5.56 万人，林牧区一批贫困群众通过生态补偿实现了脱贫增收。

林草产业，带动脱贫的"助力器"。林草产业依托资源和行业优势，在农牧区"调结构、兴产业"中发挥着独特作用。通过发展特色经济林、中藏药材、生态旅游、林下经济等，积极推动林草产业发挥带贫扶贫效应。全省经济林种植面积达到 25.3 万公顷、苗圃面积达 1.1 万公顷、种植育苗面积达到 1.66 万公顷，野生动物养殖 34.4 万头，专业合作社发展到 1018 家。大力发展中藏药种植，下达林草产业项目，重点支持西宁、海东等地区当归、黄芪、党参、大黄和班玛县藏茶种植项目，项目实施与生态扶贫、村集体经济"破零"工程相结合，推动中藏药基地化、规模化、产业化发展。成立青海省中藏药产业发展协会，与北京同仁堂健康有机产业（海南）有限公司签订中藏药产业战略合作框架协议，提高中藏药集约化、组织化程度，增强市场竞争力。

生态旅游，群众致富的"金名片"。依托森林、湿地、沙漠等自然公园和自然保护区、国有林场等优势资源大力发展生态旅游业，支持和鼓励贫困群众通过直接从事旅游经营、提供旅游接待服务、开发旅游文化商品、出售农副土特产品、资产入股等多种方式参与旅游经营和服务，带动贫困群众脱贫致富。通过政策支持、资金引导等多种方式，多元化、多渠道鼓励吸纳社会资本投入，已建成森林康养休闲基地 2 处，森林景观利用精准扶贫基地 3 处，森林人家 3 处，林家乐 8 处。湟中卡阳、大通边麻沟等 20 多处森林花海乡村旅游景区已成为全省生态旅游、生态扶贫的"名片"和"精品"。生态旅游人数突破千万人大关，收入近 10 亿元，带动了贫困群众脱贫致富。

国家公园示范省建设为青海生态建设提出了新命题，也为生态扶贫工作提供了新机遇。省林业和草原局将以习近平新时代中国特色社会主义思想为指引，按照省委、省政府和国家林草局的决策部署和脱贫攻坚"四个不摘"重大要求，担当使命，攻坚克难，开拓创新，为决胜全面建成小康社会做出新的更大贡献。

上学路上一个都不能少

——海东市"控辍保学"教育脱贫路上的一个亮点

自"控辍保学"工作开展以来，海东市委、市政府不断改进工作方式，持续加大工作力度，全面落实省政府办公厅《关于进一步加强控辍保学提高义务教育巩固水平的通知》要求和全国、全省现场会精神，努力打好"行政控辍、依法控辍、扶贫控辍、质量控辍、情感控辍"五张牌。2019 年，九年义务教育巩固率达到 97.54%，"控辍保学"工作取得了显著成效。

加强组织领导，提高政治站位。市委、市政府以"义务教育阶段学生一个都不能少，孩子上学的事一天都不能等，控辍保学工作一刻也不能停；确保义务教育失辍学学生进得来、留得住、学得好"为工作目标，多次组织县区党委政府和重点乡镇、成员单位主要负责人召开推进会，提出"行政控辍、依法控辍、扶贫控辍、质量控辍、情感控辍"的"五个一批""控辍保学"机制，制定出台《海东市义务教育阶段控辍保学工作管理办法》，形成了联控联保机制，构建了市、县、乡党委政府主要领导亲自抓的工作格局。六县区党委、政府在控辍保学工作中认真落实主体责任，多次召开专题会、推进会，制定出台"控辍保学""一县一案"，有力地推动了各项任务的精准落实。

加大宣传力度，营造浓厚氛围。各级政府、成员单位、教育行政部门和学校以发放彩页、张贴标语等多种形式，大力宣传《义务教育法》《未成年人保护法》等相关法律法规，提高全社会对"控辍保学"工作重要性的认识。同时，通过举行"义教杯"篮球赛、誓师大会等活动，让"完成九年义务教育是孩子和家长的义务，不送子女入学或雇佣未成年人是违法"的观念深入人心。组织召开宗教教职人员相关会议，入寺宣讲国家政策、法律法规等，进一步明确宗教界人士权利、义务和责任意识，在全社会营造了部门联动、全民关注和参与的浓厚氛围。

落实举措，确保"进得来"。一是严格落实"双线"目标责任制，逐级签订责任书，夯实政府主体责任，制定强硬措施。如"六凡六一律""六禁止十二凡是"等措施；二是为严格落实《义务教育法》《未成年人保护法》等法律法规，各县区狠抓违法典型案例，积极开展依法控辍工作。全市前后共进行了 22 件辍学案的公开审理，对拒送子女入学的家长起到了强大震慑作用；三是将建档立卡等家庭经济困难学生和小升初学生作为重点监测群体，及时掌握适龄儿童少年动态，通过政府主导、学校联动、社会参与"三位一体"的"免、补、助、奖"资助体系，精准施教，阻断贫困传递；四是注重教育质量提升，全市积极推进义务教育均衡发展，加强教研教改，推行分层教学，开展丰富的校园文体活动，实行"小升初"学生整班移交工作机制，努力满足适龄儿童少年就近入学需求；五是协调团委、妇联、残联等组织，建立学生关爱体系，帮助解决适龄儿童少年上学路上存在的困难和问题；驻村工作组、乡镇工作人员、村"两委"成员、学校教师不厌其烦，多次走村入户，以情感感化为主、法律行政手段为辅开展劝返工作；学校健全了劝返学生学习帮扶制度。

分类安置，确保"留得住、学得好"。劝返学生辍学时间长短不同、社会阅历不一，而且步入社会时间长，不受约束、更不受管理，根据这些现状，海东市主要以随班就读、单独编班、送教上门、职普融合等形式，精准施策合理安置。一是对辍学时间较短，年龄较小的编入普通班级，随班就读；对年龄偏大、失学时间较长有意愿接受职业教育的学生，安置到职业技术学校学习基础知识与实用技能，并由职业学校发放培训证书，学籍所在学校发放九年义务教育证书；对重度残疾的适龄儿童少年、怀孕或已生小孩等原因不能回校学习的辍学生，通过送教上门的形式帮助他们完成九年义务教育。截至目前，全市失辍学劝返学生以送教上门、单独编班、随班就读、职普融通等形式进行了安置。二是以《课程标准》为依据，在开设语文、历史、道德与法制等课程的基础上，根据劝返学生认知结构，合理安排教学进度和学习内容，确保学懂学好。三是积极引导劝返学生参与体育、艺术、计算机、科学等社团活动，培养劝返学生学习兴趣爱好，并开展形式多样的主题教育活动，教育引导劝返学生做热爱领袖、热爱党、热爱祖国、热爱青海，有理想、有本领、有担当的"四爱三有"好青年。整治校园欺凌，倡导师生互敬互爱、生生互助互爱，构建和谐校园，避免学生因厌学而辍学，真正做到了留得住、学得好。

产业扶贫促发展，基础设施强民生

——国家开发银行青海省分行推进金融扶贫工作纪实

国家开发银行青海省分行（以下简称"国开行"）根据青海全域贫困省情，坚持"三融""四到"工作思路，坚持"造血式"扶贫，不断创新扶贫融资模式，健全完善扶贫带动机制，全力以赴助力打赢深度贫困地区脱贫攻坚战，推动青海省各县市脱贫摘帽。截至 2020 年 4 月末，国开行累计发放精准扶贫贷款601.9 亿元，其中深度贫困地区投放贷款 405 亿元，占比 67%；精准扶贫贷款余额 322.4 亿元，其中重大基础设施精准扶贫贷款余额 201.9 亿元、农村基础设施精准扶贫贷款 90.5 亿元、产业扶贫贷款余额 21.3 亿元、助学贷款余额 8.7亿元。

一、背景情况

青海集西部地区、高原地区、少数民族地区于一身，贫困面广、贫困发生率高、脱贫难度大。全省 46 个县市区，除了西宁市区，有 42 个国家级贫困县，占 97.7%。8 个地州中有 6 个州为民族自治州。青海省建档立卡贫困人口 52 万，贫困发生率为 13.2%，高于全国 7.5 个百分点。

二、主要举措

（一）国开行省分行党委把产业扶贫放在更加突出的位置，按照扶贫机制建设和龙头企业带动两条主线，强化产业扶贫成效。一是与青海省扶贫局搭建合作机制，支持重大项目建设，推动青海省首个 100 兆瓦光伏扶贫电站在海南藏族自治州建成并网，发放精准扶贫贷款 5.6 亿元。每年可带动 3000 多户建档立卡贫困户增收不少于 3000 元，努力提升深度贫困地区贫困群众的生活质量；二是进一步挖掘青海省龙头企业合作空间和潜力，以"龙头企业 +

合作社＋农户"的模式支持"大宋农业"和"三江一力"等龙头企业，发放产业扶贫贷款 5.2 亿元，通过扶持贫困地区牦牛养殖和菜籽油加工等优质农牧产业，惠及当地农村合作社近 30 个，带动近百户建档立卡贫困户增收稳收。

（二）通过基础设施与产业扶贫"一揽子"统筹推动，以基础设施融资优势带动产业扶贫，以产业发展提升基础设施扶贫效应。一是强化银政合作，积极推动青海省重大项目落地实施。与青海省水利厅搭建长效合作机制，签署 200 亿元战略合作协议。支持国务院 172 项节水供水重大水利工程"引大济湟"开工建设，较好地解决区域性缺水问题，综合改善生态环境，促进贫困地区农牧业经济高质量发展；二是依托青海省光照和风力资源禀赋优势，为海南州和海西州的光伏、风电项目提供融资服务，加快青海省清洁能源电力设施建设，推动贫困地区绿色、环保和可持续发展。

（三）加强开发性金融与中小银行业金融机构合作共赢，以扶贫转贷款支持扶贫产业发展。加强与青海省地方金融机构和农村金融机构合作，扶贫转贷款充分发挥开发性金融与商业性金融协调配合、共同参与的作用，促进优势互补、协同联动，有效引导农村商业银行金融资源聚焦产业扶贫。

（四）坚持党建顶层设计、扶贫派驻双管齐下，以定点、定人、定量推动，加大扶贫精度、深度和力度。一是党建引领，顶层推动。国开行省分行领导通过实地走访和专题座谈等多种方式与各地市州党委主要领导深入沟通，达成思想共识。与省扶贫开发局、财政局、农牧局等部门全方位合作，形成战略协同；二是以扶贫派驻为先导。国开行省分行克服人员少、管理项目多等困难，选派 8 名金融扶贫专员延伸到 6 州 2 市及其下辖的 42 个贫困县，实现扶贫开发全覆盖。

三、工作成效

2019 年，当年发放深度贫困地区精准扶贫贷款 45 亿元，占全年精准扶贫贷款发放 52.4 亿元的 86%，连续三年保持深度贫困地区发放占比持续增长。扶贫贷款有效支持了省内深度贫困地区基础设施以及产业发展，充分带动当地贫困群众增收脱贫，逐步实现"两不愁三保障"。随着 2020 年 4 月 21 日省政府公告宣布民和回族土族自治县等 17 个贫困县达到脱贫退出标准，分行助力青海 42 个贫困县全部退出贫困县序列，完成全部 1622 个贫困村 53.9 万人建档立卡贫困人口全部脱贫退出，实现了绝对贫困全面"清零"目标。

　　分行之所以在扶贫开发中支持深度贫困地区脱贫攻坚取得明显实效，根本上在于立足于开发性金融定位和作用，抓住了全省全域脱贫攻坚的迫切需求和战略契机。一是提高使命担当，扶贫开发就是发展机遇，就是开发性金融机构价值的体现。与全省发展战略共进，与区域发展融为一体，全方位布局，立体化支持，创新性举措，跨越式发展。分行形成了全员参与扶贫、全员支持扶贫、全天候推进扶贫的思想共识和工作格局；二是坚持创新思路方法，坚持机制建设与龙头企业带动两条主线，基础设施与产业扶贫"一揽子"推动，开发性金融与中小银行业金融机构合作共赢，党建顶层设计与扶贫派驻双管齐下，破解金融支持扶贫开发的瓶颈。

"消费扶贫"为产业振兴注入"新引擎"

——民和县借力电商引擎，助力脱贫攻坚奔小康

随着现代农业服务体系的形成，农畜产品稳步增产已经成为常态。然而，伴随着丰收的往往是低价，甚至滞销。在青海省海东市民和县，随着"消费扶贫"计划的实施，越来越多的农产品通过电商平台走向全国各地，不仅卖得掉，而且卖得俏。

当然，广阔的城市市场带给农产品的不仅有销路，还有各种倒逼：包装怎么样？检疫做了吗？品种改良了没？一场需求侧和供给侧的良性互动正在上演。

对口帮扶单位助力卖得掉

"我还担心卖不完怎么带回青海呢，没想到开卖不到 2 小时，牛羊肉全部卖光了！"青海阿牛哥农牧开发有限公司负责人王晶经历了创业以来最火爆的销售场面，公司从青海带来在无锡市民服务中心展销的 1000 千克牛羊肉全被"抢"光，公司带来的贫困户生产的其他农副产品也在次日的展销中售罄。2 天展销 4 小时，农副产品销售总额逾 10 万元。加上之前的两次展销，民和农副产品通过现场展销形式在无锡销售超过 30 万元。

这样的展销活动只是无锡市滨湖区对口支援海东市民和县的举措之一。为有力推动"消费扶贫"工作，今年民和县和滨湖区两地专门签署消费扶贫协议，协议商定通过发挥农副产品专业机构作用，做好民和县农副产品产销对接工作，搭建起消费扶贫"集团订单+专业机构+建档立卡贫困户"的精

准帮扶机制，鼓励滨湖区各级机关事业单位食堂优先采购民和县特色农副产品，同时引导社会各界采购和销售民和县农副特色产品。

通过帮助专业机构对接企事业单位食堂、滨湖区餐饮协会，组织参加无锡现代农博会，开展民和县特色农牧产品进市、区机关食堂推介等活动，已落实消费扶贫订单金额超过 200 万元，为建档立卡贫困户额外增收近 40 万元，110 户建档立卡贫困户共计 509 人受益。同时，国家税务总局等对口帮扶单位也正积极为"消费扶贫"添砖加瓦。

电商企业专业服务走得出

"无锡市滨湖区等对口帮扶我们的地区、单位愿意采购我们民和的农副产品，可是一家一户的农产品怎么才能端上城市的餐桌？专业化的分割包装和物流服务一直是农产品走出去必须面对的一大难题。"民和县商务局局长马成文说，为了解决这一难题，民和县商务局鼓励电商企业作为中间平台，在高度分散的农户和终端消费者之间搭起桥梁，为农产品外销提供专业包装、物流服务等支持。

青海茵蓝信息科技有限公司就是其中之一，公司收购建档立卡贫困户的马铃薯，集中到民和县电商产业园进行专业包装后销往省外。公司通过集中大量订单和物流公司议价，大大降低了马铃薯外销的物流成本。

民和县共有 17 家快递、电商等企业参与到"消费扶贫"中来，通过他们开拓的渠道，民和牛羊肉、马铃薯、苹果、中药材源源不断地走向省外市场，为产业振兴和脱贫攻坚提供了新动能。在民和县电商服务中心主任甘万旺看来，这充分体现了电商对产业的牵引力！

至 2019 年 7 月 25 日，核桃庄乡达库土村民冶奴海通过"消费扶贫"增收 7714 元。

市场倒逼农业生产产得优

一头牛怎么养肉质会更好？一个马铃薯在怎样的环境下才能长得更好？苹果的嫁接技术能怎样改善苹果品质？无锡等对口帮扶城市给予民和的，不仅有订单，更有评价和反馈，对民和的农产品销售来说，这些评价和反馈跟订单一样重要。

张子军是民和县甘沟乡团结村的建档立卡贫困户，他养的3头牦牛被民和电商企业采购后销往无锡，一位浙江消费者在吃了他养的牦牛肉后，给了这样的评价：香味十足，但是不够嫩！在农业技术人员的指导下，他找到了牦牛肉不嫩的根源：出栏周期太长。如今，张子军正尝试让牦牛在2周岁以内出栏，他相信这样的牦牛肉会香味与嫩度兼具。

同样被倒逼的还有民和县隆治乡的果农们，通过电商企业销售苹果后，果径、着色、糖分等概念都已经指标量化，他们已经深切感受到把苹果卖出去并不意味着就完事儿了，电商销售对品质的要求远不是用拖拉机拉着一车苹果卖的那个时代了。觉醒，并立即行动。今年的苹果成熟季，隆治乡邀请国家延安苹果试验站站长、西北农林科技大学教授邹养军来到农户的果园里现场指导，这样的指导将会以协议的形式继续下去。

消费扶贫模式得实效点赞

只有在游泳中才能学会游泳。虽然，将个体化的农户，特别是建档立卡贫困户"投放"到市场中略显残酷，但这是贫困户自身脱贫致富和整个乡村振兴的必由之路。政府和社会能做的只有一点：尽可能在市场竞争中为他们提供一些缓冲保护。民和的做法无疑是符合这一逻辑的，有了对口帮扶地区和单位的订单，有了电商企业的中介服务，贫困户既能拥抱市场，又能尽可能避免风险。

民和县大力推进"消费扶贫"用实践证明了商业是最好的扶贫，在"消费扶贫"的商业逻辑中锻炼贫困户参与市场竞争的能力，检验地方政府和社会化企业助力农产品外销的能力，这一良性互动的价值远远超过"消费扶贫"具体额度的价值。脱贫攻坚决胜在望，乡村振兴正扬帆起航，农民永远是这一伟大历史进程中的主角，让主角们在"消费扶贫"计划的引导下试试水、练练手，迎接更加广阔的市场前景吧！

交通扶贫，共画同心圆

——湟中县田家寨乡、大通县窎沟乡、湟源县和平乡交通扶贫案例

助力易地扶贫整体搬迁村"跨越式"奔小康

2017 年 12 月 17 日，对于西宁市湟中县田家寨镇大卡阳、小卡阳和马昌沟 3 个村 194 户群众来说，是一个难忘的日子、喜庆的日子，也是这 3 个村群众老几辈子做梦都未曾梦到的好日子。这天，湟中县首个大型易地扶贫整体搬迁集中安置区锣鼓喧天、彩旗飘扬，是 194 户群众集体乔迁新居的大喜日子。

近年来，通过向上级行业部门全力争取和反复汇报沟通，湟中县田家寨镇大卡阳、小卡阳及马昌沟村易地搬迁配套道路建设项目列入全省十大交通扶贫示范项目之一，其项目总投资 1317 万元，按城市道路标准和四级公路标准分别建设安置区道路 5.185 公里和田家寨镇千紫缘扶贫产业园配套道路 3.362 公里。该项目的顺利实施已成为湟中县易地扶贫整体搬迁公共服务配套工程和基础设施工程项目当中的"标杆工程"和"典范工程"。首次按城市道路标准建设村内道路，并同步建设易地搬迁安置区后续发展产业扶贫道路。经全力争取，全长 3.362 公里的安置区至田家寨镇千紫缘扶贫产业园配套道路同步建设，进而实现了搬迁群众就地就近就业，确保搬迁群众生活安全稳定，生动谱写了易地搬迁村"搬得出、留得住、能致富"的交通篇章。

鸾沟乡旧油路改造工程助力乡村旅游产业发展

鸾沟片区处于大通县朔北藏族乡辖区，距离大通县城 5 公里，区域内共 10 个村，总面积 37 平方公里，共 1644 户 6728 人，其中贫困村 3 个，贫困户 225 户 756 人。

大通县依托朔北乡边麻沟"花海农庄"旅游品牌，就如何在生态生产生活良性循环中实现转型发展上，探索形成了以良好的生态资源为依托，以加快美丽乡村建设为平台，以打响特色旅游品牌为主要路径，按照"一村一特色、一村一景点"的设计规划理念，确定"花海秀谷、藏乡田园"乡村旅游品牌，"一核一带三组团"的全域旅游发展途径，带动全村群众多渠道、多方式增收致富的新思路，在南京市的结对帮扶下，初步建成了集花卉基地、人文景观、餐饮住宿、娱乐游戏为一体的乡村旅游景区。然而，滞后的交通基础设施成为乡村旅游发展的绊脚石。2013 年在省厅的大力支持下，大通县鸾沟乡旧油路改造项目得以立项实施，项目总投资为 914.9 万元，按四级公路标准建设。项目的实施进一步完善了大通地区等级公路网构架，提高了公路等级，带动了边麻沟地区的社会经济发展，促进了沿线受益村镇产业结构调整和小城镇化进程，改善了农民群众生产生活条件，尤其为边麻沟旅游产业的推动具有十分重要的意义。

鸾沟片区扶贫产业园已建成了生态停车场、公共厕所、朔北藏乡民俗风情街等 10 多个基础设施与景观节点，健全完善利益联结机制和风险防控措施，确保贫困群众长期受益。在产业园建设的同时，大通县交通运输局投资 57.96 万元对园区附近通村道路路面进行了沥青混凝土罩面改造。鸾沟片区扶贫产业园在带动当地及周边经济发展和脱贫帮扶发挥了积极作用。产业园内的花海农庄门票收入增长明显，2017 年共接待游客 50 万人次，实现门票收入 300 余万元，比上年翻了一倍；拉动周边农家乐产业发展，边麻沟村农家乐由 2016 年的 15 家增加到 50 家、家庭宾馆 10 家，户均实现收入 5 万元，最高达 7 万元，周边村发展农家乐 20 余家，自助茶园 25 家；劳务收入稳步增长，产业园内固定用工达 150 人左右，月工资 2400 元，实现固定劳务收入 150 余万元，临时用工 2400 余人次，收入 192 万余元。特色种植成效显著，2017 年产业园区内种植当归从 2016 年的 120 余公顷增加到 300 余公顷，实现产值 2700 余万元，户均增收 5000 余元。

莺沟片区扶贫产业园的打造，是大通县践行"四个转变"发展新思路的具体实践，实现了早转早受益、快转快收益，在绿色转型发展、带动脱贫攻坚上探索出了一条新路子。

红色景区修出的脱贫路

湟源县和平乡小高陵村位于湟源县城南部，属于半浅山地区，平均海拔 2700 米，距离县城 10 公里，109 国道穿境而过，全村总面积 1320 公顷，耕地面积 247.13 公顷，人均占有耕地 0.11 公顷，拥有林地面积 640 公顷，森林覆盖率为 48%。

20 世纪六七十年代，小高陵村是青海省农业学大寨的先进典型，有着深厚的革命传统和红色文化底蕴，适合开发红色文化、休闲度假、农业观光等旅游产业。立足于小高陵村良好的旅游资源特质，湟源县政府通过系统地完善乡村特色的吃、住、行、游、购、娱等一系列乡村旅游项目和配套设施，建设完善和旗帜鲜明的小高陵红色文化、乡村观光休闲、乡村民宿、风味餐饮等旅游产业，树立起小高陵旅游景区特色鲜明的旅游形象，形成稳定的旅游客源市场，从而将小高陵旅游景区打造成为湟源县乃至青海省内知名的红色旅游区。

经济要发展，基础建设要先行，道路交通又是基础建设中的重中之重。2018 年，在省交通运输厅的大力支持下，小高陵红色景区旅游公路建成通车。项目按四级公路标准建设，路面采用沥青砼满铺。项目的建成为小高陵村 504 户 2193 人脱贫致富打开了新的大门，也为小高陵村乡村旅游发展提供了重要的交通保障。小高陵红色景区旅游景区将通过科学规划、合理开发，逐步完善基础服务设施和游览设施，力争以旅游业的发展带动美丽乡村建设，最终将小高陵旅游景区打造成为国家 3A 级旅游景区、青海省红色文化与爱国主义教育基地、青海省文化创作与艺术写生基地、中国美丽乡村建设典范等知名品牌。

同饮放心水，助力脱贫战

——民和县农村饮水安全工作迈向新台阶

提前谋划，城乡一体化建设扎实推进

民和县脑山地区群众已被当地水资源时空分布不均、水源季节性缺水的问题困扰多年，为有效解决这一问题，民和县水利局积极争取资金 2.454 亿元先后实施了河西沟水库、满坪水库、甘沟水源工程，加大了日、月供水调节能力。为了让放心水从"水源头"安全到达村民家的"水龙头"，多次在全县范围内开展水源地环保问题自查自纠活动，进行水源地禁养区拉网式排查，通过安装监控摄像头、设置网围栏、警示牌等方式，切实提高供水水质达标率。同时不断加强水质检测，将供水水质检测能力从原有仅能检测 24 项指标提升至了 42 项，基本形成"同水质、同管理、同服务"的城乡供水格局。

截至 2020 年，全县初步建成了较为完整的农村供水工程体系，净水厂和净水室已覆盖全部千吨万人水源地和部分千人以上零星水源地，全县供水保证率已达 90%，集中供水率、自来水普及率、水质达标率均已达到 100%。

凝心聚力，脱贫攻坚成效显著

农村饮水是脱贫攻坚"两不愁三保障"中的重要指标之一，是实施乡村振兴战略的基础支持，是城乡融合发展的重要内容。

民和县县委县政府历年来高度重视农村饮水安全保障工作，始终把全面解决贫困人口饮水安全问题作为扶贫头号工程之一，安排县水利部门瞄准突出问题和薄弱环节,全力以赴开展人饮"清零"行动,建立台账核清原因,依托乡镇挂图作战,倒排工期逐户销号。同时,对前期人饮"清零"调查表册实行"户籍制"管理,设立专用档案室存放人饮"清零"调查台账记录等档案资料 800 余册,全程跟进蓄水池建设,对不同规格蓄水池建立详细"户籍"。

人饮"清零"成效显著,上访至国家信访局的信访人了解到人饮"清零"工作后对水利工作大为改观,青海省水利厅党组研究确定民和县为全省农区人饮示范县,中纪委就民和县切实维护群众利益创新人饮"清零"的做法提出表扬。

持续推进,人饮工程管理良性运行

农村饮水安全工程"三分建七分管",为保证全县饮水工程能够长期发挥作用,持久发挥效益。2017 年以来,民和县水利局先行一步,制定《关于推行民和县农村饮水安全工程运行管理实施细则的行动方案》,就如何实现全县贫困人口实现人饮"清零"脱贫作了细化部署,及时编报各项规章制度,进一步明确了人饮工程管护主体及责任,理顺了管理体制,形成群众管理、乡镇督导、行业部门指导的管理模式,全力保障人饮安全工程良性运行,让甘甜的自来水真正"甜"到老百姓的心坎里。

驰而不息，信息化建设纵深发展

　　2018 年 10 月起，民和县开始实施供水工程自动化监控和信息化管理系统的建设，逐步连接至管理系统实现实时监控，2020 年已完成松树水厂自动化检测设备安装和全县人饮工程干支管、引水口、蓄水池、阀门井的电脑录入工作，进一步精确细化全县人饮管网，了解全县人饮管道现状，为人饮清零规划、管理及实施方案设计奠定了基础。在认真搞好工程建设的同时，利用现有条件积极探索优化新的农村饮水工程管理模式，在总结过去管理经验的基础上，总结并创新制定新的成功的管理办法以指导和规范管理行为，切实保障工程的正常运行和长期发挥效益，保证群众长期受益。

"三个一批"行动助力脱贫攻坚

——青海省健康扶贫开出精准"治病良方"

家住大通县东峡镇田家沟村的村民张广顺，今年 46 岁，2015 年初，一张医院检查单的到来，彻底打破了全家原有的幸福与安宁。张广顺被医院检查确诊为直肠癌，病痛的折磨和治病产生的医疗费用，再加上两个儿子的学习费用，使他一度萎靡不振，全家陷入贫困的深渊，生活失去动力。2015 年末，贫困人口识别中，张广顺一家被确认为建档立卡贫困户。他作为大病救治对象，东峡镇卫生院医生和村医组成的家庭医生服务团队，经常上门，并主动联系青海大学附属医院专家进行治疗。村委会干部、驻村第一书记也经常到他家宣传健康扶贫相关政策，与县医保局、民政局等部门联系报销医疗费用，兑现"健康保"商业补充保险和临时救助。

2016 年到 2020 年，张广顺总计住院救治 15 次，总费用 289318.51 元，报销比例是 91.46%。2017 年，两个儿子分别如愿以偿地考上了医学类院校，实现了他们成为医者的梦想。同时，张广顺也不甘落后，积极参加创业培训，主动联系甘肃定西厂家，成功开设了"顺源磨坊"，在其精心经营下，磨坊全年收入达 2 万元，一家人的生活又重拾原来的幸福和宽裕。

2016 年以来，青海省卫生健康委认真贯彻落实党中央和省委、省政府坚决打赢脱贫攻坚战的战略部署，围绕"看得起病、看得上病、看得好病、少生病"的总目标，加强领导，健全制度，完善政策，联合多部门力量，精准施策，开展"大病集中救治一批、慢病签约服务一批、重病兜底保障一批"行动，健康扶贫工作取得阶段性重大成效。

大病集中救治一批。省卫生健康委结合全省居民疾病谱，于 2017 年 5 月在国家确定救治的 9 种大病的基础上，新增儿童先天性动脉导管未闭症、儿童先天性法洛四联症、儿童先天性肺动脉瓣狭窄症、包虫病、肺结核等病种，共计 14 种。2019 年国家将大病病种扩大到 27 种，我省又在此基础上增加了肝硬化、肝炎（乙肝、丙肝）、类风湿性关节炎等病种，共计 30 种。2020 年 4 月 21 日大病专项救治范围已经扩大至 35 种，国家病种 30 种，我省特有包虫病、肺结核、肝硬化、肝炎（乙肝、丙肝）、类风湿性关节炎 5 种。截至目前，全省 35 种大病贫困人口罹患人数 21015 人，已全部救治，救治率为 100%。

慢病签约服务一批。省卫生健康委同民政部门扩大门诊慢病救助病种到 25 种，优先与慢病贫困患者开展家庭医生、驻村干部或计生专干"双签约"服务。乡村医生、乡镇卫生院临床医生和县级医院专科医生组建家庭医生签约服务团队，与因病致贫、因病返贫群众"一对一"签约，按照"因人施策、因病施治"原则，逐户逐人制定个性化签约服务协议，并按需提供上门随访、健康评估、健康咨询等服务，发挥健康服务"守门人"作用；乡村干部与辖区内的因病致贫、因病返贫群众"一对一"签约，提供健康扶贫政策宣讲和医保报销代报代办等服务，解决群众就医报销问题。截至 2020 年，全省慢性病贫困患者 50499 人，已签约 50447 人，实现了应签尽签。

重病兜底保障一批。在大病救治和慢病签约的基础上我省还将贫困人口全部纳入基本医保、大病保险、医疗救助范围，实现了贫困人口医疗保障制度全覆盖。将贫困人口住院医疗费用政策范围内大病保险起付线由 5000 元降至 3000 元、报付比例由 80% 提高到 90%。各级医疗机构全面落实建档立卡贫困户"先住院后结算"服务模式，全面实现了住院贫困患者基本医保、大病保险、医疗救助、大病商业保险即时结算，实行贫困患者住院费用诊查费、检查费、检验费、麻醉费、手术费、住院床位费减免 10%"六减"政策。全省贫困患者医疗费用个人自付比例由 2017 年的 29.02%，下降到目前的 9.15%，使贫困群众"看得起病"的保障水平明显增强。

全省建档立卡因病致贫返贫人口 2016 年为 7.8 万人，目前已全部脱贫，贫困患者获得感和满意度不断提升。

文化惠民暖人心，扶贫路上增信心

——文化扶贫为脱贫攻坚增添新功能

每到节庆假日或农闲季节，很多村文化活动室、文化广场上都能看到许多村民休闲娱乐、唱歌跳舞、健身锻炼、读书看报、演奏乐器的身影，村民们脸上洋溢着幸福的笑容。这得益于近年来我省在全省各村实施的村级综合性文化服务中心建设和文化进村入户工程等文化惠民工程，老百姓有了参加文化娱乐活动的场地和开展文艺表演和健身的器材，基层群众基本文化权益得到充分保障、精神文化生活不断丰富，对公共文化服务的获得感、幸福感持续提升，在脱贫攻坚路上精神面貌进一步焕发，致富信心进一步增强。

扶贫路上有文化阵地。2016年以来，按照省委、省政府的部署要求，省文化和旅游厅先后投入4.13亿元，以保障群众基本文化权益为目标，以助力脱贫攻坚为根本，以加强功能资源整合、创新管理机制、提升服务效能为重点，

　　因地制宜推进村级综合性文化服务中心建设。同时，结合中央涉藏地区政策项目和高原美丽乡村建设，不断加大协调力度，充分尊重群众意愿，集中发力，整体推进，共建共享，建成了一批集政策宣传、思想引领、文体活动、图书阅览、科学普及、技能培训、体育健身、卫生计生、普法教育等多种功能于一体的综合性公共文化服务设施，初步构建起功能较为齐全、效应相互叠加的坚强阵地。通过三年的建设，村级综合性文化服务中心实现全覆盖，得到了农牧民群众的肯定和好评。

　　扶贫路上有精神支撑。各地依托村级综合性文化服务中心，开展健康向上、富有时代气息的文化活动，提升了群众精气神、提高了村民的凝聚力，群众集体意识、团结意识、友善意识不断增强。村级综合性文化服务中心为当地群众就近开展文艺演出、电影放映等活动提供了便利条件，丰富了群众精神文化生活。在春节、三八妇女节、七一建党节、国庆节等节庆日，积极开展社火表演、民歌比赛、文艺会演、广场舞表演、篮球赛、射箭等富有民族民间特色的群众文体活动，已成为群众茶余饭后、农闲季节开展文体活动的好去处。村民们普遍反映，自从有了文化活动场所，村里参与赌博、酗酒打架的越来越少了,大伙儿的精气神高了,邻里互助的多了,有力带动了乡风文明建设。海东市互助县依托村级综合性文化服务中心开展了文化道德讲堂、"我们的节日"、农民运动会、文艺会演、农民艺术节等各类主题活动,把村级综合性文化服务中心打造成了党和政府联系群众、助力群众脱贫致富的桥梁和纽带,成为凝聚群众、服务群众的重要载体,得到了广大基层群众的赞誉和支持。同时,充分利用村级综合性文化服务中心,结合各村实际,每年开展土族盘绣培训班,为土族盘绣传承人培养和盘绣技艺提升打下了坚实的基础,并成为一项增收致富产业。据不完全统计,近年来,全省各级文化和旅游部门每年赴乡村"三下乡"演出2000多场,村级综合性文化服务中心每年培训各类农牧民群众近1万人次,在丰富群众精神文化生活、带动群众增收致富中发挥了积极作用。

扶贫路上有致富信心。近年来,各级文化机构积极利用村级综合性文化服务中心,结合脱贫攻坚工作,面向农牧民群众广泛开展理论政策宣讲、乡风文明弘扬、文明礼仪教化、文化知识传授,着力丰富和充实农牧民群众的精神世界,引导群众听党话,跟党走,群众脱贫攻坚信心进一步坚定。如海东市平安区自2016年以来,依托村级综合性文化服务中心,开展了广场舞、民乐、社火、刺绣、秦腔、眉户戏、花儿演唱等各类培训班30余期,培养了一大批文化能人和致富带头人。海东市乐都区瞿昙镇隆国村,20年没有耍过社火了,自从建起村级综合性文化服务中心,配备了文化器材后,村上谋划拉起了80多人的社火队伍,而且群众自发成立了一支文艺团队,并以党的十九大精神、党的各项方针政策编排的贤孝歌曲,深受群众喜欢,并广为流

传。2019 年，我省通过政府购买公共文化服务的方式，为全省 500 个贫困村配备了村级文化管理员，各村文化管理员积极组织村民学习中央支农惠农政策，并将相关政策编排成曲艺、小品等群众喜闻乐见的艺术形式，进一步调动了贫困群众人心思进、主动脱贫、勤劳致富的积极性和主动性。

文化惠民暖人心，群众致富的信心更加坚定。只有文化惠民和扶贫富民齐头并进，综合发力，群众致富的路才会更加持久稳定，决胜全面建成小康社会和开启建成社会主义现代化国家新征程的宏伟蓝图才会早日变为现实！

危旧房改造，改出村民的新生活
——青海省农牧民危旧房改造助力精准扶贫工作

初夏时节的德令哈市村村落落绿树成荫、鸟语花香，一派生机勃勃的景象，四通八达的道路、错落有致的房屋，呈现出一幅美丽乡村新画卷。

柯鲁柯镇希望村村民王克太正乐呵呵地打扫庭院。这位曾经的贫困户，因夫妻俩年老体迈，儿子又身患残疾，家庭生活一度十分困难。现在，他们一家三口搬进了新房，享受到了国家的养老、低保、医保政策，以及残疾人补贴和粮食直补，加上地里的收成和村里的分红，顺利脱贫，再也不用为吃住发愁了。

走进希望村村民刘文兴的老屋，墙面和地面几条巨大的裂缝令人触目惊心。刘文兴指着这些裂缝告诉记者："过去住在这间老屋里，每天提心吊胆，晚上都没睡过一个安稳觉。"他家的新房就在老房子旁边，坚固的砖瓦结构、崭新的家具家电，别提有多气派了。刘文兴喜上眉梢，"党和政府给我们建了这么好的新房，住着很踏实、很幸福！"

"盖了大房子，好娶新娘子。"德令哈市怀头他拉镇西滩村村委会主任杨生忠说："在农村日子过得好不好，首要标志就是住房。"村里的建档立卡户王生云，因父母体弱多病且有残疾，作为家里唯一的劳动力，三十多岁了终身大事也没个着落。2018 年 11 月，王生云一家从土坯房搬进了 60 平方米的新居，他对现在的新房十分满意。如今，王生云当上了护林员，每个月有2800 元的收入，村里有分红，父母也有低保兜底，彻底摘掉了贫困的帽子。"我一定努力工作，争取早日成家！"王生云站在自家的新房前，对未来充满了信心。

西滩村、希望村的喜人变化，成为海西州农牧区危旧房改造的缩影。

柯鲁柯镇希望村、莲湖村，尕海镇富源村、郭里木新村，怀头他拉镇东滩村、西滩村……在德令哈市，每一个农牧民危旧房改造建设项目都始终坚持"一村一策、一村一案"，将"危房不住人、住人不危房"工作落到实处，从规划到建设再到入住，科学规划、精品建设、严格验收，确保高质量打赢打好脱贫攻坚住房安全保障战。

"在危旧房改造过程中，我们走村入社，挨家挨户核查村民房屋情况，统一出了8套建设图纸，各乡镇结合自身需求自主选择适合各种情况的户型。"德令哈市住建局城建办主任韩正才告诉记者，"同时发动村'两委'成员和党员群策群力、齐抓共管，着力加强施工过程质量监管，严格按照程序竣工验收，全面实现住房安全有保障的目标。"

乡村振兴，生态宜居是关键。海西州将农牧民危旧房改造工作与乡村振兴和人居环境整治工作有机衔接，最大限度让利于民、施惠于民，据住房改造满意测评表入户调查，海西州农牧民对新建住房满意度达100%。

掸尽浮尘华光灿，别有天地春风来。随着一座座新房拔地而起，村庄亮化、绿化、休闲娱乐等基础设施遍地开花，农村生产力得到释放和激活，带来了发展的新气象。

危旧房改造改出了村民新生活，群众成为发展的受益者，收获满满的幸福。田园美、村庄美、生活美的高原美丽乡村向我们走来！

"硒"有技术是脱贫"硒"望

——青海省科技厅科技扶贫典型案例

"硒"望曙光

硒是人体必需的微量元素，在各种具有免疫调节功能的营养素（包括维生素 C、维生素 E、维生素 A、锌、镁等）中是目前已知的唯一与病毒感染有一定直接关系的营养素。除此之外，硒可以增强人体免疫系统调节能力，一定程度阻止病毒突变，降低多种病毒感染性疾病的发生率，因此硒被称为是调节机体免疫力的"能手"。研究表明，人体缺硒会引发癌症、营养不良、心血管病、肝病、白内障等 40 多种疾病。我国的营养学家提出，我国要像抓补碘那样抓好补硒工作。

2010 年，青海省国土资源厅第五地质矿产勘查院开展的"青海东部地区多目标区域地球化学调查"获得重大地质成果，首次发现在互助—平安—乐都一带 840 平方公里区域内土壤富硒。消息发布后，平安、乐都开始了关于开发富硒产品，打造富硒品牌的想法，带动了一批有志于发展硒产业的现代农业企业投入其中，开发出了如富硒大蒜、富硒油菜、富硒马铃薯、富硒小麦、富硒蔬菜等众多产品。

寄予"硒"望

2010 年，青海省国土资源厅第五地质矿产勘查院"青海东部富硒土壤调查成果"新闻发布会后，青海宏恩科技有限公司就紧盯平安、乐都富硒土壤地资源，联合省内科研院所、专家团队开展《不同营养物质对马铃薯富硒能力影响初步研究》，该研究后经青海省科技厅组织青海大学、青海省农林科技院、中科院西北高原生物研究所等单位专家评审，达到国内领先水平，并于2012 年获得了国家发明专利。研发的《富硒农产品生物调控技术》为我省乃至全国首创，利用富硒土壤开发富含有机硒农产品奠定了基础。

2014 年，投资 6220 万元新建富硒大蒜、富硒马铃薯等富硒农产品深加工生产线。2015 年 7 月，公司以海东市乐都区特色农产品乐都紫皮大蒜为加工产品，建成富硒大蒜加工中心，年加工富硒黑蒜能力 1000 吨，配套建成富硒大蒜种植基地 666.67 公顷。2018 年，全国食品加工技术领军机构江南大学对公司经"酸水解"等工艺改良后生产的 2 组富硒黑蒜样品进行精细检测，发现了具有良好的保肝护肝及解毒作用的游离态"葡萄糖醛酸"。该物质的发现，是海东本土农副产品精深加工产业发展的又一项科技体现，标志着海东市农产品加工技术再次获得新的突破。

公司现已形成了集富硒肥料加工、富硒农产品种植、富硒农产品深加工、市场营销为一体的完整产业链。公司也被青海省评定为高新技术企业和科技创新型企业。

脱贫"硒"望

公司通过富硒技术培训，指导农户种植富硒大蒜、富硒马铃薯、富硒杂粮等富硒农产品，提高了产量，增加了农产品的附加值。公司通过发展订单生产，高于市场价收购农户种植的富硒农产品，帮助农户脱贫致富，现已形成了"公司标准＋农户种植＋基地加工＋市场营销"的科技扶贫模式。

公司通过科技扶贫模式，建成富硒乐都紫皮大蒜生产基地 666.67 公顷、富硒马铃薯生产基地 266.67 公顷、富硒杂粮生产基地 66.67 公顷。2010 年在公司没有富硒试验和富硒深加工之前的亩收入仅 5000 多元，2017 年提高到1.3 万元。公司直接吸纳 89 名贫困农户在公司就业，每人年收入达到了 3 万元以上，公司每年季节性用工 18300 人次。通过富硒农产品种植，带动海东市乐都区 8 个乡镇 905 户 3802 人脱贫致富。通过资产收益项目带动建档立卡贫困户 1033 户，贫困人口 3002 人；2017 年发放资产受益分红资金 82.62 万元。

企业在发展壮大的同时，也积极承担着社会责任，大力弘扬扶危济困的传统美德，积极投身扶贫开发和公益慈善活动。公司董事长黄振荣积极捐助多名贫困大学生，多年来累计资助百万元，推动扶贫攻坚等社会责任公益事业的发展。2018年黄振荣被国家扶贫局评为全国脱贫攻坚奉献奖获得者。

2020年的"两会"上，硒产业也成了一个焦点话题。全国人大代表赖学佳在全国"两会"期间接受新快报记者采访时表示，癌症高发跟环境污染不无关系，而环境污染又进一步破坏了我国已经相对贫瘠的硒土壤环境，使这种具有防癌功效的微量元素更加稀缺。因此，建议对硒产业予以重视、规范及扶持。随着我国经济的蓬勃发展和人民生活水平的不断提高，人们对健康的诉求也愈发强烈，越来越多的功能性食品进入消费市场。补硒产品进入了大众的生活中，作为大健康中的一环，中国硒产业进入一个快速发展阶段，公司的硒产业发展也将迎来新的发展机遇。

电力扶贫铺就"三江源头"小康路

——国网青海省电力公司电力扶贫工作案例

青海省是六盘山集中连片特困地区和国家扶贫开发重点县全覆盖区域。全省共有 15 个深度贫困县，1622 个建档立卡贫困村 52 万贫困人口，占全省总人口的近十分之一，脱贫攻坚挑战多、难度大。

国网青海省电力公司将脱贫攻坚作为重大政治任务，全面加快电力基础设施建设，补齐民生发展短板，定项目、投资金、建机制，确保扶贫工作组

精准扶贫
1 建好大电网

"十三五"以来
● 全面排查青海省 1622 个贫困村 52 万贫困人口用电需求

● 投资 35.1 亿元建设果洛联网工程，全面接收玉树电网和玛多、班玛、久治三县电网，实现 110 千伏电网在青海县域全覆盖

● 投资 90.8 亿元建设 960 个 "三区三州" 电网建设项目，目前完成投资 78.76 亿元

锁定目标
2 抓好定点扶贫县

2011~2019 年
● 在玛多县共投资 2.147 亿元实施光伏扶贫、电网补强、产业发展、民生改善等 46 个项目
● 援建 2 座光伏扶贫电站
● 帮扶 1721 户贫困户年均稳定增收 5200 元

2019 年 5 月
● 玛多县在果洛全州率先脱贫摘帽
● 玛多县 4 年共减少贫困人口 5121 人

主动对接
3 保障光伏接网

● 累计投资 2.16 亿元，新建 110 千伏线路 54.2 千米、35 千伏线路 148 千米、10 千伏线路 40.38 千米
保障了青海省 47.16 万千瓦光伏扶贫电站 2019 年 6 月 30 日前全部如期并网

织到位、责任到位、措施到位，全方位助力青海全省脱贫。

110千伏电网在青海县域全覆盖，国家电网有限公司定点扶贫的玛多县贫困发生率由37.5%降至0.15%，建成国内首套省级光伏扶贫运营管理系统并接入41座扶贫光伏电站，联点帮扶的12个贫困村全部退出贫困序列……在三江源头，国网青海电力书写着电力扶贫的绚丽篇章。

一、电网延伸升级，补齐民生短板

海北藏族自治州门源回族自治县珠固乡黑蚂沟初麻院村是一个古老的藏族村落。这里的牧民世代居住在深山里，以往只能靠光伏板照明，天气不好时只能点煤油灯。

国网青海电力把偏远农牧区居民可靠用电问题作为"最后堡垒"，全力攻坚。2016—2019年，该公司全面排查全省1622个贫困村52万贫困人口的用电需求，高质量推进贫困地区电网建设。该公司2016年投资35.1亿元，建成果洛联网工程；2017年提前完成885个小城镇（中心村）电网改造、326个村村通动力电"两年攻坚战"任务，惠及农牧民121万人；2018年起投资90.8亿元，建设960个"三区三州"电网建设项目，其中712项已于2019年竣工，剩余的248项将在2020年6月中旬全部建成。

为让贫困地区群众早日用上电、用好电，国网青海电力完善"三部两代"管理体系，优化建设工序和施工组织。目前，该公司累计完成915个建档立卡贫困村和307个深度贫困村的电网改造，解决了823个易地搬迁村3.6万户贫困户的用电问题。10个离网供电乡镇用上大电网供电。

二、精准光伏扶贫，贫困户稳定增收

2018年11月，河南县光伏扶贫电站作为青海省首个并网的村级光伏扶贫电站正式投运。电站全年发电量 895 万千瓦时，有 240 万元的收益。

河南县地处三江源地区，因当地海拔高、自然条件差，农牧民增收渠道少，在精准扶贫工作中，国网青海电力充分发挥自身行业优势，将光伏扶贫作为脱贫攻坚的重要手段，形成了直接精准到村、可以复制推广的电力扶贫模式。

"光伏扶贫就是好，只要阳光充足，就有钱赚。村里脱贫致富就有希望！"说起光伏扶贫带来的好处，优干宁镇多特村村民索南多杰深有感触地说："村里有了光伏扶贫项目后，我们的日子越过越红火。建档立卡贫困户还能在电站申请公益性岗位，每年多了 7000 块钱的收入。"

"十三五"以来，国网青海电力累计投资 2.16 亿元，新建 110 千伏线路 54.2 千米、35 千伏线路 148 千米、10 千伏线路 40.38 千米，确保了全省 97 座总装机 47.16 万千瓦的光伏扶贫电站 2019 年 6 月 30 日前全部如期并网，发电量全额消纳。

在国家电网公司定点扶贫县玛多县脱贫过程中，自 2011 年开始，在公司统一部署下，国网青海电力累计投资 2.14 亿元实施光伏扶贫、电网补强、产业发展等 46 个项目，创新探索"飞地经济模式"，建成了 10 兆瓦玛多县易地光伏扶贫电站和玛多县 11 个贫困村 4.4 兆瓦联村光伏扶贫电站，为 1721 户建档立卡贫困户每户年均增收 5200 元以上，推动贫困发生率由 37.5% 降至 0.15%，实现了 5075 人稳定减贫。2019 年 5 月，玛多县脱贫摘帽。

三、联点结对帮扶，扶志扶智结合

关巴村是一个撒拉族聚居的小山村。村里共有建档立卡贫困户 33 户，占总户数的 17%，贫困人口 154 名。2016 年，国网青海电力开始结对帮扶关巴村。该公司 12 个部门与 33 户贫困户结对认亲帮扶，"志智"双扶，多方面发展产业。

在联点帮扶中，国网青海电力结合实际开展就业扶贫，实行在村农配网业务外委、线路巡查、变电站看守等工作中优先安排贫困家庭劳动力就业等措施。现在，关巴村已有 25 名贫困户加入电网扶贫行列，每人年均增收 2.25 万元以上。

通过近 4 年的联点帮扶中，刘贵明带领村民发展种植业，建蔬菜大棚、种特色产品。黄南藏族自治州尖扎县城上村已成为一个产业发展和美丽乡村建设相结合的脱贫村。2019 年，城上村 29 户 89 名贫困人口年收入超过了 5000 元。全村人均收入也从 2016 年的 4000 元提高到了 7000 元。

为了达到"扶真贫、真扶贫"的目的，自 2016 年以来，国网青海电力通过"扶志＋扶智"先后向 12 个贫困村选派驻村干部 15 人，培训村支"两委"班子成员 67 人、技术人员 20 人；通过落实"一联双帮"责任，帮助贫困村发展家庭牧场，在助力脱贫攻坚、美丽乡村建设等方面发挥了示范效应。

目前，国网青海电力联点帮扶的 12 个贫困村已全部退出贫困序列。

"出水才见两脚泥"的就业扶贫之路

—— 中国电信青海分公司久治县扶贫掠影

久治县是国家级贫困县，也是中国电信集团承接的对口支援县。久治县脱贫攻坚工作一直牵动着中国电信各级领导的心，中国电信集团公司先后派三批业务能力强、政治素质高的中级领导干部担任该县副县长。在五年多的时间里，中国电信立足"六个精准"扶贫，一锤接着一锤夯，压茬推进各项扶贫项目措施，用一点一滴的努力和付出取得了脱贫攻坚阶段性成绩。截至2018年底，久治全县建档立卡贫困户仅剩最后2个村的208户，全县整体脱贫率已由2015年底的21.7%下降至目前的3%以下。

切断贫困代际传递的主要方式是通过提高普及教育，根本性改变下一代人的命运。2018年，在当地教育部门详细排查自2013年毕业至2018年间大专及以上毕业生情况基础上，在人力资源和社会保障部门核对了连续五年来就业数据，又在村"两委"挨家挨户上门现场了解子女就业情况后，经中国电信集团和省、州分公司的精心谋划推动，2018年12月2日，在久治县人民政府召开了"中国电信帮扶久治县就业扶贫专场招聘动员会"，覆盖全县且动员到每一个建档立卡贫困户的高校待就业毕业生43人参加了招聘会。经笔试、面试、体检环节后，最终正式聘用31名贫困户待业大学生正式加入中国电信大家庭。

"就业一人、脱贫一户"，青海公司通过招收31名贫困户大学生，同时解决了31个家庭的脱贫问题，从根本上切断了31个家庭贫困代际传递循环。青海分公司对新招收的31名新员工关爱备至，使他们能够尽快适应新环境，打消各种顾虑，确保用勤劳工作回馈公司期望。经初步核算，新入职的他们，在2019年通过自己辛勤的劳动，从单位获得各类工资、奖金、福利超过人均6.8万元。这一数据，按每个家庭6口人计算，已经远远高于贫困人口人均可支配收入标准线。

除正式招聘久治县31名待就业大学生外，中国电信班玛、达日、甘德分公司将这一实招快速推广复制，再次优先选聘了已经脱贫的13名原贫困户劳力为划小承包单元的聘用制员工，让他们融入中国电信大家庭，通过发展业务，从中获取丰厚的业务提成，进而达到巩固脱贫成果的目的。

果洛分公司更是以重点攻坚中国电信集团公司的对口支援久治县为根本，积极构建扶贫工作格局，立足"六个精准"整体发力，将业务生产经营与奋力投身脱贫攻坚战有机融为一体，一起安排、一起协同、一起推进，获得社会各界的广泛赞誉。班玛县玛可河乡地处偏远，交通不便，由于当地人口少，投资大，回报率低，当地牧民群众饱受通信不畅和缺乏相应服务之苦，针对这种情况，果洛分公司党委密切结合五级划小整体工作推进，把解决当地老百姓的通信难题放在心上、抓在手中。2018年7月，随着中国电信青海分公司承接普遍服务项目的推进，该乡历史性建设完成并交付使用了有线加无线通信网络，在业务代办人员选择上，果洛分公司优先选择了一户建档立卡贫困户作为电信代理人，并积极帮助其建店开业。门堂乡贫困青年热旦从一个电信业务代理员迅速成长为优秀承包人，不断利用自身优势，创新发展方式方法，在代理中国电信业务的同时，代办寄存偏远牧户的邮件包裹和行李物品，在业务发展和跨界服务不断取得成绩的同时，招聘了8名贫困户人员作为企业派遣制员工，一方面为他们支付养老保险、医疗保险等社会保障金，另一方面为他们勤劳致富搭建创业平台。自2018年起，果洛分公司将玛多县花石峡镇措柔村贫困户索合吉、斗拉夫妇安置在玛多分公司花石峡支局营业厅工作，在熟知了公司各项保障措施和奖励机制后，夫妇俩一改往日"逐水草而居"的生活，丈夫爬杆子架线拉线，妻子在地上用熔接机熔纤，他们顶风冒雪，辛勤工作在海拔4200米的花石峡镇，新装、维护光纤宽带有提成，销售通信产品有收入。2018年终盘点发现，花石峡支局完成收入的114%，索合吉夫妇的家庭收入达到了14余万元。花石峡支局成为果洛分公司营维合一的标杆支局，索合吉被果洛分公司授予"银牌支局长"称号。2019年初，虽然经历了青南地区大面积雪灾影响，但索合吉夫妇同样超额完成任务并获得了丰厚的回报。

青海分公司聘用待业大学生、聘用原贫困户承包划小单元合伙人、聘用贫困户为派遣制员工的系列实招，得到了当地政府的高度赞誉，获得了贫困户群众的由衷赞誉，除在州级扶贫会议上给予了充分肯定和推介外，久治县分公司被当地政府评为"2018年度脱贫攻坚先进集体"称号。

金杯银杯，不如老百姓的口碑。一条条洁白的哈达，一张张充满自信的笑脸，表达了贫困群众对中国电信的由衷感谢，也深深印迹了中国电信助力脱贫攻坚之路的铿锵有力！

开展"互联网+健康扶贫"项目，打造"党建+健康扶贫"新模式

——中国移动青海分公司果洛州玛沁县扶贫纪实

党的十九大报告提出，要"坚决打赢脱贫攻坚战"，确保到 2020 年实现真脱贫，脱真贫。健康扶贫作为扶贫攻坚战中的重要组成部分，国家卫健委出台了一系列推进健康扶贫工程的政策。中国移动作为通信信息化的"国家队"，积极响应国家号召，持续发挥央企社会责任和自身优势，紧密围绕"互联网+健康扶贫"指导意见，在国家卫健委基层司、统计信息中心、医管中心、继教中心等相关司局统筹指导下，在集团扶贫办的大力支持下，政企分公司构建了"一网三服务"的健康扶贫信息化服务体系，通过远程医疗、基层医疗信息化、基层医生等服务体系，促进优质医疗资源下沉，真正推动"强基层"的实现，惠民利民。

按照党中央、国务院相关部委部署，中国移动在"三区三州"地区承担 5 个对口支援和定点扶贫县任务。其中，玛沁县地处青海省东南部，果洛藏族自治州东北部，系国家级"三江源生态保护区"，全县人口 5.6 万。玛沁县医疗卫生资源总量不足，医疗信息化建设滞后，无法较好地支撑医院业务，乡镇卫生院和村卫生室信息化建设基本处于空白。医疗卫生服务信息资源得不到共享，信息化业务很难开展，医院间协同管理、分级诊疗、远程会诊、联合门诊和健康扶贫工作推进难度大，建设相关系统支持玛沁县"互联网+健康医疗"业务开展迫在眉睫。

构建"一网三服务"健康扶贫信息化服务体系，打造"互联网+健康扶贫"整体解决方案。紧密围绕"互联网+健康扶贫"指导意见，政企公司构建"一

网三服务"健康扶贫信息化服务体系，促进优质医疗资源下沉。

同时，依托中国移动在医疗领域的服务与能力，以自研产品为核心，整合优势资源，打造了包括智慧医院、远程医疗、区域医卫及健康医疗大数据等产品和服务的"互联网＋健康扶贫"整体解决方案。

有效促进国家顶级医疗资源下沉，创新"党建＋业务"双融双促新模式。2018 年 6 月，政企公司联合青海公司，启动青海玛沁县"健康扶贫"项目。从医共体建设和医疗信息化建设着手，打造以玛沁县医院为中心的全面医疗协作体系。2018 年 10 月，已完成玛沁县医院与大武镇卫生院专线、远程医疗平台等部署工作，同时还帮助玛沁县医院升级了信息化系统，部署了 4G"云医护"等相关产品和设备。与党委办密切配合，组织了多方参与的联合党建活动，深入贫困地区送物资、送优质医疗服务，进一步增强了大家的使命感、责任感，受到了卫健委、中日医院的高度肯定，打造了"党建＋互联网健康扶贫"新模式。

自 2018 年 10 月至今，已经在玛沁县医院及其下属医院大武镇卫生院落地并展开试点工作，与中日医院国家远程医疗与互联网医学中心进行了多次远程会诊、远程义诊、远程医疗教学直播等活动。

果洛玛沁县"互联网＋健康扶贫"项目，是中国移动从医共体建设和医疗信息化建设着手打造的以玛沁县医院为中心的全面医疗协作体系，有效解决了玛沁县医疗资源不足的问题，改善玛沁医疗信息化落后的局面，让高原人民享受优质服务资源。

通过该项目形成了面向贫困地区的标准"互联网＋健康扶贫"解决方案，对于其他贫困地区有较好的借鉴意义和推广性。该项目共涉及 1 家县医院，8 家乡镇医院，项目建设需部署"云医护"、远程医疗相关平台软件系统，升级县医院 HIS、LIS 等相关系统，投入智联终端 PAD、患者腕带和瓶签打印机、医生 PAD、远程医疗一体机等设备，实现院内、院间业务的信息化，总计投入约 100 万元。以此为例进行参考，一个与玛沁规模相当的县级项目，预计投入约百万元，即可有效解决区县医疗资源不足的问题，改善医疗信息化落后的局面，有较高的推广价值和意义。

异地建校，助力果洛教育精准脱贫

——上海市对口帮扶果洛州教育发展典型案例

长期以来，果洛州始终坚持党的教育方针，始终坚持教育优先发展的战略地位，积极探索和创新发展途径。近年来，通过国家和省级扶持并经上海对口支援，民族教育基础设施得到极大改善，"有学上"的问题得到全面解决。由于果洛州自然环境恶劣，社会发育程度低，"上学好"的问题从根本上难以解决。

随着果洛州人口不断增长和家长对子女教育的日渐重视，大量的初中学生，要进入普通高中学习。该现状给本就超负荷运转的教育资源增加了更大的压力。为从根本上改变落后的教育发展现状，向广大农牧民子女提供优质的教育资源，2016 年，经果洛州与上海市沟通协调，决定在自然条件较为适宜、区位优势较为明显的西宁市新建一所独立设置、联合管理的寄宿制完全中学——西宁果洛中学。该建设项目规划总投资 12294 万元，已落实上海援助资金 10000 万元。西宁市果洛中学面向果洛州各县招生，所有生源均为果洛籍农牧民子女，语文、数学、英语、物理、化学、生物等主要课程教师由上海市派出，藏文、体育、音乐、美术等课程教师及后勤教辅人员由果洛州选派或通过政府购买服务方式解决。学校管理采用上海市与果洛州联合管理办学模式，以上海市管理为主、果洛州管理为辅，省教育厅和西宁市参与管理。学校建成后，将有利于果洛州农牧民子女享受到本省和省外优质资源，有效弥补果洛州优质资源短缺、教育教学质量低下的短板，必将提升果洛州本土学生高考上线率，将搭建起果洛州广大学生"上好学、能成才"的有效平台。

按照果洛州委、州政府对西宁果洛中学提出的最好的教育、最好的环境、最好的学校、最好的校长、最好的教师、最好的成绩、最好的成长的要求，西宁果洛中学项目于 2017 年 7 月正式开工建设，占地 3.456 公顷，学生规模900 人。经过一年零八个月的施工建设，于 2019 年 9 月 1 日顺利开学，当年招生 352 人。

为把西宁果洛中学打造成高标准、高起点的现代化标准化学校，上海市委市政府先后多次选派有关领导和专家，亲临现场指导，帮助指导西宁果洛中学的管理团队建设、师资团队建设、专业学科建设，并开展远程教育，让果洛孩子享受到上海的优质教育资源。

近年来，上海市积极响应国家号召，全力实施对口援青工作，在人力、物力、财力方面倾尽所能全力支持和帮助果洛州推进教育改革发展，使果洛州教育事业得到长足发展。

西宁果洛中学的建设是党和国家支持民族教育发展的重大举措，是上海对口帮扶果洛州的集中体现，更是州委、州政府满足果洛州各族干部群众对优质教育资源的需求，推动果洛民族教育跨越式发展的具体实践。项目建成后将有效改善果洛州整体教育环境，为果洛州的快速发展提供强有力的社会教育服务支持。

西宁果洛中学的建成，实现了上海市优质教育资源和西宁市区域资源的最佳有机整合，对于挖掘果洛教育发展潜力、全面提升全州教育教学质量具有最直接的现实意义，对于促进果洛经济社会的稳定、协调、健康和可持续发展，也将产生深远的历史影响。

西宁果洛中学的建设是果洛州认真贯彻落实上海市对口支援工作要求，

深入推进实施省委省政府"一优两高"战略部署的重要举措，是深化"沪果"对口支援工作、打造果洛教育新品牌的标志性工程，是一项惠及千家万户、造福子孙后代、事关长远发展的大民生工程，对解决果洛学子"上好学"、推动教育事业发展具有里程碑意义。学校的落成开办体现了各级领导对果洛发展的关心支持，对果洛人民的深情厚谊，也凝结着沪果两地民族团结一家亲的深情厚谊和对口支援、携手发展的无疆大爱。

聚焦脱贫攻坚，山东打出"组合拳"

——山东省对口支援海北州工作纪实

2019 年，门源县浩门、北山、西滩等乡镇试种的 35.9 公顷火焰蓼喜获丰收，每亩收益超过 2000 元，比传统种植作物收益提高了 5 倍之多！这条致富之路让生活在深度贫困地区的百姓眼前一亮，欣喜异常。然而，引进特色产业种植，仅仅是山东省对口支援助力海北州脱贫攻坚诸多举措中的一招。

在山东省全面支援海北州经济社会发展的"任务栏"里，扶贫从来都是被摆在最显著的位置。近年来，山东省紧盯海北脱贫目标，从机制、项目、资金等多方面综合发力，多管齐下，打出了一套助力脱贫的"组合拳"。

一、建机制，缔结全面结对帮扶关系

在山东省帮扶海北州、四市帮扶海北四县的基础上，进一步拓展结对帮扶的维度，扩大帮扶领域，丰富帮扶内容，形成了多层级、广领域、全覆盖的援助新格局。一是县乡结对，目前，已经实现山东的 26 个县（市、区）与海北的所有乡镇结对帮扶。临沂市还进一步延伸，促成了 20 个强乡镇与海晏县 20 个贫困村，双方 11 家企业之间的结对；二是部门之间结对，山东省委组织部、发改委、教育厅、住建厅、人社厅、卫健委、农业农村厅、文旅厅、公安厅等与海北相关部门结成对子；三是学校、医院等基层单位结对，已有山东 39 所优质学校结对帮扶海北州中小学发展，山东 14 家省市级医院与海北的全部 9 家二级医院结对。新的支援机制，使受援对象由县拓展到了乡镇、民生事业单位、贫困村和企业，合作的范围拓展到了产业培植、经贸协作、精准扶贫等各个方面。

二、立项目，健全扶贫工作保障

一是积极扶持壮大村集体经济。山东援青坚持把发展壮大村集体经济作为工作重点，用于扶持壮大海北州集体经济的资金达到 1.09 亿元，其中涉及 86 个贫困村。2018 年海北州 214 个行政村集体经济平均到账经营收入达到 3 万元以上，在青海省率先全面实现村集体经济"破零"。与此同时，山东省委、省政府专门制定《山东省助推青海海北州脱贫攻坚行动计划》，确定 15 项重点工程，助力海北州稳定实现脱贫目标。2018 年，山东省通过深入实施援青项目，发挥援建资金最大效益，扶持海北州贫困村发展牛羊养殖育肥、大棚蔬菜种植、旅游休闲等多种经济，辐射带动 1124 个建档立卡贫困户实现脱贫增收，帮助 3682 人摘下贫困的"帽子"。二是大力培育发展产业。山东省立足门源县冷水资源丰富的优势，投入 2300 万元建设冷水鱼繁育基地，基地繁育能力达到 180 万尾，首批 62 万尾鱼苗于 11 月正式签约发售。累计投入 2 亿元，支持建成藏医药康养中心，积极培育发展高原康养产业。支持企业引进火焰参种植项目，一期种植面积 200 公顷，促进农民增收 150 余万元。投资 685 万元，支持青海湖农场购置生产物资，发展有机肥加工产业，达产后可年产有机肥 1 万吨，实现产值 1000 余万元。积极牵线搭桥，组织山东企业参加"青洽会"，达成合同金额 3.3 亿元，促成 20 家企业来海北投资兴业，达成意向 16 项，落地资金 3720 万元。通过支持发展冷水鱼繁育、智能温室大棚、畜牧养殖等产业，提供就业岗位 2448 个。三是着力强化就业创业培训。大力开展高校毕业生就业创业培训，组织未就业高校毕业生就业创业培训班 5 期，培训学员 370 余人。组织开展汽车电子商务、民间刺绣等专业技能培训班 18 期，培训学员 920 余人次。帮助海北州职业学校举办各类培训班 7 个，培训人数达 500 人次。建立山东省和海北州劳务输出对接机制，累计向山东劳务输出 431 人。充分利用"就业援助月""春风行动"等专项招聘会，邀请省内 12 家企业和 2 家人力资源服务机构开展联合招聘活动，累计提供各类就业岗位信息 800 余条。扶持建立县、乡、村三级电商服务网络，电商交易同比增长 29.6%，带动贫困户就业 345 人。

三、建产业，筑牢脱贫致富基础

山东在产业发展方面进行了诸多的尝试和努力，围绕海北州发展定位和需求，通过对口支援平台广泛开展招商引资，助力海北州发展特色产业，筑牢脱贫致富的基础。产业发展有了基础，便在销售环节上下功夫，看中内地巨大消费市场，推进实施"千牛万羊进山东""高原特产入威海"等工程，滨州企业与达玉合作社签订协助脱贫协议，为牧区群众增收2000多万元。截至目前，进入山东市场的牛羊总量已突破47万头（只），实现牧民直接增收超过4000万元。同时，组织海北企业参加山东文博会，实现销售收入10.2万元，提高了海北优质农牧产品在山东市场的知名度。

四、通渠道，加快电子商务发展步伐

海北州农畜产品产量大、品位高、质量优，由于区位相对偏远、销售渠道不畅、经营人才缺乏，产品销售困难。面对这样的问题，山东援青通过大力支持电子商务加以解决，着力打通科学高效的产品销售渠道。支持门源县建成青海省软硬件一流的县电商公共服务中心，入驻电商企业18家，建成12个乡镇电商服务站、4个重点旅游景区电商服务站、66个村级电商服务点，初步形成"电商平台＋龙头企业＋合作社＋贫困村（户)＋网店"的电商扶贫生态链。支持海晏县建设绿色文化产业园，将其打造为县级电子商务综合服务中心和电子商务实训基地，入园电商企业和创客达到20余家，园区销售额达到470万元，解决就业120余人。

五、育人才，持续加大智力支持力度

积极开展教育、医疗、农牧科技等培训，提高专业技能水平，阻断贫困代际传递，为脱贫攻坚提供人才支撑。2016年以来，共投入培训资金2616万元，培训人员万余人次，有效促进了贫困人口就业。实施人才异地培养，每年安排山东省本科高校定向海北招生60人、招收海北高中班160人、组织家庭贫困中职学生到山东学习实训，加快人才培养步伐。

山东始终把海北作为自己的"第17个市"，把助力海北脱贫攻坚作为自己分内之事，综合施策，协同用力，加快海北脱贫步伐，为打赢脱贫攻坚战注入强大动能。

创新支援机制，推动高质量发展

——江苏对口支援海南州脱贫工作总结

　　2015 年底，海南藏族自治州共识别认定贫困村 173 个，贫困人口 17458 户 52995 人。自精准扶贫工作开展以来，累计投入各类扶贫资金 123 亿元，扎实推进精准脱贫各项工作，如期实现了同德、贵南、兴海、共和、贵德五县"脱贫摘帽"和 173 个贫困村 5.3 万贫困人口退出任务，全州绝对贫困"清零"目标基本实现，脱贫攻坚取得决定性进展。

　　一是保障机制到位。州委、州政府主要领导担任脱贫攻坚双组长，完善州县两级脱贫攻坚指挥体系，精心研究制定脱贫攻坚"九个一批"行动计划和"十个行业"专项扶贫方案，先后争取中央和省级财政专项扶贫资金 27.83 亿元，配套州级财政扶贫资金 4.64 亿元，整合涉农资金 75.68 亿元。

　　二是对口支援有力。2016 年以来，江苏省安排援建资金 12.6 亿元，援建资金用于保障和改善民生领域资金占总资金的 89%。援建项目涵盖海南州城乡建设、农牧业基础设施建设、社会事业、产业发展、生态保护等各个方面。

　　三是专项行动落地。深入实施产业扶贫、就业扶贫、低保兜底扶贫三大行动，先后建成扶贫产业园 8 个、扶贫车间 38 个、产业基地 46 个，农牧业专业合作社 239 个，实施 50.5 兆瓦光伏扶贫项目，带动 173 个贫困村的 8937 户贫困户实现长期稳定增收；通过加大劳动技能培训、加强劳务输出协作，实现贫困群众劳务输出 3.1 万人次；统筹资金 2.99 亿元，设置生态管护等公益性岗位 5331 个；建立完善以农村低保、新型合作医疗、社会养老保险为重点的社保体系，贫困地区建档立卡贫困户全部纳入低保范围。

　　四是"三保障"见效。全面落实 15 年免费教育政策，全州九年义务教育巩固率达 96.5%。建成标准化村卫生室 428 所，全面实施医疗精准扶贫"十覆盖"，基本解决了群众看病难问题；统筹资金 656 万元，创设"精准防贫保险"将全州 8.2 万名农牧民纳入精准防贫范围，筑起了因病、因灾、因学返贫致贫防线；累计投入资金 7.73 亿元，实施易地扶贫搬迁项目 3757 户，贫困户住房改造项目 3908 户，贫困群众住房条件得到有效改善。

五是强基工作扎实。围绕贫困地区水电路等方面的短板问题，着力提高脱贫攻坚的质量和效益。投资 11.7 亿元，建成农村公路 3000 公里；投资 4.85 亿元，实施电力扶贫项目 126 项；投资 5848 万元，解决 14808 名贫困农牧民安全饮水问题。同时，结合再造一个畜牧业大州推动产业扶贫，实现了 426 个村集体经济"破零"。

六是补短板惠民生，聚焦脱贫精准发力。十年来，我们始终坚持对口支援工作深度参与精准扶贫、精准脱贫方面的有关要求，实施民生扶贫领域项目共 106 个，资金达 10.34 亿元。特别是 2017 年、2018 年、2019 年江苏累计安排对口支援海南州近 8.5 亿元，安排农牧民生产生活条件改善、人才就业培训、医疗卫生、生态建设和环境保护项目资金占比达 85% 以上。2018 年及时调整优化项目 11 个，资金 0.47 亿元，聚焦农牧民安全住房建设，助力脱贫攻坚。

七是劳务输出助推就业脱贫。积极推进劳务协作，与江苏省人社厅签订了战略合作协议，江苏共组织举办劳务人员培训 48 期、专场招聘会 8 场，培训人员 2000 多人，组织提供就业岗位 2.7 万个，推动实现就业 536 人。贵德县、共和县、兴海县工作组先后落实 297 人次到南通、徐州等地务工，其中建档立卡贫困户 74 人。

2020 年，是国家对口援青工作十周年，也是实施《江苏省"十三五"对口支援青海省海南州经济社会发展规划》的收官之年，更是全州打赢脱贫攻坚战的决胜之年。下一步，海南州对口支援工作将按照州委、州政府的统一部署，深入贯彻落实党的十九大、十九届四中全会、中央第六次、第七次西藏工作座谈会精神，按照习近平总书记"四个扎扎实实"重大要求，以及省委、省政府"一优两高"的重要部署，依托泛共和盆地建设发展的基本目标，坚持对标对表、问题导向，坚持系统谋划、精准发力，坚持突出重点、协同推进，在关系海南州发展稳定的根本性、基础性、长期性问题上定点发力，在支援机制举措的针对性、创新性、实效性上狠下功夫，加速推动经济社会发展质量变革、效率变革、动力变革，为海南州迈向第二个百年奋斗目标做出积极贡献。

援青五年，结出丰硕果实

——浙江对口援助海西州五年工作总结

自对口支援工作开展以来，浙江省始终以习近平新时代中国特色社会主义思想为指导，以中央第五次、第六次西藏工作座谈会精神为遵循，不断创新支援模式，逐步形成了以项目建设为载体、以产业对接为平台、以援青干部为纽带、以促进双方交流合作为成果的工作格局，在项目、资金、人才、智力等方面给予海西州全力支持，促进了海西州经济社会发展和民生基础设施改善，加深了双方交流、交往、交融，对口支援各项工作始终走在前列，形成了海西特色经验和模式。

"十三五"期间，浙江省共安排援青资金 11.15 亿元，实施援建了海西州脱贫攻坚补助项目、德令哈市高原美丽乡村建设项目、格尔木市卫生计生信息化建设项目等 167 个项目。援建项目的全面实施，极大地促进了海西的经济社会发展，为海西现代化强州建设奠定了坚实的基础。

一、为改善农牧民生产生活条件升级加力

自 2016 年以来，在浙江省大力支持下，共实施改善群众生产生活条件类项目 76 个，投入援青资金 5.12 亿元，帮助海西解决了农村牧区安全饮水、供电、道路、环卫和生态环境等生产生活中最直接、最现实、最紧迫的问题，改善了农牧民生活环境和出行条件，积极助推精准脱贫攻坚和巩固提升工作，农牧区居民生产生活条件明显改善。一是为海西州三市三县一行委新建（改建）住房 2282 套，惠及 8800 余人，切实提高了人民群众生活质量，促进各民族之间融合团结，推动了海西高原美丽乡村建设，让广大人民群众享受到和城市一样的舒适环境。二是双方党政主要负责同志亲力亲为助推"携手奔小康"

行动,海西 7 个地区与浙江 7 个地市建立了结对帮扶合作关系,分别签订了《"携手奔小康"企村结对帮扶协议》,给予计划外结对帮扶资金 1.6 亿元,捐赠物资 1576.53 万元。三是"十三五"以来累计落实援青资金 4775 万元,改善 2.02 万农牧民群众饮水安全条件,全州农牧区集中供水率达到 94.13%,自来水普及率达到 92.08%,水质达标率达到 100%,供水保证率达到 95%。累计改善农田灌溉面积 0.11 万公顷,累计修建防洪堤 3.18 公里,防汛抗旱减灾能力不断提升。四是"十三五"以来,浙江省高度重视生态环境建设工作,以生态文明建设为宗旨,投入援青资金 6710 万元,建设援青林 236.1 公顷。同时实施建设了乌兰县沙流河治理工程、天峻县环卫服务中心及环卫设备购置等项目。通过生态建设和环境保护类项目的建设,有效地增加和保护了林草植被覆盖,提高部分地区植被覆盖率,有效遏制风沙危害,减轻由于风沙带来的经济损失,改善沙区生态状况。五是投入援青扶贫资金 3500 万元,实施了种养业、枸杞加工、乡村旅游等 40 个扶贫项目,扶持 5 个市县 65 个村发展壮大村集体经济,惠及农牧民群众 5900 余户 19000 余人,项目收益资金用于发展壮大产业、改善村级条件等,不断提高困难群众持续增收能力,有力地助推了全州整体脱贫摘帽。

二、为教育医疗事业发展升级加力

教育方面:一是基础设施改善方面。2016 年以来,落实援青资金 8000 余万元,实施了海西州职校检验实训基地项目、德令哈市名师工作室建设项目、海西州校车及教学器具购置项目、格尔木市中小学素质教育实践基地建设项目等。新建和改建校舍 3 万多平方米,配备了一批中小学校车、幼儿园教(玩)具,这些项目极大地改善了海西州中小学办学条件,推动了州县域内义务教育均衡发展。二是建立完善双方沟通交流机制。2016 年以来,教育领域共签订《浙江省对口支援青海省海西州教育工作协议书(2018—2020)》等对口支援协议书 24 个,海西州 104 所中小学幼儿园与浙江 93 所中小学幼儿园结对,从机制层面确定帮扶项目,落实援助资金,分解工作任务。三是教师素养提升方面。2016 年以来,先后在浙江省举办海西州中小学骨干教师等各类培训班 20 期,培训人数 2000 余人次。共 45 批次浙江专家名师赴海西州开展送教活动,受益师生达 5500 余人次。

医疗方面:一是医疗卫生基础设施不断改善。2016 年以来,累计投入医疗卫生基础设施建设项目资金 8940 万元，实施了德令哈市妇幼保健院建设、天峻县人民医院传染病区建设、食品安全检验检测设备购置项目。二是突出"组团式"帮扶。浙江大学附属第一医院连续派出 4 批专家团队 19 人次，对州人民医院学科建设、医院管理等方面进行全方位帮扶，浙江省各级医疗机构共派出 112 人次对海西州 9 家州县级公立医院进行为期 3~6 个月的短期帮扶。先后组织 8 名管理人员和 28 名临床专家，赴海西州开展义诊咨询、学术讲座、手术示教、远程会诊等技术援助活动。三是卫生信息化建设取得新进展。浙江大学第一附属医院与州人民医院建立数字病理终端，开展远程病理诊断业务。投入 730 万元用于海西州人民医院建设信息系统改造工程，影像、病理、心电、检验四套医技远程会诊系统上线使用。州人民医院已累计实现远程会诊 109 例，举办远程培训授课 185 场次，护理系列讲座 82 次，4766 人次参加培训。为缓解海西州偏远地区人民的看病难问题，依托信息化技术、积极推进远程医疗服务，切实改善服务方式，成为受援地广大群众的健康福祉。

三、为产业发展转型升级加力

一是积极打造德令哈、格尔木两市"一园两区"浙江工业园，不断完善园区配套，构建了互利共赢的产业合作模式。德令哈园区已全面建成 7 栋标准化厂房，11 家创业孵化小微企业入驻，总投资 1.26 亿元，共解决当地就业人数 200 余人。格尔木园区引进浙商企业共 12 家，总投资 28.35 亿元，解决当地就业人数 1800 余人。二是邀请浙商参加"青洽会"、矿博览会、特色产品推介会等投资洽谈会，成功引进浙江籍投资主体的招商项目 38 个，签约金额 148.86 亿元。目前，累计完成投资 52.51 亿元。2018 年，成功在浙江省杭州市、温州市、宁波市三地相继举办海西特色产业项目推介会。三是依托柴达木电商绿洲基地，吸引经营者开设覆盖全国范围的柴达木电商绿洲线下体验店，通过"线下体验、线上销售"方式，宣传推广海西州农特产产品品牌，拓宽农特产产品销售渠道。截至目前，已有省内外 60 多位经营者在广东、浙江、江苏、陕西、四川、湖南、河南、辽宁、山西、山东、甘肃、天津等全国 14 个省、市开设 47 家体验店，300 余种海西产品走出青海、走向全国。四是 2019 年 12 月，"海西（温州）经贸合作推介会"在温州市成功举办，双方共签订飞地模式投资项目协议 17 个，总投资额 37.7 亿元，项目涉及盐湖化工、油气化工、金属采选冶金、文化旅游、特色生物、装备制造等领域。总投资 5

亿元。

四、为智力综合提升升级加力

近年来，通过双向挂职、两地培训和支教、支医、支农等方式，全方位推动智力援助和人才交流，增强了"造血"功能。截至目前，实施智力援助项目330批次，累计培训干部人才、各类技术人员、医护人员和学生等14647人次。一是有针对性地开展培训。通过积极组织精准扶贫培训班、旅游产业培训班、美丽乡村建设培训班和智慧水利培训班等特色专题培训班，有效推动两地人才领域的交流与合作。二是选派干部人才赴浙江结对市挂职锻炼，共选派25名从事循环经济发展、招商引资、城市规划建设管理、文体广电、教育管理、城乡卫生服务和新闻媒体等方面工作的干部赴浙江挂职锻炼。三是就业创业能力逐步提升，鼓励帮助大学生及广大中青年农牧民就业创业。深入实施技能扶贫专项行动，促进低收入群体就业创业。大力开展"致富带头人"专项培训，充分发挥示范引领带动作用。

五、为基层组织和政权建设升级加力

聚焦"三基"建设短板，采取全方位调研、部务会研究、精准化拨付的方式对每年100万元（5年共计500万元）的援青资金进行分配使用，确保每一分援青资金都花在关键处。一是组织实施了题为《让党旗高高飘扬——海西州村级党组织"两化"工程》的党建项目，将100万元援青资金全部用于各地区村级组织阵地"十有"设施配备补助。二是实施组织阵地"温暖"工程。通过实施组织阵地"温暖"工程让村干部有了温度，确保村级活动场所冬季正常使用，村级规范建立并严格落实村"两委"轮流坐班、村民事务代办、一次性告知、限时办结等制度，村"两委"班子成员轮流坐班制度严格落实，群众办事更加方便。三是实施村级"大喇叭"项目。通过实施村级"大喇叭"项目，配备村级广播，乡镇党委紧紧围绕"三农"工作，精心编排政策法律、实用技术、致富信息等节目，包村干部、村"两委"干部轮流当"广播员"，使得党的政策法规有了声音，增强了宣传效果，畅通了党的声音向下传递和社情民意向上反映的交流渠道。

六、为双方"三交"日益密切升级加力

自2016年至2020年8月，双方互访交流达410批次4317人，高层互访31批次541人。同时，开展"名医、名师、名企海西行"活动，组织浙江医

疗援青送医下乡"健康海西行"活动，行程 2500 公里，诊疗近 2000 人次；组织浙江援青教师开展"为民送教"活动，深入海西 2 市 3 县，与 700 余名各族师生现场互动交流。在天峻县创建甬峻爱心慈善屋，在都兰县成立"嘉兴红船"职工关爱中心，在格尔木创办面向少数民族贫困学生的"珍珠班"。

　　五年来，浙江省先后派出两批干部（第三批、第四批）四批人才共 87 人赴海西州开展对口支援工作。全体援青干部人才大力弘扬援青精神，视海西为第二故乡，克服高寒缺氧、条件艰苦等困难，主动融入、积极适应、情系海西、扎实工作，为海西州的改革发展稳定做出了突出的、不可替代的贡献，得到了全州各族干部群众的高度评价，也充分体现了浙江干部的优良素质和过硬作风。

借力援青扶贫资金　助力脱贫攻坚工作

——浙江省对口帮扶海西州实现"志智双扶"，助力产业发展

2016 年以来，在浙江援青指挥部的大力支持下，紧紧围绕"户有致富项目、村有特色产业、乡有主导产业、市县有支柱产业"的目标，落实援青专项扶贫资金 3500 万元，实施生态养殖、枸杞加工生产线建设、藜麦种植、乡村旅游等产业扶贫项目 40 个，进一步发展壮大了 65 个村村集体经济，提高了脱贫户持续增收的能力，惠及农牧民群众达 5900 余户，有力地助推了海西州脱贫攻坚巩固提升工作。其采取的主要措施有以下六个方面。

一是带动脱贫户增收。在援青项目实施中，项目村与群众建立利益联结机制，采取"党支部 + 基地 + 贫困户"的模式，带动 5 个市县 65 个村 369 户脱贫人口增收，脱贫人口收入从 2015 年底的不足 2970 元增加至目前的 1 万元以上。乌兰县铜普镇都兰河村，将援青扶贫资金用于建设盐雕加工厂房，以"合作社 + 村民 + 小车间"的模式发展，该项目可以使村里的妇女同胞成为村办企业的员工，实现了农忙顾家和打工赚钱两不误，做到了在家门口就能增加家庭经济收入，吸纳 10 户脱贫户解决就业，人均收入达到了 5000 元以上。

二是壮大村集体经济。援青资金的投入，在决战贫困、决胜小康的关键时期，发展和壮大了村集体经济，助推了村集体经济"破零"，使 65 个村村集体经济实现了从无到有、由弱变强的重大突破。德令哈市柯鲁柯镇金原村争取援青资金 90 万元，村集体自筹 30 万元，投资建设一座占地面积 1200 平方米的新型智能温室育苗棚，发展花卉种植，形成"金原村"模式，村集体收入达到 58 万元。

三是加大群众就近就业。在实施生态养殖、枸杞加工生产线建设、藜麦种植、乡村旅游等项目时，充分调动群众参与项目建设的积极性，实现剩余劳动力200余人就近就业，人均年劳务收入达2000元以上。乌兰县茶卡镇塔拉村将援青资金用于福蒙养殖专业合作社扩建项目，项目的实施带动17名劳动力通过短期或长期务工，人均年增收达到1万元以上。

四是助推村级公益事业。通过实施援青资金项目发展壮大村集体经济，将部分收益用于代缴村民养老保险金、医疗保险金等，切实减轻了困难群众家庭经济负担，保障了村级公益性岗位报酬、困难群体补助等，实现了困难群众共享援助成果。项目村将受益用于壮大村集体经济，主要受益用于医疗养老，教育等村级公益事业。

五是激发群众内生动力。为进一步鼓励先进，树立榜样，充分激发贫困群众的内生动力和脱贫意愿，实现"志智"双扶，培养"我会脱贫"的能力。德令哈市柯鲁柯镇安康村争取援青资金50万元，将这笔资金作为藜麦种植启动资金，通过藜麦种植发展村集体经济，将村里的7户脱贫户纳入藜麦地的管理人员，通过劳务人均增收4500元。

六是巩固脱贫攻坚成果。援青资金投入和项目实施，与乡村振兴战略有机结合，在壮大村集体经济的同时，补齐了脱贫攻坚短板，使项目村整体水平得到显著提升，巩固了脱贫攻坚成果，为海西州全面建成小康社会奠定了坚实的基础。

让脱贫攻坚和生态保护齐头并进

——北京市对口援助玉树州靠生态脱贫致富

玉树藏族自治州是青海省贫困发生率最高、贫困程度最深、脱贫难度最大的地区之一，也是长江、黄河、澜沧江的发源地，是我国重要的生态屏障，脱贫攻坚和生态保护的任务都十分艰巨。同时，发展生产实现脱贫攻坚与保护生态之间的矛盾十分突出，如何解放思想，坚持绿水青山就是金山银山的理念，既要放眼长远利益，又要注重解决眼前问题。

北京统筹谋划，将保护生态环境理念贯穿于对口援青工作中始终，正确处理生态保护、经济发展和扶贫攻坚三者的关系，让贫困群众在保护青山绿水中直接受益。

一是将困难群众保障性住房建设与发展文化旅游业相结合。地处三江源国家级自然保护区的核心区白扎原始林场，由北京援青资金投资 1520 万元建设的囊谦县白扎乡巴麦村农牧民扶贫搬迁项目，不仅解决了 66 户 264 人贫困农牧民的定居住房问题，而且在实施过程中充分利用当地农牧民轮牧的特点，支持县政府聘请专业旅游公司在夏季农牧民去牧场居住的间隙将这些房屋改成民宿，进行统一管理、统一经营，主动融入白扎乡孕尔寺大

峡谷风景区建设规划，切实增加贫困农牧民的收入。

二是将城镇改造与文化保护及旅游开发相结合。位于称多县通天河畔的拉布乡拉司通村，是一个拥有玉树地区最大的格鲁派寺院——拉布寺的"古藏村"。在保留拉司通村古镇肌理和历史风貌的基础上，北京援青资金累计投入1930万元，实施了拉布民俗村景区道路、路灯、演艺厅等提升改造、文化旅游扶贫支持等项目，利用寺院辩经、村民石刻技艺、冬闲时自发铺设冰嘛呢祈福等特色，结合旅游基础设施和景区民宿建设，进一步强化拉布乡的文化旅游资源优势，成为3A级景区，进而带动拉司通古藏村区域内202户909人脱贫致富。

三是在对口支援项目建设中使用生态环保技术。2019年，治多县在北京的支持下，引进江苏企业昱淞科技试点实施高原生态恢复及扶贫项目，结合微光路灯项目和物联网技术，量身打造"智慧政务动态控制中心"，并定制研发具有自主知识产权和专利的绿色节能智慧城市一体化路灯，涵盖微光一体化太阳能新农村建设照明路灯、重要区域带监控多功能一体微光太阳能路灯等功能。实施过程中，治多县政府在所属加吉博洛镇、立新乡、扎河乡、索加乡、多彩乡、治渠乡6个边远地区安装2166盏路灯，通过县智慧政务动态管控中心运用物联网技术将多功能杆、微环境监测、视频监管监测、气象监测等数据信息上传发送至服务器并通过服务器下达指令，进行实时监管应急管理科学施政。

四是在草畜平衡的前提下，帮助贫困群众适度发展生态畜牧业，使人口与自然环境承载力相协调。比如，设立玉树州农牧业合作社发展项目，提升各合作社硬件设施，购置农机具及生产设备，加快草场流转整合，解放劳动力，从事更多的就业渠道，指导牧民科学养殖，使牧民在经营性收入和资产性收入上实现双增长。

北京对口支援项目坚持生态保护优先的理念，在稳定和提高农牧民生活水平、保护青藏高原生态安全和促进区域发展等方面取得了明显成效。通过实施农牧民扶贫搬迁和城镇改造等项目，与当地文化旅游资源紧密结合，聘请专业旅游公司将牧民轮牧期间闲置的住房打造成特色民宿，使农牧民的增收渠道不断拓宽。通过实施微光路灯项目和物联网技术的应用，有效解决了地域辽阔，人口居住分散的管理难题，实现"实时感知—远程传送—集中决策管理"，及时对自然保护区动植物进行动态监管以及对辖区内气象微环境实时监管监测及预警，农牧民使用智能化路灯系统可以及时接收到实用信息，提高农牧业技术，促进农牧民贫困户收入增加。

对口支援助力脱贫扶贫是阶段性任务，最终目的是要玉树州经济社会实现可持续发展。因此，在精准扶贫过程中，一定要把生态文明建设放在突出位置来抓，实现经济效益、社会效益、生态效益的相统一，多措并举，让贫困群众在生态保护中直接受益。通过多种举措形成生态保护与当地农牧民脱贫发展良性互动互促的局面，将农牧民群众生产生活方式融入自然生态中，成为生态文明建设不可或缺的一部分，实现当地牧民从单一的养殖向生态生产生活良性循环转变。

下一步，将在推动玉树州生态环境保护法治建设的同时，利用新理念、新技术、新能源，进一步推进玉树州生态系统修复以及环境友好型产业发展。

易地搬迁扶贫的新亮点

——尖扎县昂拉乡德吉村易地搬迁脱贫案例

易地扶贫搬迁成为脱贫攻坚"五个一批"精准扶贫工程的重要举措，有其历史和现实必然性。从人类的发展历史看，迁徙是人类顺应发展趋势的必然选择，是人们追求美好生活的重要途径。随着交通基础设施的改善、信息技术的广泛使用，人们跨区域交流逐步增多，不断激发人们对美好生活的向往。在贫困地区，拥有一定经济基础、视野开阔的群众持续不断地向更适合发展的地方迁徙，他们生产生活状况的持续改善，对原居住地未搬迁群众形成了强烈的示范作用。通过搬迁实现脱贫发展，成为生存条件恶劣、生态环境脆弱地区贫困群众的广泛共识。

尖扎县昂拉乡德吉村因为生存在条件恶劣的浅脑山区，靠天吃饭，村民一直过着贫困的日子。穷则思变，2016年以来，尖扎县委、县政府提出"山上问题、山下解决"的思路，将易地扶贫搬迁作为解决民生问题的重要内容和扶贫开发最有效的措施。坚持扶贫开发与生态建设相结合，搬迁安置与产业配套相结合的原则，2016年9月，启动实施昂拉乡德吉村易地扶贫搬迁安置点项目，将境内生存条件恶劣、基础设施严重滞后的2镇5乡浅脑山区农牧户251户946人（建档立卡贫困户226户866人）在进行集中搬迁和安置。

德吉村易地搬迁项目实施期间，采取统规自建（即统一规划、统一设计、统一监理、群众自建）的建设模式，修建住房251套，户均建房80平方米，总建筑面积19076平方米，修建围墙及大门，统筹推进搬迁点水、电、路、讯以及污水处理厂和村级综合服务中心、学校、卫生、文化、体育等基础设施建设，基本实现了搬迁群众"搬得出、稳得住、能致富"的目标。2019年，国家电网青海省电力公司针对德吉村内普遍使用燃煤、柴薪作为主要生活能源，造成乡村环境污染的现状开展调研排查。结合乡村实际情况制定以电热炕替代土炕、电炊具替代传统炊具为主的清洁"电能替代"措施。跟进易地搬迁安置点供电服务，快速响应差异化用电需求，新建 10 千伏线路 0.683 千米、0.4 千伏线路 2.228 千米，新建变压器 3 台总容量 600 千伏安，为贫困群众"稳得住、能脱贫"提供优质电力保障。室外寒风肆虐，室内却温暖如春，德吉村 251 户村民全部用上了电热炕，越来越多的家用电器走进藏家。

德吉村依山傍水，距离省会西宁只有 110 公里。德吉村依托黄河水利风景、交通便利等优势选择了乡村旅游产业，实施了休闲广场、码头、自驾游营地、露天沙滩、婚纱摄影基地、花海等旅游后续产业项目。2017 年开始，先后安置保洁员 77 名、村警 2 名、水管员 2 名、旅游服务员 22 名，安排 30 户群众发展农家乐，38 户群众经营特色小吃，引导群众走旅游脱贫之路，吃上"旅游饭"。随着全省乡村旅游暨扶贫产业启动大会在德吉村召开，省内已有 40 家旅行社到德吉村踩线签约，德吉村旅游精品线路打造正在深入实施，德吉村乡村旅游运营体系不断趋于完善成熟。2018 年 7 月底，乡村旅游扶贫景点运营以来，旅游税收收入已达 300 余万元。2018 年 10 月底，德吉村被农业农村部授予"中国最美休闲乡村"称号。

把绿水青山变成金山银山

——南京市雨花台区助力西宁市大通县乡村旅游创新路

西宁市大通回族土族自治县为国家扶贫开发重点县，全县山水自然资源丰富，但因交通不便、信息闭塞、发展思路欠缺，绿水青山难以转化为群众收入。2016 年 11 月，东西部扶贫协作开展以来，南京市雨花台区结合大通县特点，利用自身优势，积极帮助当地大力发展乡村旅游产业。其中朔北藏族乡鹞沟片区乡村旅游扶贫项目建成运营后脱贫增收成效非常明显，实现了将绿水青山变成金山银山的跨越，片区内的边麻沟村还被农业农村部评定为"2018 年中国美丽休闲乡村"，东至沟村则被推选为"首届中国农民丰收节 100 个特色村庄"。

一、高起点编制规划

大通县朔北藏族乡鹞沟片区距西宁市 40 公里左右，总面积 37 平方公里，共 10 个村，总人口 1644 户 6728 人，其中 3 个贫困村有 225 户贫困户 756 人，贫困发生率超过 11%。2017 年，该乡借助东西部扶贫协作重要机遇，在南京市雨花台区、江宁区及专业规划设计单位的支持下，依托鹞沟片区优美的自然风光，对其进行整体规划，着力打造基础设施健全、乡村休闲旅游要素突出、旅游服务功能完备的乡村旅游扶贫产业园。

二、高水平施工建设

为保证施工建设水平，经两地相关部门认真协调研究，产业园项目最终由南京市江宁区交建集团承建。该集团具有丰富的乡村旅游发展经验，项目部人员努力克服各种不利因素，把扶贫项目建设当成重要政治任务，按计划高水平完成了项目施工建设。

三、高质量营运管理

为保证该乡村旅游扶贫产业园项目顺利运营，与朔北藏族乡结对的雨花台区雨花街道专门邀请朔北乡相关人员到南京参观学习集体经济组织、工贸公司架构及运营理念，并积极为负责该项目运营的金露梅旅游发展公司出谋划策，同时还资助100余万元用于该产业园经营配套与发展。针对项目特点，还采取了以下具体措施。

一是通过项目建设带动当地贫困户增加收入。在项目施工阶段，有意识地大量使用当地劳动力，同时优先考虑建档立卡贫困人口务工。据统计，该项目在建设施工阶段共使用当地务工人员211人，增加收入406.8万元。

二是通过运营公司用工增加贫困户工资性收入。项目建成后，负责具体运营的金露梅旅游发展公司目前固定用工40人，其中26人为建档立卡贫困户劳动力，人均月工资约2000元。

三是通过产业园项目收益分配增加贫困户收入。窎沟片区旅游扶贫产业园试运营后，当年营业收入达到69万元，实现利润33万元。其中，20万元按约定分配给沿线的10个村集体，剩余分配给窎沟沿线10个村的225户建档立卡贫困户。

四是通过核心景点营业收入的增长带动贫困户增收。该旅游扶贫产业园的核心景点为边麻沟村花海。2018年旅游旺季接待游客70多万人次，实现收入450余万元，同比增长超过50%，吸纳223名当地村民就近务工，其中34名务工贫困劳动力平均增收5000多元。

五是通过产业园周边的农家乐带动贫困户增收。边麻沟村农家乐由2016年的15家增加到目前的55家，新增家庭宾馆10家，户均实现收入约5万元。

两年多来，通过两地扶贫协作单位的共同努力，大通县朔北藏族乡窎沟片区旅游扶贫产业园项目取得了明显的精准脱贫成效，多渠道多方式增加了建档立卡贫困户的收入，为当地打赢脱贫攻坚战贡献了自身力量。

为囊谦脱贫贡献光明力量

——光明日报社结对帮扶囊谦县开展定点扶贫工作纪实

1996 年开始，光明日报社在青海省囊谦县开展定点扶贫工作。党的十八大以来，光明日报社认真学习习近平新时代中国特色社会主义思想，贯彻落实习近平总书记关于扶贫工作重要论述，明确工作思路，压实帮扶举措，不断推动扶贫工作走向深入。

在帮扶过程中，光明日报结合囊谦县实际情况，不断做深做细扶贫工作，逐步形成了编委会高度重视、报社全员扶贫，宣传报道助力扶贫，扶智扶志长远扶贫，做好"小"事精准扶贫等工作机制，并取得显著成效。

一、领导高度重视，报社全员扶贫

2013 年 3 月，为了将扶贫工作进一步做实、做细，光明日报社专门成立扶贫领导小组，由总编辑担任组长。所有职能部门主要负责人为小组成员。在思想上提高站位，在行动上支持扶贫，全力做好宣传报道、人员选派、财务支持等工作。

2018 年以来，光明日报社对囊谦县开展各类扶贫项目 20 余项，投入资金累计折合 1000 多万元，引进帮扶资金 300 多万元，培训党员干部和专业技术人才 500 余人。

二、发挥宣传报道优势，助力脱贫攻坚

近年来，报社各采编部门每年抽调记者、编辑组建报道组，分批次对囊谦进行蹲点调研式采访、采风写作等，从城镇建设、扶贫、环保、教育、医疗卫生等方面进行全方位报道。

为了推介囊谦的旅游文化资源，光明日报在"两微一端"、光明网《文摘报》等开设专栏宣传报道囊谦，先后拿出 38 个整版刊登囊谦旅游形象主题公益广

告，制作囊谦旅游宣传片，极大地提升了囊谦的知名度和美誉度，产生了很好的社会效益。

2019 年 7 月，光明日报社联合囊谦县举行了首届"网上文化旅游节"，并派出专门团队做了探秘囊谦"文化之美""生态之美""自然之美"三场直播，吸引 152 万人在线观看。2020 年下半年，报社还计划陆续出版《走笔囊谦》《囊谦县志》图书。

三、发挥文化单位优势，做好扶志扶智工作

治贫先治愚，扶贫先扶志。光明日报社注重利用自身紧密联系知识分子的优势，通过人员培训、发展互联网教育等，打开他们的"思想开关"，推动"要我脱贫"向"我要脱贫"转变。

为了推动教育培训常态化，光明日报社每年为囊谦县九乡一镇的党员干部赠送 300 份《光明日报》，累计捐建 32 个"光明图书室"。2020 年 8 月，利用捐赠的图书，举行"我爱读书，我爱囊谦"读书征文比赛；投资 32 万元在新城区文化广场捐建 48 块宣传栏，投资 105 万捐建融媒体中心，全面提升囊谦县采编播能力。

同时，光明日报积极与上海对接"互联网 + 教育"，为囊谦县引入了一条可持续、可复制的教育扶贫新模式。目前该模式已在囊谦县试点开展，根据开课情况，下一步将在囊谦县全面铺开。

四、从"小事"做起，把扶贫工作做到户、做到人

从 2015 年开始，光明日报社开始对囊谦县建档立卡贫困家庭学生进行"一对一"帮扶。动员全社职工对贫困学生进行结对帮扶，每年资助 1500 元，连续资助 6 年，常年资助的贫困学生达到 260 多名。

每年"两节"期间，光明日报都会专门到囊谦县看望慰问贫困户和困难党员，为他们送去慰问金和慰问物资。2019 年，报社专门为贫困家庭购买了 200 床棉被，为学校 291 个孩子购买羽绒服。

五、选精兵强将，调动扶贫干部干事创业的积极性

光明日报先后选派蒋新军、胡清强、苏争鸣、尚杰等 4 名业务精、政治强，作风过硬的干部职工到囊谦挂职扶贫，他们走村入户察民情，尽职履责谋项目，抛洒汗水抓落实，展现了光明日报干部职工的良好作风。

一分耕耘，一分收获。在未来的发展中，光明日报将按照"脱贫不脱帮扶"的要求，继续竭尽全力做好定点扶贫工作，为建设富裕囊谦贡献"光明力量"。

发挥电网优势，助力脱贫攻坚

——国家电网有限公司助力玛多县脱贫攻坚工作纪实

根据中央部署，国家电网有限公司自 2011 年起承担对口帮扶玛多县的光荣使命。多年来，国家电网有限公司以习近平新时代中国特色社会主义思想为指导，坚决贯彻党中央脱贫攻坚部署，紧紧围绕"央企助力打好脱贫攻坚战"要求，精准施策，累计在玛多县投入电网建设资金 4.05 亿元、定点帮扶资金 2.14 亿元，全力推进玛多县定点扶贫各项工作，切实帮扶受援地提高可持续发展能力。

按照国网公司总体部署，2019 年定点帮扶工作以提高玛多县自我发展能力、增加贫困人口收入、改善民生为着力点，坚持精准、尽锐出战，助推玛多县率先脱贫，持续发展。

一是以"输血"助"造血"。玛多县受气候条件恶劣、交通不便、信息闭塞等因素制约，产业扶贫起步难、发展难、取得成效难，成为贫困群众持续稳定增收的堵点。国家电网有限公司将推动光伏电站发展作为开辟致富道路的重点，向玛多县捐赠资产净值为 6824 万元 10 兆瓦定点扶贫光伏电站，激发贫困地区内生动力。并将该电站 2018 年度至 2019 年 2 月收益 460.65 万元捐赠给玛多县。目前，电站已累计发电 8164.62 万千瓦时，发电收益 2269.7 万元，惠及 1721 个建档立卡贫困户，年人均增收 4472 元。

二是深入实施"扶贫济困、国网情深"消费扶贫，依托国家电网电商平台，形成"牧户＋合作社＋企业＋电商平台"的销售模式，积极利用数字经济，开展"县长来了"带货直播，2019 年全年累计通过电商销售农畜产品 590 余万元，受益群众达 450 余户 1180 余人。

三是发挥行业优势，2019年投资980万元实施县城二片区清洁供暖改造工程，改善供暖质量，保护三江源环境。

四是聚焦补齐短板，增加民生福祉，实施"救急难"项目。针对少数民族地区基础民生设施落后，教育医疗等短板较多情况，投放资金50万元，帮助2个乡镇抗击雪灾，使用资金69.38万元，救助医疗负担过重贫困群众205人，营造了良好的工作生活环境，缓解了就医难题。

五是聚焦激发活力，对当年考入中高职、普通高校贫困学生进行一次性奖励，实施奖励资金100万元，鼓励150名贫困地区学生接收高等教育和职业教育，增强主动发展意识，增强自我发展技能，阻断贫困代际传递。

六是聚焦智力援青，注重激发内生动力。国家电网有限公司把人才智力支持作为援青帮扶工作的重点，2019年支持玛多县加强村"两委"班子及技术人员培训，共培训村"两委"班子成员80人、技术人员20人。

七是使用资金50万元，为玛多县10个村卫生室配置听诊器、电子血压计、病床等必要医疗设备，解决牧民群众看病难的实际问题。

八是积极配合江苏电力公司在玛多县开展"书包里的光伏扶贫电站"公益项目，通过江苏省"众筹"的3818万电费积分（折合人民币近20万元），购置900套太阳能充电台灯，捐赠给青海牧区学生。

九是发挥公司电网企业信息优势，为玛多县引进外部企业帮扶资金10万元，用于玛多县学校基础设施改造，改善办学环境，提高办学能力和教学质量。

十是开展"国网爱心，心系健康"医疗扶贫工作。国网公司北京电力医院抽调骨科、神经内科、消化内科、眼科、呼吸内科等科室专家组成医疗队，在海拔4200米的玛多县开展送医送药活动。

2019年4月，经第三方评估检查，国网公司定点帮扶玛多县的综合贫困发生率由2015年37.5%降低为2019年的0.15%，符合西部地区贫困县贫困发生率降至3%以下的退出标准，群众认可度为99.54%，"三率一度"符合退出标准和条件。2019年5月14日，省政府正式下文，批准玛多县率先在全州脱贫摘帽。

行百里者半九十，虽然玛多县已经脱贫摘帽，但攻坚成果的巩固、幸福美丽新玛多的建设任重道远，还需要一棒接着一棒地跑下去，国家电网有限公司仍奔跑在奋斗路上。

手足相亲，守望相助

——中国普天集团定点帮扶达日县脱贫工作纪实

自开展对青海省果洛州达日县定点扶贫工作以来，中国普天集团认真贯彻落实党中央、国务院关于定点扶贫工作部署，按照脱贫攻坚指示精神，在国务院扶贫办、国资委及青海省委省政府的指导下，强化组织领导，压实帮扶责任，加大帮扶力度，结合公司产业能力，为青海脱贫攻坚尽所能之力。2019年，中国普天集团在果洛藏族自治州达日县投入430余万元无偿帮扶资金，和400余名干部、技术人员，助力达日县最后的1200户3700余名建档立卡贫困人口实现脱贫摘帽。国务院扶贫办公布的中央单位定点扶贫工作成效评价结果中，中国普天集团获"较好"评价。

一、发挥产业优势，解决医疗痛点

从2018年开始，针对达日县包虫病防治需求以及在心脑血管疾病筛查和管理方面的空白，中国普天充分发挥在智慧医疗方面的产业优势，在达日县推广建立"互联网＋健康"的精准扶贫模式，探索在贫困地区开展心脑血管疾病防控的有效机制，取得了一定成效。

（一）推进医疗信息系统建设，实现健康信息智能分析。帮助达日县建设了基于互联网的健康保障工作平台，构建居民电子健康档案，通过平台可自动对居民健康数据进行综合性评估，筛查识别出心脑血管病低危、中危和高危人群。

（二）实施贫困人口健康立卡和管理，完善心脑血管疾病防治工作机制。依托县、乡镇医院，集团帮助达日县开展了针对贫困户的健康档案立档建卡工作，完成建档人数近1200人，并开展了针对建档立卡户心脑血管病高危因素筛查工作。筛查出的指标异常人群，交由医院给予干预管理，并开展定期的随访体检工作。

（三）持续开展医务技能培训，提升贫困地区医务水平。通过远程互联网专题培训、现场指导等方式，开展冠心病、脑卒中等心脑血管疾病救护技能培训，提升贫困地区基层医务人员慢病防治能力。

二、推进党的建设，实施结对共建全覆盖

为突出发挥脱贫攻坚工作中党的基层组织作用，中国普天集团党委与达日县委签订了三年党建结对共建协议，并发动出资企业各级党委与达日县全部乡镇党委进行结对共建，覆盖全县 10 个乡镇。

三、聚焦"两不愁三保障"，提供全程帮扶

事前防范：投入 98.3 万元用于全县建档立卡贫困人口购买以医疗救助为主的扶贫救助保险，对疾病导致死亡情形进行理赔，增强抗风险能力；事中管控：投入 130 万元用于"互联网＋健康"扶贫，主要用于心脑血管疾病等慢性病的诊疗，及时诊断发现及时治疗，把疾病管控在可控阶段，避免小病耽搁花大钱；事后救助：捐赠 10 万元用于对经政府救助后个人自付医疗费用仍然过大的困难家庭或个人，开展救助。

四、动员社会力量参与，集聚合力助脱贫

中国普天集团通过组织义卖捐赠、线上产品推广等多种形式积极发动业务合作伙伴、产业园区企业、食堂餐饮合作单位等参与国家扶贫行动。通过系列活动，拓展了帮扶方式和路径，集聚更多资源助力脱贫攻坚。

五、加强扶贫工作宣传，营造良好舆论氛围

中国普天集团充分利用通信工业报，普天官网、官微等渠道宣传报道扶贫开发工作，宣传扶贫干部的先进事迹，全年组织报道近 20 次。

2020 年，全国脱贫摘帽奔小康，中国普天集团持续强化政治担当，加大人、财、物的投入，助力夺取脱贫攻坚战的全面胜利。下一步，中国普天集团将围绕做好责任、人员、督导落实到位，强化帮扶举措，着力解决定点帮扶县痛点问题，切实发挥产业优势，进一步提升定点帮扶的青海达日县脱贫攻坚质量。

民企助力脱贫，有责有情有为

——青海香咔梅朵牧业有限责任公司助力脱贫攻坚典型案例

为深入贯彻落实习近平总书记扶贫开发战略思想，积极响应党中央及青海省关于脱贫攻坚的决策部署和号召，更好履行社会责任，青海香咔梅朵牧业有限责任公司结合企业实际，积极开展精准扶贫工作，在精准扶贫方面取得了一定成效。

一、发展特色产业，助力脱贫致富

公司基地建设初具规模，生产经营初见成效，为带动当地群众增收脱贫奠定了较好的产业基础。

饲草基地、饲草料厂建设。推行"公司＋基地＋合作社＋农牧户"的生产经营模式，在基地建设过程中以发展循环农牧业为指导，积极打造农牧结合、草畜联动、有机农畜产品开发为主导的区域化、特色化、专业化、规模化、集约化的循环农牧业示范区，起到以点带面、辐射带动全县乃至全州种养业稳步发展，最终实现区域内生态、经济、社会协调可持续发展的战略目标。在饲草料整地播种、浇灌除草、收割运输及草料加工过程中，为当地农牧民提供了充分灵活的就业机会，增加了农牧民收入。

肉羊养殖基地建设。公司建成占地 16.5 公顷的肉羊养殖基地 1 处，存栏能繁母羊 5000 只，年出栏羊 5 万只（自繁自育 0.48 万只、收购饲养育肥羊 4.52 万只）。项目建成后，年存栏能繁母羊 5000 只、公羊 200 只，年出栏藏系羊 5 万只，总产值可达 5000 万元，同时可吸纳 40 人就业，带动养羊户 2260 户，户均实现年纯收益 1.6 万元。

有机肥加工场建设。新建生物有机肥加工厂，形成年加工 37600 吨羊板粪，

消耗麻渣 814 吨，消耗麸皮 1040 吨。生产生物有机肥 2 万吨，年总产值可达 2400 万元，解决当地 50 人就业。带动农牧户 1000 多户，极大地带动了当地经济的发展。

二、履行社会职责，坚持精准扶贫

公司饲草料种植、牛羊养殖及有机肥生产中，实行"公司 + 合作社 + 农户"模式。通过土地流转、吸纳就业、公益帮扶、技术培训等方式，带动当地农牧民脱贫致富，先后带动 200 余人从事种植业，40 多人从事养殖业，成功探索出适合当地实际的精准扶贫模式，人均年纯收入增加 6000 元。

产业帮扶。公司对当地农牧民经济收入、生活状况及土地资源进行认真调查研究，提出了流转土地、进行饲草料种植的发展思路。在企业发展的同时，增加农牧民的收入。以公司为龙头，联动合作社，与养殖产业平台合作，形成"科技 + 公司 + 合作社 + 家庭牧场"养殖模式，推广藏系羊高效养殖技术，提升科技支撑能力。

就业帮扶。公司的发展，为当地农牧民提供了充分的就业机会，工资性收入成为一部分村民的主要的经济来源。

社会公益帮扶。公司多年来通过捐款、捐物对贫困户实行精准扶贫。

技能帮扶。公司对就业的当地农牧民有计划地开展工作技能培训，提高了周边农牧民的工作技能，对当地藏系羊养殖户、合作社提供藏系羊养殖技术培训 6 次，参加培训的农牧民 236 人。

放眼新图远景，对接乡村振兴

——西宁警备区党委推动帮扶工作向美丽乡村建设聚焦用力

习主席在中央决战决胜脱贫攻坚座谈会上重要讲话为 2020 年决战决胜全面脱贫攻坚发出了"总攻动员"，国防动员部、省军区决战决胜脱贫攻坚推进会部署了"作战任务"，明确了"完成时限"，吹响了"总攻号角"。西宁警备区认真领会上级"作战意图"，分析研判形势，定下本级助力脱贫攻坚决心，周密制定帮扶计划，在坚决打好决战决胜助力西宁脱贫攻坚大决战的同时，推动帮扶工作向美丽乡村建设聚焦用力。

雪隆村距离县城 18 公里，深藏在脑山地区的山谷内。在住农户有 53 户235 人，建档立卡贫困户 8 户 24 人，人均耕地面积 0.3 公顷、草山 3.3 公顷。雪隆村自然条件艰苦、生产方式单一，村民文化素质偏低、人口流失严重，村民脱贫致富主观能动性较弱。

2017 年以来，警备区按照"突出党建帮扶强筋、强化扶志扶智补钙、狠抓产业项目造血"的思想，协调军地 1000 余万元，实施危房改造、修建文化广场、开展种养循环、捐赠耕种机器和实施道路硬化、坡改梯、修缮幼儿园等项目，村容村貌和群众精神面貌发生了巨大变化。雪隆村从一座座土坯房的村落蜕变成了拥有完备基础设施文化的旅游示范村。

雪隆村冬季时间长，为了让牛羊安全过冬，警备区投资建设了集种植、养殖、饲料加工于一体的综合配套、种养循环示范项目，协调地方政府实施60.6 公顷坡改梯，推动形成养殖业良性发展的格局。

警备区机关及所属各单位继续实施定向跟踪、帮扶不断、政策不变。对已脱贫户、困难户、兜底户、非贫困户全部纳入动态监测范围，分别建立台账，通过领导检查督导、驻村干部定期跟踪回访、困难户个人申报等途径，及时掌握是否有无返贫情况。

加强与地方党委、政府沟通协调，围绕对接乡村振兴战略、完善扶贫产业项目和改善居住环境等方面展开帮扶工作，持续扩大扶贫成效，积极建设美丽乡村，让西区群众获得感更强、幸福感更多，以实际行动为部队作出标杆示范、向党和人民交出合格答卷。

昂首征程，追梦扬帆。站在新的起点眺望，西宁大地春和景明、万绿吐新……

移风易俗为小康生活"增亮添彩"

——海东市移风易俗助推脱贫攻坚掠影

自脱贫攻坚战打响以来，海东市以全市贫困户精神脱贫为抓手，通过政策宣传、道德教育、典型宣传、文明创建、文化惠民、移风易俗等方式，大力实施精神脱贫行动，努力实现物质脱贫与精神脱贫相互促进、同步提升，为全面打赢脱贫攻坚战提供强大的精神支撑。

"幸福都是奋斗出来的，脱贫致富，改变面貌要靠自己的双手，党的政策好，还要自己创，靠着政策歇阴凉，永远不变样。"在脱贫攻坚现身说法巡回宣讲会上，平安区沙沟乡桑昂村村民马国卿是这样说的，也是这样做的。马国卿从 2015 年 10 月识别成为贫困户到现在带动村民一起致富，由过去的"要我脱贫"变为"主动脱贫"，这是海东市扶起贫困群众精气神的生动写照。

"有了政府推行移风易俗，我给一个尕娃娶媳妇的钱，现在可以给两个尕娃娶媳妇了。"洪水泉村村民杨进奎一边置办着婚礼的礼品一边激动地说着。准新郎的爸爸前几年就因病去世了，家里也不富裕，这次婚事由大伯杨进奎一手操办，赶上了好政策，彩礼钱降了，婚礼也将如期举行。随着经济社会的发展，近几年各地的婚嫁的礼金水涨船高，很多村民因彩礼致贫，高价的彩礼也成了贫困家庭脱贫奔小康路上的"拦路虎"。

为切实减轻贫困群众隐性负担，提高乡村社会文明程度，着力解决民间婚丧嫁娶大操大办、盲目攀比，防止贫困群众因婚因丧致贫、返贫问题。海东市平安区印发《推动移风易俗树立文明乡风实施方案》，在全区开展移风易俗专项整治活动，建立区级统筹、乡级监管、村级抓落实的联动工作机制，把移风易俗与脱贫攻坚结合起来，通过完善村规民约、发挥红白理事会作用，采取建章立制、立体宣传、典型引领等措施，狠刹"宴请随礼风、浪费攀比风、婚丧旧俗风、封建迷信风"等四种不良风气。制作《文明新风沐平安——海东市平安区开展移风易俗工作侧记》宣传片，涌现出了一批如古城乡董仲万、沙沟乡祝新年等带头革除陋习，践行文明新风的先进典型，为全区移风易俗工作深入推进树立了好榜样。目前，全区村级均成立了红白理事会，按照红白事操办标准执行婚丧嫁娶共计 685 例。

化隆县制定并下发《关于推进移风易俗倡导婚丧嫁娶文明新风的指导意见（试行）》，将移风易俗工作纳入县委目标责任考核范畴，确保移风走上了制度化、法制化、规范化的轨道。成立了推动移风易俗倡导婚丧嫁娶文明新风工作领导小组，具体负责移风易俗工作的规划部署、组织协调、督促检查、考核评定等工作。同时，积极组织开展活佛论坛、阿訇论坛等，大力推进解经释教工作，引导宗教界对宗教教义作出符合时代进步要求的阐释，教育引导宗教界人士积极参与脱贫攻坚工作，广泛动员宗教团体、宗教活动场所、宗教界人士积极发扬扶贫济困的优良传统，大力开展慈善活动，引导广大贫困群众喜丧事简办、厚养薄葬，努力营造移旧俗、除陋习、尚科学、倡新风的良好氛围。

自化隆县 2018 年倡导移风易俗婚丧嫁娶文明新规以来，各乡镇党委政府将此项工作作为落实惠民政策的有力举措，将宣传作为落实移风易俗婚丧嫁娶文明新规的第一抓手，结合精准扶贫、人居环境整治、扫黑除恶、农民夜校等重点工作加大宣传力度，逐村逐户进行宣传，做到了家喻户晓、人人皆知。同时大力表彰移风易俗先进个人，发挥典型示范作用。

自移风易俗工作开展以来，该县共举办 1950 场次婚事，平均每场次花费 8.89 万元，每场次平均减少 7.66 万元；共举办丧事 3113 场次，平均每场次花费 23856 元，每场次平均减少 0.901 万元，自开展推进移风易俗倡导婚丧嫁娶文明新风以来，仅婚丧嫁娶和人情消费为化隆县贫困群众减轻负担 2.4325 亿元。极大地提高了群众的思想认识，减轻了群众负担，有效遏制了"因婚致贫、因婚返贫"的不良现象，有力助推了全县脱贫攻坚奔小康的步伐。

从"单兵作战"向"抱团发展"的转变

——天峻县江河镇村集体经济发展纪实

天峻县江河镇始终坚持党建引领，把发展壮大村级集体经济作为抓基层、强基础、服务脱贫攻坚的重要举措，通过"党建引领、村社合一、村企联建、村村抱团"的发展思路，引导村集体跳出各自为战、分散发展的传统思维，探索村村抱团、联合发展的有效思路，成效明显，村集体经济获得持续增收。

江河镇地处天峻县东部边缘，辖8个行政村，常住人口2234人，辖区面积810平方公里。现有村集体经济组织8个，村集体企业1家，村集体经济主要收入来源依靠牛羊养殖销售。2019年初，江河镇8个行政村"两委"班子转变观念，在镇党委的指导下整合资源由"各自为战"向"抱团发展"转变，并成立天峻亿而叁新牧区开发有限公司，主要经营牲畜屠宰、肉食品加工、餐饮、皮革加工制作、工艺品制作、畜产品加工、牲畜养殖、蔬菜种植等，利用公司平台优势，统筹使用各村的政策资金，发挥"火车头"的牵引作用，带动参股村集体经济高质量发展。

一、建强战斗堡垒，发挥带头作用

大力培育引领集体经济发展的带头人队伍，注重发挥村党组织书记"领头羊"作用，着力建设奉献意识强、带头能力强的"双强型"书记队伍，不断增强村党组织对集体经济发展的领航力、带动力和支撑力。天峻亿而叁新牧区开发有限公司，管理人员由村支部书记、村委会主任、村务监督委员会主任组成，公司董事长从8个村支部书记中民主选举产生，任期同村级支部书记换届同步。充分发挥"第一书记"作用，扶强扶优村级班子建设，帮助各村厘清发展思路，探索符合本村实际的集体经济增长途径，以党建引领村级集体经济发展。

二、发挥群策群力，探索发展路径

因生态环境保护相关规定，牲畜屠宰加工厂建设项目申请搁浅，江河镇党委集思广益群策群力，迅速组织各村"两委"班子成员召开专题会议，研究讨论天峻亿而叁新牧区开发有限公司发展方向，最终决定另辟蹊径探索发展"飞地经济"。通过联系天峻县畜产品加工龙头企业"湖源牧业"，与该企业达成牛羊收购协议，转变经营方向，由原来的牲畜屠宰转变为牛羊销售，形成"产业带动、能人带动、企业带动，县乡推动、村村驱动、户户联动"的发展模式。

三、强化项目带动，促进产业振兴

积极申报中央财政扶持壮大村集体经济示范村项目，大力支持村集体发展符合本村资源优势和产业特点的产业项目，积极推进实施"村集体企业＋龙头企业＋牧户"的订单式发展模式，壮大牦牛养殖、藏细羊育肥等符合实际的集体经济项目，切实增强集体经济自身"造血"能力。

四、创新发展模式，拓宽发展路径

坚持以市场为导向，积极推行发展模式从承包入股向创办企业转变，努力改变村级集体经济发展模式单一、对自身优势挖掘不够等情况。积极争取上级资金投入，发展门槛低、市场稳、风险小、见效快的产业项目；支持利用村集体经济资金积累，发挥村级集体经济组织作用，以现有资产、资金入股的方式建立企业，大力发展前景好、见效快、稳定性好的项目，形成"一镇一品"集体经济特色产业发展格局。

通过多措并举，江河镇实现了村民收入不断增加、村级集体经济不断壮大的格局。

夯实一线力量，绘就脱贫攻坚新篇章

——青海省扎实推进抓党建促脱贫工作纪实

中央作出打赢脱贫攻坚战部署以来，青海紧密联系省情实际，找准党建工作与脱贫攻坚的最佳结合点，坚持发挥组织优势，注重整合组织资源，凝聚组织力量，换来了 42 个贫困县（市、区、行委）、1622 个贫困村、53.9 万贫困人口脱贫退出，实现了绝对贫困人口"清零"目标，创造了青海减贫史上的最好成绩，探索出了一条具有青海特色的抓党建促脱贫攻坚之路。

一、建强支部，夯实脱贫攻坚的坚强堡垒

自 2018 年 6 月开始，青海省全面启动实施全省村集体经济"破零"工程，在村"两委"班子的带领下，东山村依托城中村优势围绕服务业发展村集体经济，村民都变成了股东。村里投资建设的商贸物流城实现招商引资 2065 万元，年收入入驻企业租赁费 110 余万元；村里的 33.8 公顷土地打包流转给民营企业种植枸杞，每年租赁费和土地流转费收益近 60 万元。为实现多元经营，村集体还成立了养殖合作社，采取养殖能手代理经营、村民入股分红方式运行，除去分红，村集体每年还能增收 5.5 万元。

健全完善整顿软弱涣散村党组织长效机制，每年对全省农村党组织进行"拉网式"深入排查，并按照"一村一策"方法，逐村深入分析，深挖问题症结，找准病灶病因，逐村建立问题清单、整改清单、责任清单，明确整改措施和销号时间，全面对软弱涣散村党组织进行集中整顿，使"后进"变"后劲"，进一步夯实脱贫攻坚堡垒。

突出村党组织对发展壮大村集体经济的全面领导，从加强党建引领、做优规划方案、强化资金整合、加大金融扶持、加强人才支撑、完善激励机制

等 12 个方面强化举措，加大扶持，推动村集体经济从全面"破零"向高质量发展。

二、依靠党员，发挥冲锋在先的模范作用

2011 年 3 月，大通县朔北乡边麻沟村党支部书记李培东放下身家百万的企业来到穷山村当上了一名村干部，改变的不仅仅是个称号，更是份沉甸甸的责任。他依托村里森林资源提出打造乡村花海、发展乡村旅游的思路，将在企业赚的近 500 万元投入到村集体事业中。经过一年多努力，"花海"景区刚营业就取得开门红，短短 3 个月门票收入就达 140 万元。花海项目的形成，将边麻沟村变成集农家观光、餐饮、住宿为一体的知名景区，带动农民增收总值达 350 万元。

全面深化"党组织结对共建帮村，党员干部结对认亲帮户"双帮机制，全省 4500 多个各级党政机关、企事业单位党组织与贫困村全覆盖结对共建，14.5 万余名干部职工与 15.92 万户贫困户全覆盖结对认亲，给贫困户教技术、帮产业、送温暖，实现了党员群众心连心。持续推广党员结对子、党员中心户、党员爱心岗等做法，组织有帮带能力的党员，每人至少结对帮扶 1 户建档立卡贫困户。1.7 万多名农牧民党员干部成为带动贫困群众发展致富的领路人，占全省农牧民党员总数的 14%。

三、派强干部，打造决战决胜的强大阵容

海西州都兰县宗加镇布拉村地处半沙漠地带，是一个蒙古族聚居、远离乡镇的偏僻村落，交通不便、吃水困难、产业发展空白，余承潮担任第一书记以后，村里修了路、通了水，还有了自己的产业。

青海把选派第一书记作为脱贫攻坚的重要举措，2015 年以来，分两批从省、市、县三级机关企事业单位统筹选派 1.49 万名优秀干部到 2313 个贫困村任第一书记和驻村工作队员，覆盖所有建档立卡贫困村和深度贫困地区所有贫困人口的行政村，为打赢脱贫攻坚战提供了有力支撑。同时，注重发挥优秀驻村干部示范引领作用，表彰优秀驻村干部，进一步激发驻村干部打赢脱贫攻坚战的热情和干劲。

高原"红旗渠"

——湟源县南山灌区配套及节水改造项目助推群众脱贫减负

我国贫困地区大部分为山丘区，长期以来水利投入力度不够、水利设施薄弱，贫困地区水利发展滞后，生态环境脆弱，治理和修复难度大，已成为制约贫困地区实现脱贫致富、全面建设小康社会的瓶颈。实施水利行业扶贫，加快水利基础设施建设步伐，缩小水利发展差距，是贫困地区实现自我发展的基础和前提，也是促进贫困地区经济发展的迫切需要。

2013年，国家发展改革委员会、财政部分别将国际农发基金青海省六盘山片区扶贫项目列入国家备选规划的建设内容，把湟源县南山灌区配套及节水改造项目列入国际农业发展基金项目的水利基础设施项目进行改造。

湟源县作为青海省六盘山片区的重要组成部分，生存环境恶劣、基础设

施薄弱、公共服务滞后、社会形态特殊等各种因素相互制约，构成了贫困原因复杂多样的致贫体系。

湟源县位于青海省东部丘陵农业区，总面积1509平方公里。海拔在2470~4898米之间，是青海省东部农业区与西部牧业区的结合部。全县行政区划为5乡2镇146个行政村8个居民委员会。全县总人口13.49万人，贫困人口5.2万。全县耕地面积为2.1万公顷。

湟源县南山渠灌溉工程于1993年开工建设，1995年底基本建成，共建成干渠1条总长63千米，建成干渠各类渠系建筑物182座，支渠14条总长130千米。灌区涉及海晏县的金滩乡，湟源县的巴燕、寺寨、大华、波航、和平、城关等2个县的5乡2镇，共38个行政村，涉及农户5960户，总人口2.98万人。南山渠灌溉工程的建成，使湟源县贫困的南山地区变成了全县粮食的主要产区，在一定程度上改变了湟源县南山地区昔日干旱贫困落后的面貌。

然而随着运行年限的增长，老化失修问题日趋严重，工程多数带"病"运行，渠道渗漏严重，过水能力降低，基本上处于靠天吃饭的状态，因此对旧干渠进行了改造。湟源县南山灌区配套及节水改造工程位于湟源县南山渠干渠17号隧洞出口至南山渠十五支渠分水口处，涉申中乡、波航乡、和平乡

及大华镇等 3 乡 1 镇的 32 个行政村，涉及农户 5126 户 2.58 万人，共完成改造干渠总长度为 14.124 千米，建成各类渠系建筑物 68 座，完成环保措施生态保护 182.5 公顷，改善灌溉面积 0.18 万公顷。工程干渠部分渠道节水改造，使灌区 0.37 万公顷农田灌溉面积中 0.18 万公顷亩灌溉面积得到改善，增产粮食 235.85 万千克，增加油料产量 11.93 万千克，灌溉保证率达到设计水平的 50%，灌溉水利用系数由目前的 0.45 提高到 0.59 左右。通过项目实施，达到节水灌溉的目标，为灌区农田灌溉提供水源保证。改善农业灌溉条件，充分合理利用水资源，提高农作物产量及灌区管理水平，从而达到促进灌区的经济发展，提高当地群众生活水平的目的。

国际农发基金项目的长期目标是让生活在自然条件恶劣、自然资源十分有限环境中的脆弱农户实现在项目的实施帮助下减贫甚至脱贫。

水利建设是扶贫开发的中心任务之一，加强贫困地区水利薄弱环节建设，对改善生产基础条件，提高群众生活水平，为贫困地区脱贫致富提供水利支

撑和保障具有重要意义。该项目的实施是解决湟源区域水资源短缺与水资源
浪费并存问题的根本措施之一，对于缓解区域水资源矛盾、支撑现代农业发
展、维护地区社会稳定和促进社会主义新农村建设，具有十分重要的现实意义，
实实在在起到了高原"红旗渠"的作用。

发挥优势谋帮扶，用情用力助打赢

——武警青海总队参与驻地脱贫攻坚取得显著成效

近年来，武警青海总队全面贯彻落实党中央、中央军委关于扶贫开发的系列决策部署，积极参与驻地脱贫攻坚，与 15 个村 1140 户贫困户结成扶贫对子，建立了"总队到村、支队到组、中队到户"的"三级联动"精准扶贫工作格局。累计投入经费 1600 余万元，先后实施产业扶贫、技术培训、助学兴教、医疗扶持等帮扶项目 42 个，帮扶 535 户贫困户脱贫，资助 223 名贫困学生完成学业，帮扶工作惠及 4566 名贫困人口，取得了丰硕的扶贫成果。

一、突出思想引领，凝聚攻坚合力

总队党委坚持把脱贫攻坚工作作为政治责任和"主官工程"，高点谋划、高位推进。一是高点谋划，安排部署。坚持将习近平总书记关于扶贫开发重要论述作为党委中心组理论学习重点，持续提高抓帮扶、强攻坚的政治自觉。全面贯彻落实武警部队参与打赢"三区三州"暨贫困地区脱贫攻坚战的战略部署，以专题会、推进会持续研究部署脱贫攻坚，明任务、压责任，强力推进精准扶贫各项工作。二是领导带头，全力推动。总队成立主官挂帅的脱贫攻坚领导小组，坚持"一把手抓"，军政主要领导定期深入联点地区了解部队参与当地脱贫攻坚情况，一线调研，现场调度，发动军队资源，帮助解决当地脱贫攻坚中存在的突出问题，以上率下，带动军队各级全力攻坚。三是签订协议，精准帮扶。携手武警北京总队与联点帮扶村——俄日村、小寺村签订了《帮扶协议书》，举行扶贫项目奠基及挂牌仪式，对照村子发展及贫困户脱贫需求，逐一确定帮扶项目，制定"推进表"，明确"责任田"，画实画好脱贫"路线图"，并通过定期召开军地联席推进会，查项目、督进度、抓落实，确保帮扶见真章、见实效。

二、突出治贫治本，发展特色产业

坚持将产业作为精准扶贫的治本举措，累计投入 1175 万余元，扶持帮扶村发展特色产业，不断增强村子"造血"功能。一是立足实际，选择项目。俄日村高原生态鸡养殖场 2018 年投入运营，2019 年收益近 20 万元；俄日村有机肥加工厂二期工程自 2019 年 7 月正式投产，村集体预计可在一个承包期内获利 150 万元。小寺村湖羊种羊养殖已形成规模，由 2018 年建厂初的 400 只繁殖到 2019 年底的 2200 多只，年经营收入达 110 余万元，直接带动 13 户贫困户实现脱贫。二是企地合作，保障收益。为保障项目收益，采取"养殖专业户 + 村合作社 + 地方企业"的合作模式，吸引地方成熟企业参与经营管理，全程提供技术指导和跟踪服务，确保种得好、产量高、销量广。三是滚动发展，做大产业。按照"投入—生产—销售—扩大—再生产"模式发展扶贫产业，扶贫产业在一个承包期满后，经营主体向村委会退还投资本金，退还的投资本金作为奖励扶持资金，根据经营主体的经营效益进行二次分配，鼓励经营主体扩大规模，确保扶贫产业持续良性发展。

三、突出扶贫扶志，激发内生动力

坚持扶贫与扶志、扶智相结合，多措并举，激发贫困群众脱贫内生动力。一是建强堡垒强引领。将党建扶贫作为基础工程，武警各连队挂钩帮建 15 个贫困村党组织，先后投入 100 余万元为 15 个贫困村援建党员活动室，捐赠党建书籍、购置日常办公用品和活动器材，开展党务知识培训 8 期，共同开展联合党日活动 36 次，引导村党组织和党员在脱贫攻坚实践中充分发挥战斗堡垒和先锋模范作用。二是加强宣教重引导。针对部分贫困群众"等靠要"严重的问题，选派 30 名优秀干部挂钩帮带，通过入户谈心、定期走访、联系就业等方式，疏解思想，解开心结，不断引导贫困群众心热起来、劲鼓起来、手动起来，通过劳动实现脱贫。三是文化助学断穷根。坚持将文化助学作为阻断贫困代际传递的有效途径，在武警春蕾小学、武警爱民学校等 15 所援建中小学校开展捐资助学活动，捐款 70 余万元资助贫困学生 200 余名、玉树地震孤儿 23 名。分两批次组织贫困村 78 名优秀学生赴北京参与"扶智春蕾"活动，让贫困学生开阔视野，增长见识。

四、突出惠民暖心，开展军民共建

坚持以民生实事凝聚民心，让贫困群众深切体会到了人民子弟兵的深情厚谊。一是深入开展医疗扶贫。以总队医院为依托、以支队卫生队为主体，对口支援乡村卫生院 12 所，为俄日村、小寺村添置了老年按摩椅、轮椅等医疗器械，不断改善贫困地区医疗条件。定期派出医疗小分队下乡巡诊，救治困难群众 5000 余人，发放各类药品价值 30 万余元。每年组织帮扶村 65 周岁以上老人和因病致贫人员进行健康体检，为 16 名患有严重疾病的贫困群众进行免费治疗。二是着力改善人居环境。先后依托高原美丽乡村建设、亮化乡村工程，加强与当地交通、环保等相关部门的对接协调，先后投入资金 60 余万元，为俄日村、小寺村安装太阳能路灯 120 盏，修建公共卫生间 4 个，修缮房屋 5 处，硬化路面 6 处，配发可移动垃圾桶 30 个；投入 7 万余元为循化积石镇下草滩坝村修建人畜饮水净化蓄水池，解决了全村 250 户 1500 余名群众的饮水问题。三是积极参与生态建设。积极参与青海万人绿化大会战、格尔木"万亩防沙林"、长江黄河上游生态屏障等重大工程建设，组织官兵在海拔 3800 米以上的"三江源头"，连续奋战 37 天，完成了 14 公顷"武警林"栽种任务，创造了在高寒高海拔地区一次性植树面积最多、成活率最高的纪录。同时，每年投入 10 余万元，对国防林、武警林实施管护，派出 1000 余人次定期进行育林义务劳动，埋设电杆 500 多根，整修农田灌溉水渠 40 多公里，真正体现了人民军队与人民群众的"鱼水深情"。

奏响军民雨水情深的时代新篇章

——武警青海省总队、机动第二支队在脱贫攻坚路上取得良好实效

近年来，武警青海省总队充分发挥领导督战、"双组长"、"双指挥长"一线攻坚的作用，持续加大资金、项目、举措倾斜力度，不断拓展党建、产业、技术、文化、医疗扶贫"五个一批"的工作路子，集中优势兵力参与打赢深度脱贫攻坚战。特别是 2017 年武警北京总队与武警青海省总队结对帮扶青海省大通县景阳镇小寺村、海北州海晏县甘子河乡俄日村以来，在贫困人口多、自然资源匮乏、基础设施差、思想观念落后、内生动力不足、贫困发生率较高的现实状况下，与 304 户贫困户结成扶贫对子，累计投入经费 1670 余万元，建设投产种羊繁育基地、高原生态鸡养殖场、有机肥加工厂 3 个支柱产业，落实落地党支部共建、贫困户危房改造等 30 余个精准扶贫子项目，帮助 89 户贫困户脱贫"摘帽"，扶贫村年人均收入从帮扶前 3980 元增至 11200 元，帮扶工作惠及 2022 名群众，脱贫攻坚工作取得了丰硕成果。小寺村扶贫工作在 2018 年军委扶贫工作检查评定中被评为"好"，俄日村扶贫工作被武警部队政治工作部高伟主任在扶贫工作推进会上点名表扬。

2018 年转隶以来，机动第二支队累计投入经费 45 余万元用于脱贫攻坚工作，投入 30 万元开展藏系羊养殖项目 1 个，对口帮扶同仁县瓜什则乡力吉村和赛庆村，帮扶贫困户 20 个、贫困群众 78 人；投入 13 万元在黄南州高级中学、黄南州民族高级中学、同仁县民族中学等中学开展"手牵手"助学活动，结对资助 65 名贫困学生；赴偏远乡村组织巡诊送医活动 6 次，义诊群众 210 名，捐赠价值 2 万元的医疗设备和药品；指导部队与 2 个贫困村党支部结成共建关系，帮助培训党员 41 名；动用 125 名兵力到贫困村开展村容村貌整治、宣

传党和政府政策、组织发动群众等激发群众内生动力工作；组织 40 余名文艺骨干赴郭麻日完全小学、热贡广场等地演出 5 台次。目前，累计帮助 20 户 78 名贫困群众脱贫，资助 65 名贫困学生重返校园，帮扶工作惠及 405 名农村人口，先进事迹在央视七套《国防军事早报》《青海新闻联播》等栏目播出，军地反响强烈。

织牢民政"兜底网"，助力脱贫攻坚战

——民政系统积极履行脱贫攻坚保障职责

大通回族土族自治县地处青海省东部，属于国家扶贫开发重点县，全县共有贫困村 116 个。为有效减少因病致贫、因病返贫的现象发生，大通县全面推行"一站式同步结算"医疗救助机制和困难群众主动发现机制，开通"救急难"绿色通道，切实发挥民政兜底保障作用。

祁建梅，大通县朔北乡阿家堡村村民，家庭条件虽然算不上太富裕，但凭着夫妻两人的努力日子过得倒也红火。可是天有不测风云，2018 年，正在家干活的祁建梅突感眩晕、四肢无力，家人及时将她送到医院。经过检查，祁建梅被确诊患有病毒性主动脉炎，住院期间共花费 17 万余元，经新型农村合作医疗和人寿保险公司报销后还剩 7 万多元。正当祁建梅一家为巨大的医疗支出一筹莫展时，朔北乡民政办工作人员及时为祁建梅申请了大病医疗救助，经过民政部门录入核查，为祁建梅家报销了 43880 元，及时减轻了家庭经济压力。

和众多普通家庭一样，家住朔北藏族乡边麻沟村的李来存一家原本也过着平淡幸福的生活。不料，2016 年李来存的丈夫被诊断为肝癌晚期，为给丈夫治病，李来存花光了家里所有的积蓄，还借下几万元的外债，但是全家尽其所能也没能留住丈夫的生命。此时，大女儿正就读于广西柳州城市职业学校，二女儿是大通县第三中学的高三学生，公公也已是 66 岁的老人，丈夫的去世让这个家庭的重担全都落在了李来存身上，全家人仅靠李来存在朔北藏族乡敬老院打工维持生活，家里入不敷出。大通县民政局在走访乡镇时了解到这个情况后，及时让李来存申请了临时救助，经过核查，民政局及时为李来存家庭发放了临时生活救助 3000 元，同时为保障他们一家的正常生活，及时将该家庭纳入了低保范围，帮助他们解决了日常生活问题。

祁建梅、李来存家的情况只是大通县开展民政兜底保障工作的缩影。近年来，大通县民政局坚持将脱贫攻坚作为"第一民生工程"，让各项惠民政策真正落地见效。

统计数据显示，脱贫攻坚工作开展以来，为生病住院的困难群众累计发放医疗救助资金 5603.1 万元，其中为建档立卡贫困户发放医疗救助资金 2027.35 万元；为困难家庭累计发放临时救助资金 9853.36 万元，其中为建档立卡贫困户家庭发放临时救助资金 1264.2 万元，为打赢脱贫攻坚战贡献了民政力量，让困难群众感受到了更多民生福祉的温度，在脱贫奔小康的道路上更加充满信心。

青海省建档立卡工作开展情况

    2014 年 5 月 20 日，青海省委农村牧区及扶贫开发工作领导小组下发《关于印发〈青海省农村牧区扶贫对象建档立卡工作方案〉的通知》（青农组〔2014〕5 号），要求按照"县为单位、规模控制、分级负责、精准识别、动态管理"的原则，对全省农村牧区扶贫对象进行识别并建档立卡。截至 2014 年底，我省共识别建档立卡贫困人口 149172 户 539675 人，识别认定贫困村 1622 个。

    2015 年 8 月，国务院扶贫办在全国范围内组织开展了建档立卡"回头看"工作，主要内容是清退识别不准的贫困户、补充识别贫困户、将错误退出的贫困户进行回退、补录贫困户家庭成员等。省扶贫开发局按照国扶办要求，结合工作实际，印发《青海省建档立卡贫困人口核查工作方案》，要求各地开展建档立卡"回头看"：看扶贫对象准不准、看脱贫需求清不清、看帮扶机制实不实、看资金使用准不准、看指标数据全不全、看脱贫成效真不真。建档立卡回头看工作从 2015 年 8 月持续到 2016 年 6 月份，全省建档立卡贫困人口总数更新至 160056 户 519822 人，贫困发生率为 13.2%。

    2016 年 2 月，国务院扶贫办印发《关于开展 2015 年度扶贫对象动态管理和信息采集工作的通知》（国开办司发〔2016〕10 号），首次组织开展了扶贫对象动态管理工作。此时，全国各省市都在开展建档立卡"回头看"工作，贫困人口规模尚未确定，2015 年贫困人口脱贫数据并未对外公布。

    2016 年 10 月，国务院扶贫办印发《关于做好 2016 年扶贫对象动态调整和建档立卡信息采集录入工作的通知》（国开办司发〔2016〕71 号），要求提前开展年度动态管理工作。我省按照国务院扶贫办安排部署，组织各地开展了 2016 年度扶贫对象动态管理工作，35685 户 119735 名贫困人口标记脱贫，404 个贫困村标记脱贫退出。截至 2016 年底，全省贫困人口总规模调整至 158055 户 535175 人，其中剩余未脱贫人口 122370 户 415440 人，贫困发生率下降到 10.3%。

2017 年 6 月，我省按照国务院扶贫办《关于开展贫困人口动态调整的通知》和相关会议精神，开展了以整改"应纳未纳""应退未退"问题为主要工作内容的贫困人口调整工作。此次调整工作中，新识别贫困户 261 户 1082 人，补录家庭成员 8086 人，清退识别不准人员 12232 户 34801 人，清退人口回退为正常状态的 1447 户 5727 人。

2017 年底，我省按照国务院扶贫办综合司《关于做好 2017 年度扶贫对象动态管理工作的通知》要求，开展了 2017 年度扶贫对象动态管理工作，45288 户 158154 名贫困人口实现脱贫，525 个贫困村退出，新识别贫困户 2001 户 7519 人，标记脱贫不享受政策户（等同于清退）1710 户 6059 人，贫困人口自然增加 22681 人，自然减少 11895 人，整户自然减少而销户 336 户 440 人。截至 2017 年底，全省贫困人口总规模调整至 147486 户 527075 人，其中剩余未脱贫人口 68902 户 245736 人，贫困发生率下降到 8.1%。

2018 年 5 月，我省按照国务院扶贫办安排部署，组织开展国家对省级党委和政府扶贫开发工作成效考核发现问题的整改工作，主要内容是针对全国各省市区都不同程度存在的建档立卡扶贫对象"漏评""错评""错退"等问题进行整改。截至 7 月底工作结束，全省共清退"错评"人员 1139 户 3260 人，整户补录"漏评"户 150 户 489 人，补录增加"漏评"人员 7824 人，回退"错退"人员 48 户 167 人。

2018 年底，我省按照国务院扶贫办安排部署，开展 2018 年度扶贫对象动态管理工作，全省实现 46902 户 175848 名贫困人口脱贫，实现 526 个贫困村脱贫退出，新识别贫困人口 835 户 2223 人，自然增加 22948 人，自然减少 11924 人，整户自然减少而销户 661 户 860 人。截至 2018 年底，全省贫困人口总规模调整至 146719 户 536858 人，其中剩余未脱贫人口 22210 户 76809 人，贫困发生率下降到 2.5%。

2019 年开始，我省按照国务院扶贫办安排部署，常态化开展贫困人口自然增减工作，实现符合条件的贫困人口及时纳入。持续推进建档立卡数据清退常态化工作，建档立卡数据质量不断提升。年中，根据审计、督查、检查发现问题，开展各类问题整改工作，全省清退人员 372 户 705 人，标注脱贫不享受政策人员 87 户 259 人，清退户回退正常户 18 户 66 人。年底，我省按照国务院扶贫办安排部署开展年度动态管理工作，实现 21871 户 77373 名贫困人口脱贫，170 个贫困村脱贫退出，新识别贫困户 1 户 2 人。2019 年全年累计标注贫困人口自然增加 19403 人，自然减少 14600 人。截至 12 月底，全省贫困人口总规模调整至 145436 户 539615 人，其中剩余未脱贫人口 11 户 51 人，贫困发生率下降到 0.002%。

2016 年至 2018 年未脱贫贫困人口中，缺资金致贫占比最高，2016 年为 29.71%，2017 年为 31.33%，2018 年为 30.8%；其次为缺技术，2016 年为 19.2%，2017 年为 19.34%，2018 年 18.21%；因病致贫占比较高，2016 年为 16.65%，2017 年 13.93%，2018 年 11.91%；缺水、因婚、因丧致贫占比较低。2019 年全省未脱贫人口为 11 户 51 人，因病致贫 5 户 21 人，占比最高，占比为 41.18%。（详见附表）

全量贫困人口中，缺资金、缺技术、因病致贫占比较高，2016 年分别为 28.81%，18.6%，18.03%；2017 年分别为 29.9%，19.3%，17.34%；2018 年分别为 29.54%，20.5%，16.85%；2019 年分别为 30.26%，20.89%，16.48%。缺资金和缺技术致贫占比存在逐年升高的趋势，而因病致贫占比逐年下降。（详见附表）

附表

2016—2019年末脱贫贫困人口主要致贫原因统计表

类型	2016年末脱贫				2017年末脱贫				2018年末脱贫				2019年末脱贫			
	户数	户数占比	人数	人数占比	户数	户数占比	人数	人数占比	户数	户数占比	人数	人数占比	户数	户数占比	人数	人数占比
缺资金	34261	28.00%	123441	29.71%	19760	28.68%	76982	31.33%	6022	27.11%	23725	30.89%	0	0.00%	0	0.00%
缺技术	21445	17.52%	79745	19.20%	12245	17.77%	47533	19.34%	3549	15.98%	13987	18.21%	1	9.09%	6	11.76%
因病	20187	16.50%	69166	16.65%	9775	14.19%	34242	13.93%	2711	12.21%	9148	11.91%	5	45.45%	21	41.18%
因残	13213	10.80%	45349	10.92%	7340	10.65%	26298	10.70%	2604	11.72%	9136	11.89%	2	18.18%	11	21.57%
缺劳力	14797	12.09%	32805	7.90%	8344	12.11%	18060	7.35%	3586	16.15%	7793	10.15%	1	9.09%	5	9.80%
自身发展动力不足	7032	5.75%	23586	5.68%	4449	6.46%	16461	6.70%	1455	6.55%	5332	6.94%	1	9.09%	6	11.76%
因学	3036	2.48%	12161	2.93%	1204	1.75%	4850	1.97%	240	1.08%	947	1.23%	0	0.00%	0	0.00%
缺土地	3407	2.78%	11975	2.88%	2300	3.34%	8915	3.63%	521	2.35%	1869	2.43%	0	0.00%	0	0.00%
因灾	2777	2.27%	8953	2.16%	2149	3.12%	7454	3.03%	404	1.82%	1261	1.64%	1	9.09%	2	3.92%
交通条件落后	1593	1.30%	5834	1.40%	1046	1.52%	3960	1.61%	551	2.48%	2034	2.65%	0	0.00%	0	0.00%
缺水	319	0.26%	1036	0.25%	181	0.26%	656	0.27%	113	0.51%	428	0.56%	0	0.00%	0	0.00%
因婚	8	0.01%	22	0.01%	5	0.01%	16	0.01%	1	0.00%	3	0.00%	0	0.00%	0	0.00%
因丧	8	0.01%	16	0.00%	4	0.01%	12	0.00%	6	0.03%	13	0.02%	0	0.00%	0	0.00%
其他	287	0.23%	1351	0.33%	100	0.15%	297	0.12%	447	2.01%	1133	1.48%	0	0.00%	0	0.00%
总计	122370	100.00%	415440	100.00%	68902	100.00%	245736	100.00%	22210	100.00%	76809	100.00%	11	100.00%	51	100.00%

续表

致贫原因分类	2016年				2017年				2018年				2019年			
	户数	户数占比	人数	人数占比	户数	户数占比	人数	人数占比	户数	户数占比	人数	人数占比	户数	户数占比	人数	人数占比
缺资金	42597	26.95%	154202	28.81%	40470	27.44%	157602	29.90%	39358	26.83%	158611	29.54%	39779	27.35%	163266	30.26%
缺技术	26912	17.03%	99537	18.60%	26318	17.84%	101709	19.30%	27607	18.82%	110048	20.50%	28046	19.28%	112748	20.89%
因病	28040	17.74%	96482	18.03%	25862	17.54%	91397	17.34%	25291	17.24%	90443	16.85%	24671	16.96%	88911	16.48%
因残	17771	11.24%	59784	11.17%	16445	11.15%	58396	11.08%	15842	10.80%	56412	10.51%	15622	10.74%	55956	10.37%
缺劳力	19047	12.05%	41523	7.76%	16168	10.96%	35152	6.67%	15955	10.87%	35002	6.52%	15071	10.36%	32629	6.05%
自身发展动力不足	9288	5.88%	31378	5.86%	8937	6.06%	32668	6.20%	8917	6.08%	33778	6.29%	8833	6.07%	33886	6.28%
缺土地	4206	2.66%	14683	2.74%	3977	2.70%	15153	2.87%	4340	2.96%	17077	3.18%	4533	3.12%	18431	3.42%
因学	4025	2.55%	16051	3.00%	3517	2.38%	14088	2.67%	3029	2.06%	12094	2.25%	2666	1.83%	10787	2.00%
因灾	3497	2.21%	11589	2.17%	3436	2.33%	12156	2.31%	3284	2.24%	11930	2.22%	3205	2.20%	11763	2.18%
交通条件落后	1925	1.22%	7008	1.31%	1821	1.23%	6959	1.32%	2076	1.41%	8327	1.55%	2067	1.42%	8379	1.55%
其他	351	0.22%	1652	0.31%	191	0.13%	578	0.11%	703	0.48%	1944	0.36%	669	0.46%	1871	0.35%
缺水	364	0.23%	1208	0.23%	306	0.21%	1108	0.21%	276	0.19%	1088	0.20%	213	0.15%	828	0.15%
因婚	14	0.01%	40	0.01%	17	0.01%	57	0.01%	20	0.01%	56	0.01%	30	0.02%	81	0.02%
因丧	18	0.01%	38	0.01%	21	0.01%	52	0.01%	21	0.01%	48	0.01%	31	0.02%	79	0.01%
合计	158055	100.00%	535175	100.00%	147486	100.00%	527075	100.00%	146719	100.00%	536858	100.00%	145436	100.00%	539615	100.00%